舊唐書

後晉 劉 昫 等撰

第四册

卷二八至卷三七（志）

中華書局

舊唐書卷二十八

志第八

音樂一

樂者，太古聖人治情之具也。人有血氣生知之性，喜怒哀樂之情。情感物而動於中，聲成文而應於外。聖王乃調之以律度，文之以歌頌，蕩之以鐘石，播之以絃管，然後可以滌精靈，可以祛怨思。施之於邦國，則朝廷序；施之於天下，則神祇格；施之於賓宴，則君臣和；施之於戰陣，則士民勇。

三五之代，世有厥官，故虞廷振干羽之容，周人立絃誦之教。洎蒼精道喪，戰國塵飛，禮樂出於諸侯，雅、頌淪於衰俗。齊竽燕筑，俱非皦繹之音；東缶西琴，各寫哇淫之狀。乃至播鼗入漢，師摯寢絃，延陵有自鄶之譏，孔子起聞韶之歎。及始皇一統，傲視百王。鐘鼓滿於秦宮，無非鄭、衛；歌舞陳於漢廟，並匪咸、韶。而九成、六變之容，八佾、四懸之制，但存其數，罕達其情。而制氏所傳，形容而已。武、宣之世，天子弘儒，采夜誦之詩，考從臣之賦，朝吟蘭殿，暮奏竹宮，乃命協律之官，始制禮神之曲。屬河間好古，遺籍充庭，乃約詩頌而制樂章，體周官而爲舞節。自茲相襲，代易其辭，雖流管磬之音，恐異莖、英之旨。其後臥聽桑、濮，雜以兜離，孤竹、空桑，無復旋宮之義；崇牙樹羽，惟陳備物之儀。煩手即多，知音蓋寡。

自永嘉之後，咸、洛爲墟，禮壞樂崩，典章殆盡。江左掇其遺散，尚有治世之音。而元魏、宇文，代雄朔漠，地不傳於清樂，人各習其舊風。雖得兩京工胥，亦置四廂金奏，殊非入耳之玩，空有作樂之名。隋文帝家世士人，銳興禮樂，踐祚之始，詔太常卿牛弘、祭酒辛彥之增修雅樂。弘集伶官，措思歷載無成，而郊廟侑神，黃鐘一調而已。開皇九年平陳〔一〕，始獲江左舊工及四懸樂器，帝令廷奏之，歎曰：「此華夏正聲也，非吾此舉，世何得聞。」乃調五音爲五夏、二舞、登歌、房中等十四調，賓、祭用之。隋氏始有雅樂，因置清商署以掌之。既而協律郎祖孝孫依京房舊法，推五音十二律爲六十音，又六之，有三百六十音，旋相爲宮，因定廟樂。諸儒論難，竟不施用。隋世雅音，惟清樂十四調而已。隋末大亂，其樂猶全。

高祖受禪，擢祖孝孫爲吏部郎中，轉太常少卿，漸見親委。孝孫由是奏請作樂，時軍國多務，未遑改創，樂府尚用隋氏舊文。武德九年，始命孝孫修定雅樂，至貞觀二年六月奏之。太宗曰：「禮樂之作，蓋聖人緣物設教，以爲撙節，治之隆替，豈此之由？」御史大夫杜淹對曰：「前代興亡，實由於樂。陳將亡也，爲玉樹後庭花；齊將亡也，而爲伴侶曲，行路聞之，莫不悲泣，所謂亡國之音也。以是觀之，蓋樂之由也。」太宗曰：「不然，夫音聲能感人，自然之道也，故歡者聞之則悅，憂者聽之則悲。悲歡之情，在於人心，非由樂也。將亡之政，其民必苦，然苦心所感，故聞之則悲耳。何有樂聲哀怨，能使悅者悲乎？今玉樹、伴侶之曲，其聲具存，朕當爲公奏之，知公必不悲矣。」尙書右丞魏徵進曰：「古人稱：『禮云禮云，玉帛云乎哉！樂云樂云，鐘鼓云乎哉！』樂在人和，不由音調。」太宗然之。

孝孫又奏：陳、梁舊樂，雜用吳、楚之音；周、齊舊樂，多涉胡戎之伎。於是斟酌南北，考以古音，作爲大唐雅樂。以十二律各順其月，旋相爲宮。按禮記云，「大樂與天地同和」，故制十二和之樂，合三十一曲，八十四調。祭圜丘以黃鐘爲宮，方澤以林鐘爲宮，宗廟以太簇爲宮。五郊、朝賀、饗宴，則隨月用律爲宮。初，隋但用黃鐘一宮，惟扣七鐘，餘五鐘虛懸而不扣。及孝孫建旋宮之法，皆徧扣鐘，無復虛懸者矣。祭天神奏豫和之樂，地祇奏順和，宗廟奏永和。天地、宗廟登歌，俱奏肅和。皇帝臨軒，奏太和。王公出入，奏舒和。皇帝食舉及飲酒，奏休和。皇帝受朝，奏政和〔三〕。皇太子軒懸出入，奏承和。元日、冬至皇帝禮會登歌，奏昭和。郊廟俎入，奏雍和。皇帝祭享酌酒、讀祝文及飲福、受胙，奏壽和。五郊迎氣，各以月律而奏其音。又郊廟祭享，奏化康、凱安之舞。周禮旋宮之義，亡絕已久，時莫能知，一朝復古，自此始也。

及孝孫卒後，協律郎張文收復採三禮，言孝孫雖創其端，至於郊禋用樂，事未周備。詔文收與太常掌禮樂官等更加釐改。於是依周禮，祭昊天上帝以圜鐘爲宮，黃鐘爲角，太簇爲徵，姑洗爲羽，奏豫和之舞。若封太山，同用此樂。若地祇方丘，以函鐘爲宮，太簇爲角，姑洗爲徵，南呂爲羽，奏順和之舞。禪梁甫，同用此樂。祫禘宗廟，以黃鐘爲宮，大呂爲角，太簇爲徵，應鐘爲羽，奏永和之舞。五郊、日月星辰及類于上帝，黃鐘爲宮，奏豫和之曲。大蜡、大報，以黃鐘、太簇、姑洗、蕤賓、夷則、無射等調奏豫和、順和、永和之曲。明堂、雩，以黃鐘爲宮，奏豫和之曲。神州、社稷、藉田，宜以太簇爲宮〔三〕，雨師以姑洗爲宮，山川以蕤賓爲宮，並奏順和之曲。饗先妣，以夷則爲宮，奏永和之舞。大饗讌，奏姑洗、蕤賓二調。皇帝郊廟、食舉，以月律爲宮，並奏休和之曲。皇帝郊廟出入，奏太和之樂，臨軒出入，奏舒和之樂，並以姑洗爲宮。皇帝大射，姑洗爲宮，奏騶虞之曲。皇太子奏貍首之曲。皇太子軒懸，姑洗爲宮，奏永和之曲。凡奏黃鐘，歌大呂；奏太簇，歌應鐘；奏姑洗，歌南呂；奏蕤賓，歌林鐘；奏夷則，歌中呂；奏無射，歌夾鐘。黃鐘蕤賓爲宮，其樂九變；大呂、林鐘爲宮，其樂八變；太簇、夷則爲宮，其樂七變；夾鐘、南呂爲宮，其樂六變；姑洗、無射爲宮，其樂五變；中呂、應鐘爲宮，其樂四變。天子十二鐘，上公九，侯伯七，子男五，卿六，大夫四，士三。及成，奏之，太宗稱善，於是加級頒賜各有差。

十四年，敕曰：「殷薦祖考，以崇功德，比雖加以誠潔，而廟樂未稱。宜令所司詳諸故實，制定奏聞。」八座議曰：「七廟觀德，義冠於宗祀；三祖在天，式章於嚴配。致敬之情允洽，大孝之道宜宣。是以八佾具陳，肅儀形於綴兆；四懸備展，被鴻徽於雅音。考作樂之明義，擇皇王之令典，前聖所履，莫大于茲。伏惟皇帝陛下，天縱感通，率由冥極。孝理昭懿，光被於八埏；愛敬純深，追崇於百葉。永言錫祚，斯弘頌聲。鐘律革音，播鏗鏘於饗薦；羽籥成列，申蹈厲於烝嘗。爰詔典司，乃加隆稱，循聲覈實，敬闡尊名。竊以皇靈滋慶，濬源長委，邁吞燕之生商，軼擾龍之肇漢，盛韜光於九二，漸發迹於三分。高祖縮地補天，重張區宇，反魂肉骨，再造生靈。恢恢帝圖，與二儀而合大；赫赫皇道，共七曜以齊明。雖復聖跡神功，不可得而窺測；經文緯武，敢有寄於名言。敬備樂章，式昭彝範。皇祖弘農府君、宣簡公、懿王三廟樂，請同奏長發之舞。太祖景皇帝廟樂，請奏大基之舞。世祖元皇帝廟樂，請奏大成之舞。高祖大武皇帝廟樂，請奏大明之舞。文德皇后廟樂，請奏光大之舞。七廟登歌，請每室別奏。」制可之。

二十三年，太尉長孫無忌、侍中于志寧議太宗廟樂曰：「易曰：『先王作樂崇德，殷薦之上帝，以配祖考。』請樂名崇德之舞。」制可之。後文德皇后廟，有司據禮停光大之舞，惟進崇德之舞。

光宅元年九月〔四〕，高宗廟樂，以鈞天爲名。中宗廟樂〔五〕，奏太和之舞。開元六年十月敕，睿宗廟奏景雲之舞。

二十九年六月，太常奏：「準十二年東封太山日所定雅樂，其樂曰元和六變，以降天神；順和八變，以降地祇；皇帝行，用太和之樂。其封太山也，登歌，奠玉幣，用肅和之樂；迎俎，用雍和之樂；酌獻〔六〕、飲福，用壽和之樂〔七〕；送文、迎武，用舒和之樂；亞獻、終獻，用凱安之樂；送神，用夾鐘宮元和之樂。禪社首也，送神用林鐘宮順和之樂。享太廟也，迎神用永和之樂；獻祖宣皇帝酌獻用光大之舞，懿祖光皇帝酌獻用長發之舞，太祖景皇帝酌獻用大政之舞，世祖元皇帝酌獻用大成之舞，高祖神堯皇帝酌獻用大明之舞，太宗文皇帝酌獻用崇德之舞，高宗天皇大帝酌獻用鈞天之舞，中宗孝和皇帝酌獻用太和之舞，睿宗大聖貞皇帝酌獻用景雲之舞；徹豆，用雍和之舞；送神，用黃鐘宮永和之樂。臣以樂章殘缺，積有歲時。自有事東巡，親謁九廟，聖情慎禮，精祈感通，皆祠前累日考定音律〔八〕。請編入史册，萬代施行。」下制曰：「王公卿士，爰及有司，頻詣闕上言，請以『唐樂』爲名者，斯至公之事，朕安得而辭焉。然則大咸、大韶、大濩、大夏，皆以大字表其樂章，今之所定，宜曰大唐樂。」皇祖弘農府君至高祖大武皇帝六廟，貞觀中已詔顏師古等定樂章舞號。洎今太常寺又奏有司所定獻祖宣皇帝至睿宗聖貞皇帝九廟酌獻用舞之號。

天寶元年四月，命有司定玄元皇帝廟告享所奏樂，降神用混成之樂，送神用太一之樂。寶應二年六月〔九〕，有司奏：玄宗廟樂請奏廣運之舞，肅宗廟樂請奏惟新之舞。大曆十四年，代宗廟樂請奏保大之舞。永貞元年十月，德宗廟樂請奏文明之舞。元和元年，順宗廟樂請奏大順之舞。元和十五年，憲宗廟樂請奏象德之舞。穆宗廟樂請奏和寧之舞。敬宗廟樂請奏大鈞之舞。文宗廟樂請奏文成之舞。武宗廟樂請奏大定之舞〔一〇〕。

貞觀元年，宴羣臣，始奏秦王破陣之曲。太宗謂侍臣曰：「朕昔在藩，屢有征討，世間遂有此樂，豈意今日登於雅樂。然其發揚蹈厲，雖異文容，功業由之，致有今日，所以被於樂章，示不忘於本也。」尚書右僕射封德彝進曰：「陛下以聖武戡難，立極安人，功成化定，陳樂象德，實弘濟之盛烈，爲將來之壯觀。文容習儀，豈得爲比。」太宗曰：「朕雖以武功定天下，終當以文德綏海內。文武之道，各隨其時，公謂文容不如蹈厲，斯爲過矣。」德彝頓首曰：「臣不敏，不足以知之。」其後令魏徵、虞世南、褚亮、李百藥改制歌辭，更名七德之舞，增舞者至百二十人，被甲執戟，以象戰陣之法焉。

六年，太宗行幸慶善宮，宴從臣於渭水之濱，賦詩十韻。其宮即太宗降誕之所。車駕臨幸，每特感慶，賞賜閭里，有同漢之宛、沛焉。於是起居郎呂才以御製詩等於樂府〔二〕，被之管絃，名爲功成慶善樂之曲，令童兒八佾，皆進德冠、紫袴褶，爲九功之舞。冬至享醼，及國有大慶，與七德之舞偕奏于庭。

七年，太宗制破陣舞圖：左圓右方，先偏後伍，魚麗鵝貫，箕張翼舒，交錯屈伸，首尾迴互，以象戰陣之形。令呂才依圖教樂工百二十人，被甲執戟而習之。凡爲三變，每變爲四陣，有來往疾徐擊刺之象，以應歌節，數日而就，更名七德之舞。癸巳，奏七德、九功之舞，觀者見其抑揚蹈厲，莫不扼腕踴躍，凜然震竦。武臣列將咸上壽云：「此舞皆是陛下百戰百勝之形容。」羣臣咸稱萬歲。蠻夷十餘種自請率舞，詔許之，久而乃罷。

十四年，有景雲見，河水清。張文收採古朱鴈、天馬之義，制景雲河清歌，名曰讌樂，奏之管絃，爲諸樂之首，元會第一奏者是也。

永徽二年十一月，高宗親祀南郊，黃門侍郎宇文節奏言：「依儀，明日朝羣臣，除樂懸，請奏九部樂。」上因曰：「破陣樂舞者，情不忍觀，所司更不宜設。」言畢，慘愴久之。顯慶元年正月，改破陣樂舞爲神功破陣樂。

二年，太常奏白雪琴曲。先是，上以琴中雅曲，古人歌之，近代已來，此聲頓絕，雖有傳習，又失宮商，令所司簡樂工解琴笙者修習舊曲。至是太常上言曰：「臣謹按禮記、家語云：舜彈五絃之琴，歌南風之詩。是知琴操曲弄，皆合於歌。又張華博物志云：『白雪是大帝使素女鼓五十絃瑟曲名。』又楚大夫宋玉對襄王云：『有客於郢中歌陽春白雪，國中和者數十人。』是知白雪琴曲，本宜合歌，以其調高，人和遂寡。自宋玉以後，迄今千祀，未有能歌白雪曲者。臣今準敕，依於琴中舊曲，定其宮商，然後敎習，並合於歌。輒以御製雪詩爲白雪歌辭。又按古今樂府，奏正曲之後〔二〕，皆別有送聲，君唱臣和，事彰前史。輒取侍臣等奉和雪詩以爲送聲〔三〕，各十六節，今悉敎訖，並皆諧韻。」上善之，乃付太常編於樂府。六年二月，太常丞呂才造琴歌白雪等曲，上製歌辭十六首，編入樂府。

六年三月〔四〕，上欲伐遼，於屯營敎舞，召李義府、任雅相、許敬宗、許圉師、張延師、蘇定方、阿史那忠、于闐王伏闍〔五〕、上官儀等，赴洛城門觀樂。樂名一戎大定樂。賜觀樂者雜綵有差。

麟德二年十月〔六〕，制曰：「國家平定天下，革命創制，紀功旌德，久被樂章。今郊祀四懸，猶用干戚之舞，先朝作樂，韜而未伸。其郊廟享宴等所奏宮懸〔七〕，文舞宜用功成慶善之樂，皆著履執拂，依舊服袴褶、童子冠。其武舞宜用神功破陣之樂，皆被甲持戟，其執纛之人，亦著金甲。人數並依八佾，仍量加簫、笛、歌鼓等，並於懸南列坐，若舞即與宮懸合奏。其宴樂內二色舞者，仍依舊別設。」

上元三年十一月敕：「供祠祭上元舞，前令大祠享皆將陳設，自今已後，圓丘方澤，太廟祠享，然後用此舞，餘祭並停。」

儀鳳二年十一月六日，太常少卿韋萬石奏曰：「據貞觀禮，郊享日文舞奏豫和、順和、永和等樂，其舞人著委貌冠服，並手執籥翟。其武舞奏凱安，其舞人並著平冕，手執干戚。奉麟德二年十月敕〔一八〕，文舞改用功成慶善樂，武舞改用神功破陣樂，并改器服等。自奉敕以來，爲慶善樂不可降神，神功破陣樂未入雅樂，雖改用器服，其舞猶依舊，迄今不改。事既不安，恐須別有處分者。」以今月六日錄奏，奉敕：「舊文舞、武舞既不可廢，并器服總宜依舊。若懸作上元舞日，仍奏神功破陣樂及功成慶善樂，并殿庭用舞，並須引出懸外作。其安置舞曲，宜更商量作安穩法。并錄凱安六變法象奏聞。」萬石又與刊正官等奏曰：

謹按凱安舞是貞觀中所造武舞，準貞觀禮及今禮，但郊廟祭享奏武舞之樂即用之。凡有六變：一變象龍興參野，二變象克靖關中，三變象東夏賓服，四變象江淮寧謐，五變象獫狁讋伏，六變復位以崇，象兵還振旅。謹按貞觀禮，祭享日武舞惟作六變，亦如周之大武，六成樂止。按樂有因人而作者，則因人而止。如著成數者〔一九〕，數終即止，不得取行事賒促爲樂終早晚，即禮云三闋、六成、八變、九變是也。今禮奏武舞六成，而數終未止，既非師古，不可依行。其武舞凱安，望請依古禮及貞觀禮，六成樂止。

立部伎內破陣樂五十二遍，修入雅樂，祇有兩遍，名曰七德。立部伎內慶善樂七遍〔一○〕，修入雅樂，祇有一遍，名曰九功。上元舞二十九遍，今入雅樂，一無所減。每見祭享日三獻已終，上元舞猶自未畢，今更加破陣樂、慶善樂〔一一〕，兼恐酌獻已後，歌舞更長。其雅樂內破陣樂、慶善樂及上元舞三曲，並望修改通融，令長短與禮相稱，冀望久長安穩。

破陣樂有象武事，慶善樂有象文事。按古六代舞，有雲門、大咸、大夏、大韶，是古之文舞；殷之大濩，周之大武，是古之武舞。依古義，先儒相傳，國家以揖讓得天下，則先奏文舞；若以征伐得天下，則先奏武舞。望請應用二舞日，先奏神功破陣樂，次奏功成慶善樂。

先奉敕於圓丘、方澤、太廟祠享日，則用上元之舞。臣據見行禮，欲於天皇酌獻降復位已後，即作凱安，六變樂止〔一二〕，其神功破陣樂、功成慶善樂、上元之舞三曲，待修改訖，以次通融作之，即得與舊樂前後不相妨破。若有司攝行事日，亦請據行事通融。

從之。

三年七月，上在九成宮咸亨殿宴集，有韓王元嘉、霍王元軌及南北軍將軍等。樂作，太常少卿韋萬石奏稱：「破陣樂舞者，是皇祚發跡所由，宣揚宗祖盛烈，傳之於後，永永無窮。自天皇臨馭四海，寢而不作，既緣聖情感愴，羣下無敢關言。臣忝職樂司，廢缺是懼。依禮，祭之日，天子親總干戚以舞先祖之樂，與天下同樂之也。今破陣樂久廢，羣下無所稱述，將何以發孝思之情？」上矍然改容，俯遂所請，有制令奏樂舞，既畢，上欷歔感咽，涕泗交流，臣下悲淚，莫能仰視。久之，顧謂兩王曰：「不見此樂，垂三十年，乍此觀聽，實深哀感。追思往日，王業艱難勤苦若此，朕今嗣守洪業，可忘武功？古人云：『富貴不與驕奢期，驕奢自至。』朕謂時見此舞，以自誡勗，冀無盈滿之過，非爲歡樂奏陳之耳。」侍宴羣臣咸呼萬歲。

調露二年正月二十一日，則天御洛城南樓賜宴，太常奏六合還淳之舞。

長壽二年正月，則天親享萬象神宮。先是，上自製神宮大樂，舞用九百人，至是舞於神宮之庭。

景龍二年，皇后上言：「自妃主及五品以上母妻，并不因夫子封者，請自今遷葬之日，特給鼓吹，宮官亦準此。」侍御史唐紹上諫曰：「竊聞鼓吹之作，本爲軍容，昔黃帝涿鹿有功，以爲警衞。故掆鼓曲有靈夔吼、鵰鶚爭、石墜崖、壯士怒之類。自昔功臣備禮，適得用之。丈夫有四方之功，所以恩加寵錫。假如郊祀天地，誠是重儀，惟有宮懸，本無案架。故知軍樂所備，尙不洽於神祇；鉦鼓之音，豈得接於閨閫。準式，公主王妃已下葬禮，惟有團扇〔三〕、方扇、綵帷、錦障之色，加至鼓吹，歷代未聞。又準令，五品官婚葬，先無鼓吹，惟京官五品，得借四品鼓吹爲儀。令特給五品已上母妻〔四〕，五品官則不當給限，便是班秩本因夫子，儀飾乃復過之，事非倫次，難爲定制，參詳義理，不可常行。請停前敕，各依常典。」上不納。

延載元年正月二十三日，製越古長年樂一曲〔五〕。

玄宗在位多年，善音樂，若讌設酺會，卽御勤政樓。先一日，金吾引駕仗北衙四軍甲士，未明陳仗，衞尉張設，光祿造食。候明，百僚朝，侍中進中嚴外辦，中官素扇，天子開簾受朝，禮畢，又素扇垂簾，百僚常參供奉官、貴戚、二王後、諸蕃酋長，謝食就坐。太常大鼓，藻繪如錦，樂工齊擊，聲震城闕。太常卿引雅樂，每色數十人，自南魚貫而進，列於樓下。鼓笛雞婁，充庭考擊。太常樂立部伎、坐部伎依點鼓舞，間以胡夷之伎。日旰，卽內閑廐引蹀馬三十匹，爲傾杯樂曲〔六〕，奮首鼓尾，縱橫應節。又施三層板牀〔七〕，乘馬而上，抃轉如飛。又令宮女數百人自帷出擊雷鼓，爲破陣樂、太平樂、上元樂〔八〕，雖太常積習，皆不如其妙也。若聖壽樂，則迴身換衣，作字如畫。又五坊使引大象入場，或拜或舞，動容鼓振，中於音律，竟日而退。玄宗又於聽政之暇，教太常樂工子弟三百人爲絲竹之戲，音響齊發，有一聲誤，玄宗必覺而正之，號爲皇帝弟子，又云梨園弟子，以置院近於禁苑之梨園。太常又有別教院，教供奉新曲。太常每凌晨，鼓笛亂發於太樂署。別教院廩食常千人〔三九〕，宮中居宜春院。玄宗又製新曲四十餘，又新製樂譜。每初年望夜，又御勤政樓，觀燈作樂，貴臣戚里，借看樓觀望。夜闌，太常樂府縣散樂畢，即遣宮女於樓前縛架出眺歌舞以娛之。若繩戲竿木，詭異巧妙，固無其比。

天寶十五載，玄宗西幸，祿山遣其逆黨載京師樂器樂伎衣盡入洛城。尋而肅宗克復兩京，將行大禮，禮物盡闕。命禮儀使太常少卿于休烈使屬吏與東京留臺領〔四〇〕，赴于朝廷，詔給錢，使休烈造伎衣及大舞等服，於是樂工二舞始備矣。

乾元元年三月十九日，上以太常舊鐘磬，自隋已來，所傳五聲，或有差錯，謂于休烈曰：「古者聖人作樂，以應天地之和，以合陰陽之序。和則人不夭札，物不疵癘。且金石絲竹，樂之器也。比親享郊廟，每聽樂聲，或宮商不倫，或鐘磬失度。可盡供鐘磬，朕當於內自定。」太常進入，上集樂工考試數日，審知差錯，然後令再造及磨刻。二十五日，一部先畢，召太常樂工，上臨三殿親觀考擊，皆合五音，送太常。二十八日，又於內造樂章三十一章，送太常，郊廟歌之。

貞元三年四月，河東節度使馬燧獻定難曲，御麟德殿，命閱試之。十二年十二月，昭義軍節度使王虔休獻繼天誕聖樂。十四年二月，德宗自製中和舞，又奏九部樂及禁中歌舞，伎者十數人，布列在庭，上御麟德殿會百僚觀新樂詩〔三二〕，仍令太子書示百官。貞元十六年正月，南詔異牟尋作奉聖樂舞，因韋皋以進。十八年正月，驃國王來獻本國樂。

大和八年十月，宣太常寺，準雲韶樂舊用人數，令於本寺閱習進來者。至開成元年十月，教成。三年，武德司奉宣索雲韶樂縣圖二軸進之。

大和三年八月，太常禮院奏：

謹按凱樂，鼓吹之歌曲也。周官大司樂：「王師大獻，則奏凱樂〔三三〕。」注云：「獻功之樂也。」又大司馬之職〔三四〕，「師有功，則凱樂獻于社。」注云：「兵樂曰凱。」司馬法曰：「得意則凱樂，所以示喜也。」左氏傳載晉文公勝楚，振旅凱入。魏、晉已來鼓吹曲章，多述當時戰功。是則歷代獻捷，必有凱歌。太宗平東都，破宋金剛，其後蘇定方執賀魯，李勣平高麗，皆備軍容凱歌入京師。謹檢貞觀、顯慶、開元禮書，並無儀注。今參酌今古，備其陳設及奏歌曲之儀如後。

凡命將征討，有大功獻俘馘者，其日備神策兵衞於東門外，如獻俘常儀。其凱樂用鐃吹二部，笛、篳篥、簫、笳、鐃、鼓，每色二人，歌工二十四人。樂工等乘馬執樂器，次第陳列，如鹵簿之式。鼓吹令丞前導，分行於兵馬俘馘之前。將入都門，鼓吹振作，迭奏破陣樂等四曲。破陣樂、應聖期兩曲，太常舊有辭。賀朝歡、君臣同慶樂，今撰補之。破陣樂：「受律辭元首，相將討叛臣。咸歌破陣樂，共賞太平人。」應聖期：「聖德期昌運，雍熙萬宇淸。乾坤資化育，海岳共休明。闢土忻耕稼，銷戈遂偃兵。殊方歌帝澤，執贄賀昇平。」賀朝歡：「四海皇風被，千年德水淸。戎衣更不著，今日告功成。」君臣同慶樂：「主聖開昌曆，臣忠奏大猷。君看偃革後，便是太平秋。」候行至太社及太廟門〔二四〕，工人下馬，陳列於門外。按周禮大司樂注云：「獻于祖。」大司馬云：「先凱樂獻于社。」謹詳禮儀，則社廟之中，似合奏樂。伏以尊嚴之地，鐃吹諠譁，既無明文，或乖肅敬。今請並於門外陳設，不奏歌曲。候告獻禮畢，復導引奏曲如儀。至皇帝所御樓前兵仗旌門外二十步，樂工皆下馬徐行前進。兵部尚書介冑執鉞，於旌門內中路前導。周禮：「師有功，則大司馬左執律，右秉鉞，以先凱樂。」注云：「律所以聽軍聲，鉞所以爲將威。」今吹律聽聲，其術久廢，惟請秉鉞，以存禮文。次協律郎二人，公服執麾，亦於門下分導。鼓吹令丞引樂工等至位立定。太常卿於樂工之前跪，具官臣某奏事，請奏凱樂。協律郎舉麾，鼓吹大振作，遍奏破陣樂等四曲。樂闋，協律郎偃麾，太常卿又跪奏凱樂畢。兵部尚書、太常卿退，樂工等並出旌門外訖〔二五〕，然後引俘馘入獻及稱賀如別儀。別有獻俘馘儀注。俟俘囚引出方退。

請宣付當司，編入新禮，仍令樂工教習。

依奏。

校勘記

〔一〕開皇九年平陳　「九」字各本原作「八」，據隋書卷一五音樂志、通鑑卷一七七改。

〔二〕皇帝受朝奏政和　冊府卷五六九同。通典卷一四三、唐會要卷三二、樂府詩集卷四引本志「政」作「正」。廿二史考異卷五八云：「冊府元龜載後漢張昭改十二和爲十二成，議云：『皇帝受朝，皇后入宮，奏正和，請改爲辰成。』然則皇帝受朝下當有皇后入宮四字，此志脫去，又譌正爲政耳。」

〔三〕宜以太簇爲宮　唐會要卷三二、冊府卷五六九同。通典卷一四三「宜」作「並」。

〔四〕光宅元年九月　「元」字各本原作「三」，據冊府卷五六九改。校勘記卷一三云：「按則天紀及通鑑，其改元光宅，即在是年九月，至次年正月，則改元垂拱。是光宅但有元年，未嘗有三年。此志卷四云：『高宗天皇大帝酌獻用鈞天。』注云：『光宅元年造。』則此句三字爲元字之誤無疑。」

〔五〕中宗廟樂　此句上有脫文。冊府卷五六九上有「睿宗景雲元年有司奏」九字。

〔六〕酌獻　聞本作「酌福」，殿本、懼盈齋本、局本、廣本作「酌酒」，此據本書卷三〇音樂志、樂府詩集卷五引本志改。

〔七〕用壽和之樂　「壽」字各本原作「福」，據本書卷三〇音樂志、唐會要卷三二、樂府詩集卷五引本志改。

〔八〕累日　唐會要卷三三、冊府卷五六九作「累月」。

〔九〕寶應二年六月　「二」字各本原作「三」，據冊府卷五六九改。校勘記卷一三云：「按代宗紀及通鑑，皆言寶應二年七月，改元廣德。是寶應但有二年，無三年也。當從冊府。」

〔一〇〕穆宗廟樂……大定之舞　廿二史考異卷五八云：「案憲宗以前廟樂，俱載奏請之年，此穆宗四廟樂獨闕之。宣宗以後，幷樂舞名史家亦失之矣。」

〔一一〕等於樂府　聞本、殿本、懼盈齋本、局本同，廣本「等」作「編」，校勘記卷一三引閣本「等」作「著」。

〔一二〕奏正曲之後　「正」字各本原無，據本書卷七九呂才傳、通典卷一四五、唐會要卷三三、御覽卷五九一、殘宋本冊府卷五六九補。

〔一三〕輒取侍臣等奉和雪詩　「奉」字各本原作「奏」，據本書卷七九呂才傳、唐會要卷三三、御覽卷五九一、冊府卷五六九改。

〔一四〕六年三月　「六年」，唐會要卷三三、冊府卷五六九均作「龍朔元年」。按本書卷四高宗紀、通鑑卷二〇〇，顯慶六年二月，改元「龍朔」，則此處應作「龍朔元年」。

〔一五〕于闐王伏闍　「伏」字各本原作「休」，據唐會要卷三三、殘宋本冊府卷五六九改。校勘記卷一三云：「今考太宗紀及于闐傳，其王名伏闍信，通鑑同。會要雖不誤，而尚脫一信字也。」

〔一六〕麟德二年十月　「十月」，各本原作「七月」，據通典卷一四七、冊府卷五六九及本篇下文改。

〔一七〕其郊廟享宴等所奏宮懸　「郊廟」，各本原無，據通典卷一四七、唐會要卷三三、冊府卷五六九補。

〔一八〕奉麟德二年十月敕　「二年」，各本原作「三年」，據通典卷一四七、冊府卷五六九及本篇上文改。按本書卷五高宗紀、通鑑卷二〇一，麟德三年正月，改元乾封，是此處應作「二年」。

〔一九〕如著成數者　唐會要卷三三、冊府卷五六九「如」字下尚有「禮云諸侯相見揖讓而入門入門而懸興揖讓而升堂升堂而樂闋是也有」二十九字。校勘記卷一三云：「聞本此頁少第一行，疑本有而脫去。」

〔二〇〕慶善樂七遍　「七遍」，通典卷一四七、新書卷二一禮樂志作「五十遍」。校勘記卷一三云：「以上五十二遍下二十九遍例之，疑五十是。」

〔二一〕今更加破陣樂慶善樂　「慶善樂」，各本原無，據通典卷一四七、唐會要卷三三、冊府卷五六九補。下句「兼」字通典、會要、冊府均無。

〔二二〕六變樂止　「六」字各本原無，據通典卷一四七、唐會要卷三三、冊府卷五六九補。

〔二三〕惟有團扇　「惟」字各本原作「準」，據本書卷八五唐臨傳改。

〔二四〕令特給五品已上母妻　「令」字合鈔卷二七樂志、全唐文卷二七一作「今」，當是。

〔二五〕延載元年……越古長年樂一曲　校勘記卷一三云：「按延載係武后之年號，此條十八字當在長壽二年條後，景龍二年條前。若如今本，則是武后在位時事反在後，中宗復位時事反在前矣。其爲錯簡無疑。」

〔二六〕爲傾杯樂曲　「爲」字各本原無，據通鑑卷二一八胡注引舊唐書補。

〔二七〕又施三層板牀　「板」字各本原作「校」，據通鑑卷二一八胡注引舊唐書、冊府卷五六九改。

〔二八〕太平樂上元樂　「太平樂」下冊府卷五六九有「慶善樂」。

〔二九〕別教院廩食常千人　「別」字各本原在上句「署」字上，據本篇上文「太常又有別教院」句及冊府卷五六九改。

〔三〇〕使屬吏與東京留臺領　冊府卷五六九「與」作「於」，「領」上有「押」字。

〔三一〕上御麟德殿會百僚觀新樂詩　此句有脫誤。唐會要卷三三作「上製中春麟德殿會百僚觀新樂詩」，冊府卷五六九作「御麟德殿奏之幷製觀新樂詩」。

〔三二〕則奏凱樂　「凱」下各本原有「安」字，據唐會要卷三三、冊府卷五六九及周禮大司樂原文刪。

〔三三〕又大司馬之職　「職」字各本原作「班」，據唐會要卷三三、冊府卷五六九及周禮大司馬改。

〔三四〕候行至太社及太廟門　「廟」上「太」字各本原無，據唐會要卷三三、通考卷一四七補。

〔三五〕樂工等並出旌門外訖　「訖」上唐會要卷三三、通考卷一四七有「立」字。

舊唐書卷二十九

志第九

音樂二

高祖登極之後，享宴因隋舊制，用九部之樂，其後分爲立坐二部。今立部伎有安樂、太平樂、破陣樂、慶善樂、大定樂、上元樂、聖壽樂、光聖樂，凡八部。

安樂者，後周武帝平齊所作也。行列方正，象城郭，周世謂之城舞。舞者八十人，刻木爲面，狗喙獸耳，以金飾之，垂線爲髮，畫猰皮帽，舞蹈姿制，猶作羌胡狀。

太平樂，亦謂之五方師子舞。師子鷙獸，出於西南夷天竺、師子等國。綴毛爲之，人居其中，像其俛仰馴狎之容。二人持繩秉拂，爲習弄之狀。五師子各立其方色，百四十人歌太平樂，舞以足〔一〕，持繩者服飾作崑崙象。

破陣樂，太宗所造也。太宗爲秦王之時，征伐四方，人間歌謠秦王破陣樂之曲。及即位，使呂才協音律，李百藥、虞世南、褚亮、魏徵等製歌辭。百二十人披甲持戟，甲以銀飾之。發揚蹈厲，聲韻慷慨，享宴奏之，天子避位，坐宴者皆興。

慶善樂，太宗所造也。太宗生於武功之慶善宮，既貴，宴宮中，賦詩，被以管絃。舞者六十四人〔三〕，衣紫大袖裙襦，漆髻皮履。舞蹈安徐，以象文德洽而天下安樂也。

大定樂，出自破陣樂。舞者百四十人，被五彩文甲，持槊。歌和云，「八紘同軌樂」，以象平遼東而邊隅大定也。

上元樂，高宗所造。舞者百八十人，畫雲衣，備五色，以象元氣，故曰「上元」。

聖壽樂，高宗武后所作也。舞者百四十人，金銅冠，五色畫衣。舞之行列必成字，十六變而畢。有「聖超千古，道泰百王，皇帝萬年，寶祚彌昌」字。

光聖樂，玄宗所造也。舞者八十人，烏冠，五綵畫衣，兼以上元、聖壽之容，以歌王跡所興。

自破陣舞以下，皆雷大鼓，雜以龜茲之樂，聲振百里，動蕩山谷。大定樂加金鉦，惟慶善舞獨用西涼樂，最爲閑雅。破陣、上元、慶善三舞，皆易其衣冠，合之鐘磬，以享郊廟。以破陣爲武舞，謂之七德；慶善爲文舞，謂之九功。自武后稱制，毀唐太廟，此禮遂有名而亡實。

安樂等八舞，聲樂皆立奏之，樂府謂之立部伎，其餘總謂之坐部伎。則天、中宗之代，大增造坐立諸舞，尋以廢寢。

坐部伎有讌樂、長壽樂、天授樂、鳥歌萬壽樂、龍池樂、破陣樂，凡六部。

讌樂，張文收所造也。工人緋綾袍，絲布袴。舞二十人，分爲四部：景雲樂，舞八人，花錦袍，五色綾袴，雲冠，烏皮靴；慶善樂，舞四人〔三〕，紫綾袍，大袖，絲布袴，假髻；破陣樂，舞四人，緋綾袍，錦衿褾，緋綾褲；承天樂，舞四人，紫袍，進德冠，並銅帶。樂用玉磬一架，大方響一架，搊箏一，臥箜篌一，小箜篌一，大琵琶一，大五絃琵琶一，小五絃琵琶一，大笙一，小笙一，大篳篥一，小篳篥一，大簫一，小簫一，正銅拔一，和銅拔一，長笛一，短笛一，楷鼓一〔四〕，連鼓一，鞉鼓一，桴鼓一，工歌二。此樂惟景雲舞僅存，餘並亡。

長壽樂，武太后長壽年所造也。舞十有二人，畫衣冠。

天授樂，武太后天授年所造也。舞四人，畫衣五采，鳳冠。

鳥歌萬歲樂，武太后所造也。武太后時，宮中養鳥能人言，又常稱萬歲，爲樂以象之。舞三人，緋大袖，並畫鸜鵒，冠作鳥像。今案嶺南有鳥，似鸜鵒而稍大，乍視之，不相分辨，籠養久，則能言，無不通，南人謂之吉了，亦云料。開元初，廣州獻之，言音雄重如丈夫，委曲識人情，慧於鸚鵡遠矣，疑卽此鳥也。漢書武帝本紀書南越獻馴象、能言鳥。注漢書者，皆謂鳥爲鸚鵡。若是鸚鵡，不得不舉其名，而謂之能言鳥。鸚鵡秦、隴尤多，亦不足重。所謂能言鳥，卽吉了也。北方常言鸜鵒踰嶺乃能言，傳者誤矣。嶺南甚多鸜鵒，能言者非鸜鵒也。

龍池樂，玄宗所作也。玄宗龍潛之時，宅在隆慶坊，宅南坊人所居，變爲池，望氣者亦異焉。故中宗季年，汎舟池中。玄宗正位，以坊爲宮，池水逾大，瀰漫數里，爲此樂以歌其祥也。舞十有二人〔五〕，人冠飾以芙蓉。

破陣樂〔六〕，玄宗所造也。生於立部伎破陣樂。舞四人，金甲冑。

自長壽樂已下皆用龜茲樂，舞人皆著靴。惟龍池備用雅樂，而無鐘磬，舞人躡履。

清樂者，南朝舊樂也。永嘉之亂，五都淪覆，遺聲舊制，散落江左。宋、梁之間，南朝文物，號爲最盛；人謠國俗，亦世有新聲。後魏孝文、宣武，用師淮、漢，收其所獲南音，謂之清商樂。隋平陳，因置清商署，總謂之清樂，遭梁、陳亡亂，所存蓋鮮。隋室已來，日益淪缺。武太后之時，猶有六十三曲，今其辭存者，惟有白雪、公莫舞、巴渝、明君、鳳將雛〔七〕、明之君、鐸舞、白鳩、白紵、子夜、吳聲四時歌、前溪、阿子及歡聞、團扇、懊儂、長史、督護、讀曲、烏夜啼、石城、莫愁、襄陽、棲烏夜飛、估客、楊伴、雅歌、驍壺、常林歡、三洲〔八〕、採桑、春江花月夜、玉樹後庭花、堂堂、泛龍舟等三十二曲。明之君、雅歌各二首，四時歌四首，合三十七首。又七曲有聲無辭，上林、鳳雛、平調、淸調、瑟調、平折、命嘯，通前爲四十四曲存焉。

白雪，周曲也。

平調、淸調、瑟調，皆周房中曲之遺聲也。漢世謂之三調。

公莫舞，晉、宋謂之巾舞。其說云：漢高祖與項籍會於鴻門，項莊劍舞，將殺高祖。項伯亦舞，以袖隔之，且云公莫害沛公也。漢人德之，故舞用巾，以象項伯衣袖之遺式也。

巴渝，漢高帝所作也。帝自蜀漢伐楚，以版楯蠻爲前鋒，其人勇而善鬭，好爲歌舞，高帝觀之曰：「武王伐紂歌也。」使工習之，號曰巴渝。渝，美也。亦云巴有渝水，故名之。魏、晉改其名，梁復號巴渝，隋文廢之。

明君，漢元帝時，匈奴單于入朝，詔王嬙配之，卽昭君也。及將去，入辭，光彩射人，聳動左右，天子悔焉。漢人憐其遠嫁，爲作此歌。晉石崇妓綠珠善舞，以此曲教之，而自製新歌曰：「我本漢家子，將適單于庭，昔爲匣中玉，今爲糞土英。」晉文王諱昭，故晉人謂之明君。此中朝舊曲，今爲吳聲，蓋吳人傳受訛變使然。

鳳將雛，漢世舊歌曲也。

明之君，本漢世鞞舞曲也。梁武時，改其辭以歌君德。

鐸舞，漢曲也。

白鳩，吳朝拂舞曲也。楊泓拂舞序曰：「自到江南，見白符舞，或言白凫鳩，云有此來數十年。察其辭旨，乃是吳人患孫皓虐政，思屬晉也。」隋牛弘請以鞞、鐸、巾、拂等舞陳之殿庭，帝從之，而去其所持巾拂等。

白紵，沈約云：紵本吳地所出，疑是吳舞也。梁帝又令約改其辭〔九〕，其四時白紵之歌〔一〇〕，約集所載是也。今中原有白紵曲，辭旨與此全殊。

子夜，晉曲也。晉有女子夜造此聲，聲過哀苦，晉日常有鬼歌之。

前溪，晉車騎將軍沈玩所制。

阿子及歡聞，晉穆帝升平初，歌畢，輒呼「阿子汝聞否」〔一一〕，後人演其聲以爲此曲〔一二〕。

團扇，晉中書令王珉與嫂婢有情，愛好甚篤。嫂捶撻婢過苦，婢素善歌，而珉好捉白團扇，故云：「團扇復團扇，持許自遮面。憔悴無復理，羞與郎相見。」

懊憹，晉隆安初民間訛謠之曲。歌云：「春草可攬結，女兒可攬擷。」齊太祖常謂之中朝歌。

長史變，晉司徒左長史王廞臨敗所制。

督護，晉、宋間曲也。彭城內史徐逵之爲魯軌所殺，徐，宋高祖長婿也。使府內直督護丁旿殯斂之。其妻呼旿至閤下，自問斂逵之事，每問輒歎息曰：「丁督護！」其聲哀切，後人因其聲廣其曲焉。今歌是宋孝武帝所製，云：「督護上征去，儂亦惡聞許。願作石尤風，四面斷行旅。」

讀曲，宋人爲彭城王義康所製也，有死罪之辭。

烏夜啼，宋臨川王義慶所作也。元嘉十七年，徙彭城王義康於豫章。義慶時爲江州，至鎮，相見而哭，爲帝所怪，徵還宅，大懼。妓妾夜聞烏啼聲，扣齋閤云：「明日應有赦。」其年更爲南兗州刺史，作此歌。故其和云：「籠窗窗不開，烏夜啼，夜夜望郎來。」今所傳歌似非義慶本旨。辭曰：「歌舞諸少年，娉婷無種跡。菖蒲花可憐，聞名不相識。」

石城，宋臧質所作也。石城在竟陵，質嘗爲竟陵郡，於城上眺矚，見羣少年歌謠通暢，因作此曲。歌云：「生長石城下，開門對城樓。城中美年少，出入見依投。」

莫愁樂，出於石城樂。石城有女子名莫愁，善歌謠，石城樂和中復有「莫愁」聲，故歌云：「莫愁在何處？莫愁石城西。艇子打兩槳，催送莫愁來。」

襄陽樂，宋隨王誕之所作也〔三〕。誕始爲襄陽郡，元嘉二十六年，仍爲雍州，夜聞諸女歌謠，因作之。故歌和云：「襄陽來夜樂。」其歌曰：「朝發襄陽來，暮至大堤宿。大堤諸女兒，花豔驚郎目。」裴子野宋略稱：「晉安侯劉道彥爲雍州刺史，有惠化，百姓歌之，號襄陽樂。」其辭旨非也。

棲烏夜飛，沈攸之元徽五年所作也。攸之未敗之前，思歸京師，故歌和云：「日落西山還去來！」

估客樂，齊武帝之製也。布衣時常遊樊、鄧，追憶往事而作歌曰〔四〕：「昔經樊、鄧役，阻潮梅根渚。感憶追往事，意滿情不敍。」使太樂令劉瑤教習，百日無成。或啓釋寶月善音律，帝使寶月奏之，便就。敕歌者常重爲感憶之聲。梁改其名爲商旅行。

楊伴，本童謠歌也。齊隆昌時，女巫之子曰楊旻，旻隨母入內，及長，爲后所寵。童謠云：「楊婆兒，共戲來。」而歌語訛，遂成楊伴兒。歌云：「暫出白門前，楊柳可藏烏。歡作沉水香，儂作博山爐。」

驍壺，疑是投壺樂也。投壺者謂壺中躍矢爲驍壺，今謂之驍壺者是也。

常林歡，疑是宋、梁間曲。宋、梁世，荆、雍爲南方重鎭，皆皇子爲之牧，江左辭詠，莫不稱之，以爲樂土，故隨王作襄陽之歌，齊武帝追憶樊、鄧。梁簡文樂府歌云：「分手桃林岸，送別峴山頭。若欲寄音信，漢水向東流。」又曰：「宜城投音豆酒今行熟，停鞍繫馬暫栖宿。」桃林在漢水上，宜城在荆州北。荆州有長林縣。江南謂情人爲歡。「常」「長」聲相近，蓋樂人誤謂「長」爲「常」。

三洲，商人歌也。商人數行巴陵三江之間，因作此歌。

採桑，因三洲曲而生此聲也。

春江花月夜、玉樹後庭花、堂堂，並陳後主所作。叔寶常與宮中女學士及朝臣相和爲詩，太樂令何胥又善於文詠，採其尤豔麗者以爲此曲。

汎龍舟，隋煬帝江都宮作。

餘五曲，不知誰所作也。

其辭類皆淺俗，而綿世不易，惜其古曲，是以備論之。其他集錄所不見，亦闕而不載。

當江南之時，巾舞、白紵、巴渝等衣服各異。梁以前舞人並二八，梁舞省之，咸用八人而已。令工人平巾幘，緋袴褶。舞四人，碧輕紗衣，裙襦大袖，畫雲鳳之狀，漆鬟髻，飾以金銅雜花，狀如雀釵，錦履。舞容閑婉，曲有姿態。沈約宋書志江左諸曲哇淫〔一五〕，至今其聲調猶然。觀其政已亂，其俗已淫，既怨且思矣，而從容雅緩，猶有古士君子之遺風，他樂則莫與爲比。樂用鐘一架，磬一架，琴一，三絃琴一，擊琴一，瑟一，秦琵琶一，臥箜篌一，筑一，箏一，節鼓一，笙二，笛二，簫二，篪二，葉二，歌二。

自長安已後，朝廷不重古曲，工伎轉缺，能合于管絃者，唯明君、楊伴、驍壺、春歌、秋歌、白雪、堂堂、春江花月等八曲。舊樂章多或數百言，武太后時，明君尚能四十言，今所傳二十六言，就之訛失〔二六〕，與吳音轉遠。劉貺以為宜取吳人使之傳習。以問歌工李郎子，李郎子北人，聲調已失，云學於俞才生。才生，江都人也。今郎子逃〔二七〕，清樂之歌闕焉。又聞清樂唯雅歌一曲〔二八〕，辭典而音雅，閱舊記，其辭信典。漢有盤舞，今隸散樂部中。又有幡舞、扇舞，並亡。

自周、隋已來，管絃雜曲將數百曲，多用西涼樂，鼓舞曲多用龜茲樂，其曲度皆時俗所知也。惟彈琴家猶傳楚、漢舊聲，及清調、瑟調，蔡邕雜弄，非朝廷郊廟所用，故不載。

西涼樂者，後魏平沮渠氏所得也。晉、宋末，中原喪亂，張軌據有河西，苻秦通涼州，旋復隔絕。其樂具有鐘磬，蓋涼人所傳中國舊樂，而雜以羌胡之聲也。魏世共隋咸重之。工人平巾幘，緋褶。白舞一人，方舞四人。白舞今闕。方舞四人，假髻，玉支釵，紫絲布褶，白大口袴，五綵接袖，烏皮靴。樂用鐘一架，磬一架，彈箏一，搊箏一，臥箜篌一，豎箜篌一，琵琶一，五絃琵琶一，笙一，簫一，篳篥一，小篳篥一，笛一，橫笛一，腰鼓一，齊鼓一，檐鼓一，銅拔一，貝一。編鐘今亡。

周官：「韎師掌教韎樂，祭祀則帥其屬而舞之，大享亦如之。」韎，東夷之樂名也。舉東方，則三方可知矣。又有「鞮鞻氏掌四夷之樂，與其聲歌，祭祀則歙而歌之，讌亦如之」。作先王樂者，貴能包而用之。納四夷之樂者，美德廣之所及也。東夷之樂曰韎離，南蠻之樂曰任，西戎之樂曰禁，北狄之樂曰昧。離，言陽氣始通，萬物離地而生也。任，言陽氣用事，萬物懷任也。禁，言陰氣始通，禁止萬物之生長也。昧，言陰氣用事，萬物衆形暗昧也。其聲不正，作之四門之外，各持其方兵，獻其聲而已。自周之衰，此禮尋廢。

後魏有曹婆羅門，受龜茲琵琶於商人，世傳其業，至孫妙達，尤爲北齊高洋所重，常自擊胡鼓以和之。周武帝聘虜女爲后，西域諸國來媵，於是龜茲、疏勒、安國、康國之樂，大聚長安。胡兒令羯人白智通敎習，頗雜以新聲。張重華時，天竺重譯貢樂伎，後其國王子爲沙門來遊，又傳其方音。宋世有高麗、百濟伎樂。魏平馮跋〔九〕，亦得之而未具。周師滅齊，二國獻其樂。隋文帝平陳，得淸樂及文康禮畢曲，列九部伎，百濟伎不預焉。煬帝平林邑國，獲扶南工人及其匏琴，陋不可用，但以天竺樂轉寫其聲，而不齒樂部。西魏與高昌通，始有高昌伎。我太宗平高昌，盡收其樂，又造讌樂，而去禮畢曲。今著令者，惟此十部。雖不著令，聲節存者，樂府猶隸之。德宗朝，又有驃國亦遣使獻樂。

高麗樂，工人紫羅帽，飾以鳥羽，黃大袖，紫羅帶，大口袴，赤皮靴，五色縚繩。舞者四人，椎髻於後，以絳抹額，飾以金璫。二人黃裙襦，赤黃袴〔一〇〕，極長其袖，烏皮靴，雙雙並立而舞。樂用彈箏一，搊箏一，臥箜篌一，豎箜篌一，琵琶一，義觜笛一，笙一，簫一，小篳篥一，大篳篥一，桃皮篳篥一，腰鼓一，齊鼓一，檐鼓一，貝一。武太后時尚二十五曲，今惟習一曲，衣服亦寖衰敗，失其本風。

百濟樂，中宗之代，工人死散。岐王範爲太常卿，復奏置之，是以音伎多闕。舞二人，紫大袖裙襦，章甫冠，皮履。樂之存者，箏、笛、桃皮篳篥、箜篌、歌。

此二國，東夷之樂也〔三〕。

扶南樂，舞二人，朝霞行纏，赤皮鞾。隋世全用天竺樂，今其存者，有羯鼓、都曇鼓、毛員鼓、簫、笛、篳篥、銅拔、貝。

天竺樂，工人皂絲布頭巾，白練襦，紫綾袴，緋帔。舞二人，辮髮，朝霞袈裟，行纏，碧麻鞋。袈裟，今僧衣是也。樂用銅鼓、羯鼓、毛員鼓、都曇鼓、篳篥、橫笛、鳳首箜篌、琵琶、銅拔、貝。毛員鼓、都曇鼓今亡。

驃國樂，貞元中，其王來獻本國樂，凡一十二曲，以樂工三十五人來朝。樂曲皆演釋氏經論之辭。

此三國，南蠻之樂。

高昌樂，舞二人〔三〕，白襖錦袖，赤皮鞾，赤皮帶，紅抹額。樂用答臘鼓一，腰鼓一，雞婁鼓一，羯鼓一，簫二，篳篥二，琵琶二，五絃琵琶二，銅角一，箜篌一。箜篌今亡。

龜茲樂，工人皂絲布頭巾，緋絲布袍，錦袖，緋布袴。舞者四人，紅抹額，緋襖，白袴帑，烏皮靴。樂用豎箜篌一〔三〕，琵琶一，五絃琵琶一，笙一，橫笛一，簫一，篳篥一，毛員鼓一，都曇鼓一，答臘鼓一，腰鼓一，羯鼓一，雞婁鼓一，銅拔一，貝一。毛員鼓今亡。

疏勒樂，工人皂絲布頭巾，白絲布袴，錦襟褾。舞二人，白襖，錦袖，赤皮靴，赤皮帶。樂用豎箜篌、琵琶、五絃琵琶、橫笛、簫、篳篥、答臘鼓、腰鼓、羯鼓、雞婁鼓。

康國樂，工人皂絲布頭巾，緋絲布袍，錦領。舞二人，緋襖，錦領袖，綠綾渾襠袴〔四〕，赤皮靴，白袴帑。舞急轉如風，俗謂之胡旋。樂用笛二，正鼓一，和鼓一，銅拔一。

安國樂，工人皂絲布頭巾，錦褾領，紫袖袴。舞二人，紫襖，白袴帑，赤皮靴。樂用琵琶、五絃琵琶、豎箜篌〔五〕、簫、橫笛、篳篥、正鼓、和鼓、銅拔、箜篌。五絃琵琶今亡。

此五國，西戎之樂也。

南蠻、北狄國俗，皆隨髮際斷其髮，今舞者咸用繩圍首，反約髮杪，內於繩下。又有新聲河西至者，號胡音聲，與龜茲樂、散樂俱爲時重，諸樂咸爲之少寢。

北狄樂，其可知者鮮卑、吐谷渾、部落稽三國，皆馬上樂也。鼓吹本軍旅之音，馬上奏之，故自漢以來，北狄樂總歸鼓吹署。後魏樂府始有北歌〔六〕，卽魏史所謂眞人代歌是也。

代都時，命掖庭宮女晨夕歌之。周、隋世，與西涼樂雜奏。今存者五十三章，其名目可解者六章：慕容可汗、吐谷渾、部落稽、鉅鹿公主、白淨王太子、企喻也。其不可解者，咸多可汗之辭。按今大角〔二七〕，此即後魏世所謂簸邏迴者是也，其曲亦多可汗之辭。北虜之俗，呼主爲可汗。吐谷渾又慕容別種，知此歌是燕、魏之際鮮卑歌，歌辭虜音〔二八〕，竟不可曉。梁有鉅鹿公主歌辭，似是姚萇時歌，其辭華音〔二九〕，與北歌不同。梁樂府鼓吹又有大白淨皇太子、小白淨皇太子、企喻等曲。隋鼓吹有白淨皇太子曲，與北歌校之，其音皆異。開元初，以問歌工長孫元忠，云自高祖以來，代傳其業。元忠之祖，受業於侯將軍，名貴昌，并州人也，亦世習北歌。貞觀中，有詔令貴昌以其聲教樂府。元忠之家世相傳如此，雖譯者亦不能通知其辭，蓋年歲久遠，失其眞矣。絲桐，惟琴曲有胡笳聲大角，金吾所掌〔三〇〕。

散樂者，歷代有之，非部伍之聲，俳優歌舞雜奏。漢天子臨軒設樂，舍利獸從西方來，戲於殿前，激水成比目魚，跳躍嗽水，作霧翳日，化成黃龍，修八丈，出水遊戲，輝耀日光。繩繫兩柱，相去數丈，二倡女對舞繩上〔三一〕，切肩而不傾。如是雜變，總名百戲。江左猶有高絙紫鹿、跂行鱉食、齊王捲衣、笮鼠、夏育扛鼎、巨象行乳、神龜抃戲背負靈嶽、桂樹白雪、畫地成川之伎。晉成帝咸康七年〔三二〕，散騎侍郎顧臻表曰：「末世之樂，設外方之觀〔三三〕，逆行連倒。四海朝覲帝庭，而足以蹈天，頭以履地，反天地之順，傷彝倫之大。」乃命太常悉罷之。其後復高絙紫鹿。後魏、北齊，亦有魚龍辟邪、鹿馬仙車、吞刀吐火、剝車剝驢〔三〕、種瓜拔井之戲。周宣帝徵齊樂並會關中。開皇初，散遣之。大業二年，突厥單于來朝洛陽宮，煬帝爲之大合樂，盡通漢、晉、周、齊之術，胡人大駭。帝命樂署肄習，常以歲首縱觀端門內。

大抵散樂雜戲多幻術，幻術皆出西域，天竺尤甚。漢武帝通西域，始以善幻人至中國。安帝時，天竺獻伎，能自斷手足，刳剔腸胃，自是歷代有之。我高宗惡其驚俗，敕西域關令不令入中國。苻堅嘗得西域倒舞伎。睿宗時，婆羅門獻樂，舞人倒行，而以足舞於極銛刀鋒，倒植於地，低目就刃，以歷臉中，又植於背下，吹篳篥者立其腹上，終曲而亦無傷。又伏伸其手，兩人躡之，旋身遶手，百轉無已。漢世有橦木伎，又有盤舞。晉世加之以柸，謂之柸盤舞。樂府詩云，「妍袖陵七盤」，言舞用盤七枚也。梁謂之舞盤伎。梁有長蹻伎、擲倒伎、跳劍伎、吞劍伎，今並存。又有舞輪伎，蓋今戲車輪者。透三峽伎，蓋今透飛梯之類也。高絙伎，蓋今之戲繩者是也。梁有獼猴幢伎，今有緣竿，又有獼猴緣竿，未審何者爲是。又有弄椀珠伎、丹珠伎。

歌舞戲，有大面、撥頭、踏搖娘、窟礧子等戲。玄宗以其非正聲，置教坊於禁中以處之。婆羅門樂，與四夷同列。婆羅門樂用漆篳篥二，齊鼓一。

散樂，用橫笛一，拍板一，腰鼓三。其餘雜戲，變態多端，皆不足稱。

大面出於北齊。北齊蘭陵王長恭，才武而面美，常著假面以對敵。嘗擊周師金墉城下，勇冠三軍，齊人壯之，爲此舞以效其指麾擊刺之容，謂之蘭陵王入陣曲。

撥頭出西域。胡人爲猛獸所噬，其子求獸殺之，爲此舞以像之也。

踏搖娘，生於隋末。隋末河內有人貌惡而嗜酒，常自號郎中，醉歸必毆其妻。其妻美色善歌，爲怨苦之辭。河朔演其曲而被之絃管，因寫其妻之容。妻悲訴，每搖頓其身，故號踏搖娘。近代優人頗改其制度，非舊旨也。

窟礧子，亦云魁礧子，作偶人以戲。善歌舞，本喪家樂也。漢末始用之於嘉會。齊後主高緯尤所好。高麗國亦有之。

八音之屬，協於八節。匏，瓠也，女媧氏造。列管於匏上，內簧其中，爾雅謂之巢。大者曰竽，小者曰和。竽，煦也，立春之音，煦生萬物也。竽管三十六，宮管在左。和管十三，宮管居中。今之竽、笙，並以木代匏而漆之，無復音矣。荊、梁之南，尚存古制云。

管三孔曰籥，春分之音，萬物振躍而動也。

簫，舜所造也。爾雅謂之茭。音交 大曰管，二十三管，修尺四寸。

笛，漢武帝工丘仲所造也。其元出於羌中。短笛，脩尺有咫。長笛、短笛之間，謂之中管。

篪，吹孔有觜如酸棗。橫笛，小篪也。漢靈帝好胡笛，五胡亂華，石遵玩之不絕音。宋書云：有胡篪出於胡吹，則謂此。梁胡吹歌云：「快馬不須鞭，反插楊柳枝。下馬吹橫笛，愁殺路傍兒。」此歌辭元出北國。之橫笛皆去觜〔三四〕，其加觜者謂之義觜笛。

篳篥，本名悲篥，出於胡中，其聲悲。亦云：胡人吹之以驚中國馬云。

柷，衆也。立夏之音，萬物衆皆成也。方面各二尺餘，傍開員孔，內手於中，擊之以舉樂。

敔，如伏虎，背皆有鬣二十七，碎竹以擊其首而逆刮之，以止樂也。

舂牘，虛中如筩，無底，舉以頓地如舂杵，亦謂之頓相〔三五〕。相，助也，以節樂也。或謂梁孝王築睢陽城，擊鼓爲下杵之節。睢陽操用舂牘，後世因之。

拍板，長闊如手，厚寸餘，以韋連之，擊以代抃。

琴，伏羲所造。琴，禁也，夏至之音，陰氣初動，禁物之淫心。五絃以備五聲，武王加之爲七絃。琴十有二柱〔三六〕，如琵琶。擊琴，柳惲所造。惲嘗爲文詠，思有所屬，搖筆誤中琴絃，因爲此樂。以管承絃，又以片竹約而束之，使絃急而聲亮，舉竹擊之，以爲節曲。

瑟，昔者大帝使素女鼓五十絃瑟，悲不能自止，破之爲二十五絃。大帝，太昊也。

箏，本秦聲也。相傳云蒙恬所造，非也。制與瑟同而絃少。案京房造五音準，如瑟，十三絃，此乃箏也。雜樂箏並十有二絃，他樂皆十有三絃。軋箏，以片竹潤其端而軋之〔三八〕。

筑，如箏，細頸，以竹擊之，如擊琴。清樂箏，用骨爪長寸餘以代指〔三九〕。

琵琶，四絃，漢樂也。初，秦長城之役，有弦鼗而鼓之者。及漢武帝嫁宗女於烏孫，乃裁箏、筑爲馬上樂，以慰其鄉國之思。推而遠之曰琵，引而近之曰琶，言其便於事也。今清樂奏琵琶，俗謂之「秦漢子」，圓體修頸而小，疑是弦鼗之遺制。其他皆充上鋭下，曲項，形制稍大，疑此是漢制。兼似兩制者，謂之「秦漢」，蓋謂通用秦、漢之法。梁史稱侯景之將害簡文也，使太樂令彭雋齎曲項琵琶就帝飲，則南朝似無。曲項者，亦本出胡中。五絃琵琶，稍小，蓋北國所出。風俗通云：以手琵琶之，因爲名。案舊琵琶皆以木撥彈之，太宗貞觀中始有手彈之法〔四〇〕，今所謂搊琵琶者是也。風俗通所謂以手琵琶之，乃非用撥之義，豈上世固有搊之者耶？

阮咸，亦秦琵琶也，而項長過於今制，列十有三柱。武太后時，蜀人蒯朗於古墓中得之，晉竹林七賢圖阮咸所彈與此類，因謂之阮咸。咸，晉世實以善琵琶知音律稱。

箜篌，漢武帝使樂人侯調所作，以祠太一。或云侯輝所作，其聲坎坎應節，謂之坎侯，聲訛爲箜篌。或謂師延靡靡樂，非也。舊說亦依琴制，今按其形，似瑟而小，七絃，用撥彈之，如琵琶。豎箜篌，胡樂也，漢靈帝好之。體曲而長，二十有二絃，豎抱於懷，用兩手齊奏，俗謂之擘箜篌。鳳首箜篌，有項如軫。

七絃，鄭善子作，開元中進。形如阮咸，其下缺少而身大，傍有少缺，取其身便也。絃十三隔，孤柱一，合散聲七，隔聲九十一，柱聲一，總九十九聲，隨調應律。

太一，司馬縚開元中進。十二絃，六隔，合散聲十二，隔聲七十二。絃散聲應律呂，以隔聲旋相爲宮，合八十四調。令編入雅樂宮縣內用之。

六絃，史盛作，天寶中進。形如琵琶而長，六絃，四隔，孤柱一，合散聲六，隔聲二十四，柱聲一，總三十一聲，隔調應律。

天寶樂，任偃作，天寶中進。類石幢，十四絃，六柱。黃鐘一均足倍七聲，移柱作調應律。

塤，曛也，立秋之音，萬物將曛黃也。埏土爲之，如鵝卵，凡六孔，銳上豐下。大者爾雅謂之曰嘂。

缶，如足盆，古西戎之樂，秦俗應而用之。其形似覆盆，以四杖擊之。秦、趙會於澠池，秦王擊缶而歌。八缶，唐永泰初司馬縚進廣平樂，蓋八缶具黃鐘一均聲。

鐘，黃帝之工垂所造。鐘，種也，立秋之音，萬物種成也。大曰鎛，鎛亦大鐘也，爾雅謂之鏞。小而編之曰編鐘，中曰剽，小曰棧〔二〕。

錞于，圓如碓頭，大上小下，縣以籠牀，芒筩將之以和鼓。沈約宋書云：「今人間時有之」，則宋日非廟庭所用。後周平蜀獲之，斛斯徵觀曰：「錞于也。」依干寶周禮注試之，如其言。

鐃，木舌，搖之以和鼓〔三〕。

梁有銅磬，蓋今方響之類。方響，以鐵爲之，修八寸，廣二寸，圓上方下。架如磬而不設業，倚於架上以代鐘磬。人間所用者纔三四寸。

銅拔，亦謂之銅盤，出西戎及南蠻。其圓數寸，隱起若浮漚，貫之以韋皮，相擊以和樂也。南蠻國大者圓數尺。或謂南齊穆士素所造，非也。

鉦，如大銅疊，縣而擊之，節鼓。

銅鼓，鑄銅爲之，虛其一面，覆而擊其上。南夷扶南、天竺類皆如此。嶺南豪家則有之，大者廣丈餘。

磬，叔所造也。磬，勁也，立冬之音，萬物皆堅勁。書云，「泗濱浮磬」，言泗濱石可爲磬；今磬石皆出華原，非泗濱也。登歌磬，以玉爲之，爾雅謂之毊。

鼓，動也，冬至之音，萬物皆含陽氣而動。雷鼓八面以祀天，靈鼓六面以祀地，路鼓四面以祀鬼神。夏后加之以足，謂之足鼓；殷人貫之以柱，謂之楹鼓；周人縣之，謂之縣鼓；後世從殷制建之，謂之建鼓。晉鼓六尺六寸，金奏則鼓之。傍有鼓謂之應鼓，以和大鼓。小鼓有柄曰鞞，搖之以和鼓，大曰鞉。腰鼓，大者瓦，小者木，皆廣首而纖腹，本胡鼓也。石遵好之，與橫笛不去左右。齊鼓，如漆桶，大一頭，設齊於鼓面如麝臍，故曰齊鼓。檐鼓，如小甕，先冒以革而漆之。羯鼓，正如漆桶，兩手具擊，以其出羯中，故號羯鼓，亦謂之兩杖鼓。都曇鼓，似腰鼓而小，以槌擊之。毛員鼓，似都曇鼓而稍大。答臘鼓，制廣羯鼓而短，以指揩之，其聲甚震，俗謂之揩鼓。雞婁鼓，正圓，兩手所擊之處，平可數寸。正鼓、和鼓者，一以正，一以和，皆腰鼓也。節鼓，狀如博局，中間員孔，適容其鼓，擊之節樂也。

撫拍，以韋爲之，實之以糠，撫之節樂也。

金、石、絲、竹、匏、土、革、木，謂之八音。金木之音，擊而成樂。今東夷有管木者，桃皮是也。西戎有吹金者，銅角是也。長二尺，形如牛角。貝，蠡也，容可數升，並吹之以節樂，亦出南蠻。桃皮，卷之以爲篳篥。嘯葉，銜葉而嘯，其聲清震，橘柚尤善。四夷絲竹之量，國異其制，不可詳盡。爾雅：琴二十絃曰離，瑟二十七絃曰灑〔三〕。漢世有洞簫，又有管，長尺圍寸而併漆之，宋世有繞梁，似臥箜篌，今並亡矣。今世又有篪，其長盈尋，曰七星，如箏稍小，曰雲和，樂府所不用。

周天子宮縣，諸侯軒縣，大夫曲縣，士特縣。故孔子之堂，聞金石之音；魏絳之家，有鍾磬之聲。秦、漢之際，斯禮無聞。漢丞相田蚡，前庭羅鍾磬，置曲旃。光武又賜東海恭王鍾簴之樂。即漢世人臣，尚有金石。漢樂歌云，「高張四縣，神來讌饗」，謂宮縣也。制氏在太樂，能記鏗鏘鼓舞。河間王著樂記，八佾之舞與制氏不甚相遠，又舞八佾之明文也。漢儀云，高廟撞千石之鍾十枚，即上林賦所謂「撞千石之鍾，立萬石之鋌鉅」者也。鍾當十二，而此十枚，未識其義。議者皆云漢世不知用宮縣，今案漢章、和世用旋宮，漢世羣儒，備言其義，牛弘、祖孝孫所由準的也。又河間王博採經籍，與制氏不殊，知漢世之樂，爲最備矣。魏、晉已來，但云四廂金石，而不言其禮，或八架，或十架，或十六架。梁武始用二十六架。貞觀初增三十六架〔四〕，加鼓吹熊羆桉十二於四隅。後魏、周、齊皆二十六架。建德中，復梁三十六架。隋文省，煬帝又復之。

樂縣，橫曰簨，豎曰簴。飾簨以飛龍，飾趺以飛廉，鍾簴以摯獸，磬簴以摯鳥，上列樹羽，傍垂流蘇，周制也。縣以崇牙，殷制也。飾以博山，後世所加也。宮縣每架金博山五，軒縣三。鼓，承以花趺，覆以華蓋，上集翔鷺。隋氏二十架，先置建鼓於四隅，鎛鍾方面各三，依其辰位，雜列編鍾、磬各四架於其間。二十六架，則編鍾十二架，磬亦如之。軒縣九架，鎛鍾三架，在辰丑申地，編鍾、磬皆三架。設路鼓二於縣內戌巳地之北。設柷敔於四隅，舞人立於其中。錞于、鐃、鐸、撫拍、舂牘，列於舞人間。唐禮，天子朝廟用三十六架。高宗成蓬萊宮，充庭七十二架。武后遷都，乃省之。皇后廟及郊祭並二十架，同舞八佾。先聖廟及皇太子廟並九架，舞六佾。縣間設柷敔各一，柷於左，敔於右。錞于、撫拍、頓相、鐃、鐸，次列於路鼓南。舞人列於縣北。登歌二架，登於堂上兩楹之前。編鐘在東，編磬在西。登歌工人坐堂上，竹人立堂下，所謂「琴瑟在堂，竽笙在庭」也。殿庭加設鼓吹於四隅。

讌享陳淸樂、西涼樂（略）。架對列於左右廂，設舞筵於其間。舊皇后庭但設絲管，大業尙侈，始置鐘磬，猶不設鎛鐘，以鎛磬代。武太后稱制，用鐘，因而莫革。樂縣，庭廟以五綵雜飾，軒縣以朱，五郊則各從其方色。每先奏樂三日，太樂令宿設縣於庭，其日率工人入居其次。協律郎舉麾，樂作；仆麾，樂止。文舞退，武舞進。若常享會，先一日具坐、立部樂名封上，請所奏御注而下。及會，先奏坐部伎，次奏立部伎，次奏蹀馬，次奏散樂而畢矣。

廣明初，巢賊干紀，輿駕播遷，兩都覆圮，宗廟悉爲煨燼，樂工淪散，金奏幾亡。及僖宗還宮，購募鐘縣之器，一無存者。昭宗卽位，將親謁郊廟，有司請造樂縣，詢於舊工，皆莫知其制度。修奉樂縣使宰相張濬悉集太常樂胥詳酌，竟不得其法。時太常博士殷盈孫深於典故，乃案周官考工記之文（略），究其欒、銑、于、鼓、鉦、舞、甬之法，沉思三四夕，用算法乘除，鎛鐘之輕重高低乃定。懸下編鐘，正黃鐘九寸五分，下至登歌倍應鐘三寸三分半，凡四十八等。口項之量，徑衡之圍，悉爲圖，遣金工依法鑄之，凡二百四十口。鑄成，張濬求知聲者處士蕭承訓、梨園樂工陳敬言與太樂令李從周，令先校定石磬，合而擊拊之，八音克諧，觀者聳聽。濬既進呈，昭宗陳於殿庭以試之。時以宗廟焚毀之後，修奉不及，乃權以少府監廳爲太廟。其庭甚狹，議者論縣樂之架不同。濬奏議曰：

臣伏準舊制，太廟含元殿並設宮縣三十六架，太清宮、南北郊、社稷及諸殿庭，並二十架。今修奉樂縣，太廟合造三十六架，臣今參議，請依古禮用二十架。伏自兵興已來，雅樂淪缺，將爲修奉，事實重難。變通宜務於酌中，損益當循於寧儉。

臣聞諸舊史，昔武王定天下，至周公相成王，始暇制樂。魏初無樂器及伶人，後稍得登歌食舉之樂〔三七〕。明帝太寧末，詔增益之。咸和中，鳩集遺逸，尚未有金石之音。至孝武太元中〔三八〕，四廂金石始備，郊祀猶不舉樂。宋文帝元嘉九年，初調金石。二十四年，南郊始設登歌，廟舞猶闕。孝武孝建中〔三九〕，有司奏郊廟宜設備樂，始爲詳定。故後魏孝文太和初，司樂上書，陳樂章有闕，求集羣官議定，廣修器數，正立名品。詔雖行之，仍有殘缺。隋文踐祚，太常議正雅樂，九年之後，惟奏黃鐘一宮，郊廟止用一調。據禮文，每一代之樂，二調並奏，六代之樂，凡十二調〔四〇〕。其餘聲律，皆不復通。高祖受隋禪，軍國多務，未遑改創，樂府尚用隋氏舊文。武德九年，命太常考正雅樂。貞觀二年，考畢上奏。蓋其事體大，故歷代不能速成。

伏以俯逼郊天，式修雅樂，必將集事，須務相時。今者帑藏未充，貢奉多闕，凡闕貨力，不易方圓，制度之間，亦宜撙節。臣伏惟儀禮宮懸之制，陳鎛鐘二十架，當十二辰之位。甲、丙、庚、壬，各設編鐘一架；乙、丁、辛、癸，各設編磬一架，合爲二十架。樹建鼓於四隅，當乾、坤、艮、巽之位，以象二十四氣。宗廟、殿庭、郊丘、社稷，皆用此制，無聞異同。周、漢、魏、晉、宋、齊六朝，並祇用二十架。隋氏平陳，檢梁故事，乃設三十六架。國初因之不改。高宗皇帝初成蓬萊宮，充庭七十二架，尋乃省之。則簨簴架數太多，本近於侈。止於二十架，正協禮經。兼今太廟之中，地位甚狹，百官在列，萬舞充庭，雖三十六架具存，亦施爲不得。廟庭難容，未易開廣，樂架不可重沓鋪陳。今請依周、漢、魏、晉、宋、齊六代故事，用二十架。

從之。古制，雅樂宮縣之下，編鐘四架，十六口。近代用二十四口，正聲十二，倍聲十二，各有律呂，凡二十四聲。登歌一架，亦二十四鐘。雅樂淪滅，至是復全。

校勘記

〔一〕舞以足　通典卷一四六、御覽卷五六八作「舞抃以從之」。

〔二〕舞者六十四人　「四」字各本原無。殿本考證云：「新書六十四人，通考亦作以童兒六十四人舞。」

校勘記卷一三云：「按此志上卷述慶善樂云，『令童兒八佾』，則此句本有『四』字可知矣。」據改。

〔三〕舞四人　各本原作「舞四十人」，通典卷一四六無「十」字。校勘記卷一三云：「按慶善、破陣、承天三舞各四人，合之景雲舞八人，正符上文二十人之數。」據刪「十」字。

〔四〕楷鼓一　「楷」字通典卷一四六作「揩」。

〔五〕舞十有二人　殿本考證云：「通典七十二人，通考舞者十二人爲列，應是其列有六，合之得七十二人也。」

〔六〕破陣樂　通典卷一四六、唐會要卷三三、册府卷五六九、通考卷一四五作「小破陣樂」。加「小」字，蓋區別於唐太宗所製之破陣樂。

〔七〕鳳將雛　通典卷一四六所記三十二曲，名同本志，惟無鳳將雛曲。

〔八〕三洲　各本原作「三州」，據通典卷一四六、唐會要卷三三、新唐書卷二二禮樂志、樂府詩集卷四八改。下文同改。

〔九〕梁帝又令約改其辭　「梁帝」，通典卷一四五、樂府詩集卷五五引本志作「梁武帝」。

〔一〇〕其四時白紵之歌　「其」字通典卷一四五作「乃有」，樂府詩集卷五五引本志作「爲」。

〔一一〕輒呼阿子汝聞否　通典卷一四五、通考卷一四二此句下尚有「又呼歡聞否以爲送聲」九字。

〔一二〕後人演其聲以爲此曲　「曲」上通典卷一四五、通考卷一四二有「二」字。校勘記卷一三云：「按上文既云『阿子及歡聞』，自當以有『二』字爲是。」

〔一三〕宋隨王誕　「隨」字各本原作「隋」，據通典卷一四五、樂府詩集卷四八引古今樂錄及宋書卷七九竟陵王誕傳改。下文同改。

〔一四〕追憶往事　「追」上通典卷一四五、樂府詩集卷四八引古今樂錄有「登祚以後」四字。通考卷一四二作「踐祚以後」。

〔一五〕沈約宋書志江左諸曲哇淫　「志」字通典卷一四六作「惡」。

〔一六〕就之訛失　此句疑有誤字。「就之」，通典卷一四六作「就中」，唐會要卷三三作「漸漸」。

〔一七〕今郎子逃　通典卷一四六作「自郎子亡後」，唐會要卷三三作「郎子亡後」，樂府詩集卷四四作「後郎子亡去」。

〔一八〕唯雅歌一曲　「雅」字各本原無，據通典卷一四六、樂府詩集卷四四補。

〔一九〕魏平馮跋　「馮」字各本原作「拓」，據通典卷一四六改。校勘記卷一三云：「拓跋即魏之姓，馮跋則北燕主也。」

〔二〇〕二人黃裙襦赤黃袴　通典卷一四六、通考卷一四八此句下尚有「二人赤黃裙襦袴」一句。按上文云「舞者四人」，下文云「雙雙並立而舞」，應有此一句。

〔二一〕此二國東夷之樂也　「二」字各本原作「三」，據通典卷一四六、唐會要卷三三改。

〔二二〕舞二人　「二」字各本原無，據通典卷一四六補。

〔二三〕樂用豎箜篌一　「樂用」，各本原無，據通典卷一四六補。

〔二四〕綠綾渾襠袴　「渾」字聞本空格，殿本、懼盈齋本、局本、廣本均無，據通典卷一四六補。

〔二五〕豎箜篌　「豎」字各本原無，據通典卷一四六、新唐書卷二一禮樂志補。

〔二六〕後魏樂府始有北歌　「後」字各本原無，據通典卷一四六、唐會要卷三三、御覽卷五六七、樂府詩集卷二五引本志補。

〔二七〕按今大角　此四字聞本空四格，殿本、懼盈齋本、局本、廣本均無，據通典卷一四六、唐會要卷三三、御覽卷五六七補。

〔二八〕歌辭虜音　各本原作「歌音辭虜」，通典卷一四六、樂府詩集卷二五引本志均作「其詞虜音」，據改。

〔二九〕其辭華音　「其」字各本原無，據通典卷一四六、樂府詩集卷二五引本志補。

〔三〇〕絲桐惟琴曲有胡笳聲大角金吾所掌　通典卷一四六同。唐會要卷三三作：「唯琴尚有笳聲大角者，金吾所掌，工人謂之角手，備鼓吹之列。」

〔三一〕二倡女對舞繩上　「繩」字各本原無，據御覽卷五六九補。

〔三二〕晉成帝咸康七年　「咸康」，各本原無，據通典卷一四六、通考卷一四七補。

〔三三〕設外方之觀　「外方」，宋書卷一九樂志、晉書卷二三樂志、通典卷一四六、通考卷一四七均作「禮外」，合鈔卷三八樂志作「方外」。似當作「禮外」。

〔三四〕剡車剡驢　「剡車」，疑有誤。隋書卷一五音樂志、通典卷一四六、通考卷一四七均作「殺馬」。

〔三五〕之橫笛皆去觜　「之」字疑誤。通典卷一四四作「今橫笛去觜」，當是。

〔三六〕亦謂之頓相　「謂」字各本原作「爲」，據通典卷一四四改。

〔三七〕琴十有二柱　通典卷一四四「琴」上有「一弦」二字，當是。

〔三八〕以片竹潤其端而軋之　校勘記卷一三云：「張（宗泰）本潤作撋，云依文義改正。」

〔三九〕清樂箏用骨爪長寸餘以代指　以上十二字合鈔卷三八樂志移在「筑如箏」句上，當是。通典卷一四四述清樂箏亦在箏小段，與筑小段區分。

〔四〇〕太宗貞觀中始有手彈之法　「中」字各本原無，據通典卷一四四補。

〔四一〕小曰棧　「棧」字各本原作「醆」，據通典卷一四四及爾雅釋樂原文改。

〔四二〕鐃木舌搖之以和鼓　通典卷一四四作：「鐃如編鐘而無舌，有柄，搖之以止鼓。」合鈔卷三八樂志作：「鐃有柄無舌，搖之以止鼓。」與周禮鼓人「以金鐃止鼓」（鄭注：「鐃如鈴，無舌有秉」）相合。此處文字有誤。

〔四三〕瑟二十七絃曰灑　「灑」字各本原作「麗」。爾雅釋樂：「大瑟謂之灑，大琴謂之離。」通典卷一四四同爾雅。據改。

〔四四〕貞觀初增三十六架　「貞觀」二字有誤。校勘記卷一三云：「按後云復梁三十六架，則是所謂乃梁年號。」

〔四五〕讌享陳清樂西涼樂　「西涼樂」，各本原無，據通典卷一四四補。

〔四六〕乃纂周官考工記之文　「工」字各本原作「功」，據唐會要卷三三、冊府卷五六九及周禮考工記原文改。

〔四七〕後稍得登歌食舉之樂　「食」字各本原作「會」。宋書卷一九樂志載：東晉初期「頗得登歌食舉之樂，猶有未備。明帝太寧末，又詔阮孚等增益之」。（晉書卷二三樂志同）據改。

〔四八〕至孝武太元中　「武」字各本原作「和」，據唐會要卷三三改。

〔四九〕孝武孝建中　「孝建」，各本原作「建元」。合鈔卷三八樂志作「孝建」。校勘記卷一三云：「按宋孝武帝之年號本是孝建，若建元，乃漢武帝、晉康帝、齊高帝之年號也，必當改正。」據改。

〔五〇〕凡十二調　各本原作「凡二十調」，據唐會要卷三三改。

舊唐書卷三十

志第十

音樂三

貞觀二年，太常少卿祖孝孫既定雅樂，至六年，詔褚亮、虞世南、魏徵等分制樂章。其後至則天稱制，多所改易，歌辭皆是內出。開元初，則中書令張說奉制所作，然雜用貞觀舊詞。自後郊廟歌工樂師傳授多缺，或祭用宴樂，或郊稱廟詞。二十五年，太常卿韋縚令博士韋逌、直太樂尙沖〔一〕、樂正沈元福、郊社令陳虔申懷操等，銓敍前後所行用樂章爲五卷，以付太樂、鼓吹兩署，令工人習之。

時太常舊相傳有宮、商、角、徵、羽讌樂五調歌詞各一卷，或云貞觀中侍中楊恭仁妾趙方等所銓集，詞多鄭、衞，皆近代詞人雜詩，至縚又令太樂令孫玄成更加整比爲七卷。又自開元已來，歌者雜用胡夷里巷之曲，其孫玄成所集者，工人多不能通，相傳謂爲法曲。

今依前史舊例，錄雅樂歌詞前後常行用者，附於此志。其五調法曲，詞多不經，不復載之。

冬至祀昊天於圓丘樂章八首　貞觀二年，祖孝孫定雅樂。貞觀六年，褚亮、虞世南、魏徵等作此詞，今行用。

降神用豫和

上靈睠命兮膺會昌〔二〕，盛德殷薦叶辰良〔三〕。景福降兮聖德遠，玄化穆兮天曆長。

皇帝行用太和

穆穆我后，道應千齡。登三處大，得一居貞。禮唯崇德，樂以和聲。百神仰止，天下文明。

登歌奠玉帛用肅和

闓陽播氣，甄耀垂明。有赫圓宰，深仁曲成。日麗蒼璧，煙開紫營。聿遵虔享，式降鴻禎。

迎俎入用雍和

欽惟大帝，載仰皇穹。始命田燭，爰啓郊宮。雲門駭聽，雷鼓鳴空。神其介祀，景祚斯融。

酌獻飲福用壽和

八音斯奏，三獻畢陳。寶祚惟永，暉光日新。

送文舞出迎武舞入用舒和

疊璧凝影皇壇路，編珠流彩帝郊前。已奏黃鐘歌大呂，還符寶曆祚昌年。

武舞作用凱安

昔在炎運終，中華亂無象。酆郊赤烏見，邙山黑雲上。大賚下周車，禁暴開殷網。幽明同叶贊，鼎祚齊天壤。

送神用豫和

歌奏畢兮禮獻終，六龍馭兮神將昇。明德感兮非黍稷，降福簡兮祚休徵。

又郊天樂章一首 太樂舊有此辭，不詳所起。

送神用豫和

蘋蘩禮著，黍稷誠微。音盈鳳管，彩駐龍旂。洪歆式就，介福攸歸。送樂有闋，靈馭遄飛。

則天大聖皇后大享昊天樂章十二首 御撰

第一

太陰凝至化，貞耀蘊軒儀。德邁娥臺敞，仁高姒幄披。捫天遂啓極，夢日乃昇曦。

第二

瞻紫極，望玄穹。翹至懇，罄深衷。聽雖遠，誠必通。垂厚澤，降雲宮。

第三

乾儀混成沖邃，天道下濟高明。闓陽晨披紫闕，太一曉降黃庭。圓壇敢申昭報，方璧冀展虔情。丹襟式敷衷懇，玄鑒庶察微誠。

第四

巍巍叡業廣，赫赫聖基隆。菲德承先顧，禎符萃眇躬。銘開武巖側，圖薦洛川中。微誠詎幽感，景命忽昭融。有懷慙紫極，無以謝玄穹。

第五

朝壇霧卷，曙嶺烟沉。爰設筐幣，式表誠心。筵輝麗璧，樂暢和音。仰惟靈鑒，俯察翹襟。

第六

昭昭上帝，穆穆下臨。禮崇備物，樂奏鏘金。蘭羞委薦，桂醑盈斟。敢希明德，聿罄莊心。

第七

鐏浮九醞，禮備三周。陳誠菲奠，契福神猷。

第八

奠璧郊壇昭大禮，鏘金拊石表虔誠。始奏承雲娛帝賞，復歌調露暢韶英。

第九

荷恩承顧託，執契恭臨撫。廟略靜邊荒，天兵曜神武。有截資先化，無為遵舊矩。禎符降昊穹，大業光寰宇。

第十

肅肅祀典，邕邕禮秩。三獻已周，九成斯畢。爰撤其俎，載遷其實。或昇或降，唯誠唯質。

第十一

禮終肆類，樂闋九成。仰惟明德，敢薦非馨。顧慙非奠，久駐雲輧。瞻荷靈澤，悚戀兼盈。

第十二

式乾路，闢天扉。迴日馭，動雲衣。登金闕，入紫微。望仙駕，仰恩徽。

景龍三年中宗親祀昊天上帝樂章十首

降神用豫和

天之曆數歸睿唐，顧惟菲德欽昊蒼。選吉日兮表殷薦，冀神鑒兮降闓陽。

皇帝行用太和 圜鐘宮

恭臨寶位，肅奉瑤圖。恆思解網，每軫泣辜。德慙巢燧，化劣唐虞。期我良弼，式贊嘉謨。

告謝 圜鐘宮

得一流玄澤，通三御紫宸。遠叶千齡運，遐銷九域塵。絕瑞駢闐集，殊祥絡繹臻。年登慶西畝，稔歲賀盈囷。

登歌用肅和 無射均之林鐘羽

悠哉廣覆，大矣曲成。九玄著象，七曜甄明。珪璧是奠，醞酎斯盈。作樂崇德，爰暢咸英。

迎俎用雍和　圜鐘均之黃鐘羽

郊壇展敬，嚴配因心。孤竹簫管，空桑瑟琴。肅穆大禮，鏗鏘八音。恭惟上帝，希降靈歆。

酌獻用福和　圜鐘宮

九成爰奏，三獻式陳。欽承景福，恭託明禋。

中宮助祭昇壇用　函鐘宮

坤元光至德，柔訓闡皇風。芣苢芳聲遠，螽斯美化隆。叡範超千載，嘉猷備六宮。肅恭陪盛典，欽若薦禋宗。

亞獻用　函鐘宮

三靈降饗，三后配神。虔敷藻奠，敬展郊禋。

送文舞出迎武舞入用舒和　圜鐘均之中呂商

已陳粢盛敷嚴祀，更奏笙鏞協雅聲。璇圖寶曆欣寧謐，晏俗淳風樂太平。

武舞作用凱安　圜鐘均之無射徵

堂堂聖祖興，赫赫昌基泰。戎車盟津偃，玉帛塗山會。舜日啓祥暉，堯雲卷征旆。風猷被有截，聲教覃無外。

開元十一年玄宗祀昊天於圜丘樂章十一首

降神用豫和 圜鐘宮三成，黃鐘角一成，太簇徵一成，姑洗羽一成，已上六變詞同。

至矣丕構，烝哉太平。授犧膺籙，復禹繼明。草木仁化，鳧鷖頌聲。祀宗陳德，無媿斯誠。

迎神用歆和〔四〕

崇禋已備，粢盛聿修。潔誠斯展，鐘石方遒。

皇祖光皇帝室酌獻用長發 黃鐘宮。詞同貞觀長發。

太祖景皇帝室酌獻用大基 太簇宮。詞同貞觀大基。

代祖元皇帝室酌獻用大成 姑洗宮。詞同貞觀大成。

高祖神堯皇帝室酌獻用大明 蕤賓宮。詞同貞觀大明。

太宗文武聖皇帝室酌獻用崇德 夷則宮。詞同貞觀崇德。

高宗天皇大帝室酌獻用鈞天 黃鐘宮。詞同光宅鈞天。

義宗孝敬皇帝室酌獻用承光〔五〕 黃鐘宮

金相載穆，玉裕重暉。養德淸禁，承光紫微。乾宮候色，震象增威。監國方永，賓天不歸。

孝友自衷，温文性與。龍樓正啓，鶴駕斯舉。丹扆流念，鴻名式序。中興考室，永陳彝俎。

皇帝飲福用延和 黃鐘宮

巍巍累聖，穆穆重光。奄有區夏，祚啓隆唐。百蠻飲澤，萬國來王。本枝億載，鼎祚逾長〔六〕。

皇帝行用太和

郊壇齊帝，禮樂祠天。丹青寰宇，宮徵山川。神祇畢降，行止重旋。融融穆穆，納祉洪延。

登歌奠玉帛用肅和

止奏潛聆，登儀宿轉。大玉躬奉，參鍾首奠。簠簋聿昇，犧牲遞薦。昭事顒若，存存以俔。

迎俎入用雍和

爛雲普洽，律風無外。千品其凝，九賓斯會。禋樽晉燭，純犧滌汰。玄覆攸廣，鴻休汪濊。

皇帝酌獻天神用壽和

六變爰闋，八階載虔。祐我皇祚，於萬斯年。

酌獻配座用壽和

於赫聖祖，龍飛晉陽。底定萬國，奄有四方。功格上下，道冠農黃。郊天配享，德合無疆。

飲福酒用壽和

崇崇太畤，肅肅嚴禋。粢盛既潔，金石畢陳。上帝來享，介福爰臻。受釐合福，寶祚惟新。

送文舞出迎武舞入用舒和

祝史正辭，人神慶叶。福以德昭，享以誠接。六變云備，百禮斯浹。祀事孔明，祚流萬葉。

武舞用凱安

馨香惟后德，明命光天保。肅和崇聖靈，陳信表皇道。玉鏚初蹈厲，金匏既靜好。

禮畢送神用豫和

大號成命，思文配天。神光肸蠁，龍駕言旋。眇眇閶闔，昭昭上玄。俾昌而大，於萬斯年。

皇帝還大次用太和

六成既闋，三薦云終。神心具醉，聖敬愈崇。受釐皇邸，迴蹕帷宮。穰穰之福，永永無窮。

玄宗開元十三年封泰山祀天樂章十四首　中書令燕國公張說作，今行用。

降神用豫和六變　夾鐘宮之一

款泰壇，柴泰清。受天命，報天成。竦皇心，薦樂聲。志上達，歌下迎。

夾鐘宮之二

億上帝，臨下庭。騎日月，陪列星。嘉祝信，大糦馨。澹神心，醉皇靈。

夾鐘宮之三

相百辟，貢八荒。九歌敍，萬舞翔。肅振振，鏘皇皇。帝欣欣，福穰穰。

黃鐘宮

高在上，道光明。物資始，德難名。承眷命，牧蒼生。寰宇謐，太階平。

太簇徵

天道無親，至誠與鄰。山川徧禮，宮徵惟新。玉帛非盛，聰明會貞。正斯一德，通乎百神。

姑洗羽

饗帝饗親，維孝維聖。緝熙懿德，敷揚成命。華夷志同，笙鏞禮盛。明靈降止，感此誠敬。

迎送皇帝用太和

孝敬中發，和容外彰。騰華照宇，如昇太陽。貞璧就奠，玄靈垂光。禮樂具舉，濟濟洋洋。

登歌奠玉帛用肅和　羽調

奠祖配天，承天享帝。百靈咸秩，四海來祭。植我蒼璧，布我玄製。華日徘徊，神靈容裔。

迎俎入用雍和

俎豆有飶，潔粢豐盛。亦有和羹，既戒既平。鼓鐘管磬，肅唱和鳴。皇皇后祖，賚我思成。

酌獻用壽和　黃鐘宮調

蒸蒸我后，享獻惟夤。躬酌鬱鬯，跪奠明神。孝莫孝乎配上帝以親，敬莫敬乎敎天下爲臣。

皇帝飲福用壽和

皇祖嚴配，配享皇天。皇皇降嘏，天子萬年。

送文舞出迎武舞入用舒和 商調

六鐘翕協六變成，八佾倘佯八風生。樂九韶兮人神感，美七德兮天地淸。

終獻亞獻用凱安

列祖順三靈，文宗威四海。黃鉞誅羣盜，朱旗掃多罪。戢兵天下安，約法人心改。大哉干羽意，長見風雲在。

送神用豫和 夾鐘宮調

禮樂終，烟燎上〔七〕。懷靈惠，結皇想。歸風疾，迴風爽。百福來，衆神往。

正月上辛祈穀於南郊樂章八首 貞觀中褚亮作，今行用。

降神用豫和 詞同冬至圓丘

皇帝行用太和 詞同冬至圓丘

登歌奠玉帛用肅和 貞觀禮，祀感帝用此詞，顯慶已後，詞同冬至圓丘。

履艮斯繩，居中體正。龍運垂祉，昭符啓聖。式事嚴禋，聿懷嘉慶。惟帝永錫，時皇休命。

迎俎用雍和

殷薦乘春，太壇臨曙。八簋盈和，六瑚登御。嘉稷匪歆，德馨斯飫。祝嘏無易，靈心有豫。

皇帝酌獻飲福酒用壽和 詞同冬至圓丘

送文舞出迎武舞入用舒和

玉帛犧牲申敬享，金絲鏚羽盛音容。庶俾億齡禔景福，長欣萬宇洽時邕。

武舞用凱安　（詞同冬至圓丘）

送神用豫和　（詞同冬至圓丘）

季秋享上帝於明堂樂章八首　（貞觀中褚亮等作，今行用。）

降神用豫和　（詞同冬至圓丘）

皇帝行用太和　（詞同冬至圓丘）

登歌奠玉帛用肅和

象天御宇，乘時布政。嚴配申虔，宗禋展敬。罇罍盈列，樹羽交映。玉幣通誠，祚隆皇聖。

迎俎用雍和

八牖晨披，五精朝奠。霧凝璇篚，風清金縣。神滌備全，明粢豐衍。載結彝組，陳誠以薦。

皇帝酌獻飲福用壽和　（詞同冬至圓丘）

送文舞出迎武舞入用舒和

御扆合宮承寶曆，席圖重館奉明靈。偃武修文九圍泰，沉烽靜柝八荒寧。

武舞用凱安　（詞同冬至圓丘）

送神用豫和 詞同冬至圜丘

則天大聖皇后享明堂樂章十二首 御撰

外辦將出

總章陳昔典，衢室禮惟神。宏規則天地，神用叶陶鈞。負扆三春旦，充庭萬宇賓。顧己誠虛薄，空慙馭兆人。

皇帝行用黄鐘宮

仰膺曆數，俯順謳歌。遠安邇肅，俗阜時和。化光玉鏡，訟息金科。方興典禮，永戢干戈。

皇嗣出入昇降

至人光俗，大孝通神。謙以表性，恭惟立身。洪規載啓，茂典方陳。譽隆三善，祥開萬春。

迎送王公

千官肅事，萬國朝宗。載延百辟，爰集三宮。君臣得合，魚水斯同。睿圖方永，周曆長隆。

登歌 大呂均無射羽

禮崇宗祀，志表嚴禋。笙鏞合奏，文物惟新。敬遵茂典，敢擇良辰。潔誠斯著，奠謁方中。

配饗

笙鏞間鳴玉，文物昭清暉。粹影臨芳奠，休光下太微。孝思期有感，明潔庶無違。

宮音

履艮苞羣望，居中冠百靈。萬方資廣運，庶品荷裁成。神功諒匪測，盛德實難名。藻奠申誠敬，恭祀表惟馨。

角音

出震位，開平秩。扇條風，乘甲乙。龍德盛，鳥星出。薦珪篚，陳誠實。

徵音

赫赫離精御炎陸，滔滔熾景開隆暑。冀延神鑒俯蘭罇，式表虔襟陳桂俎。

商音

律中夷則，序應收成。功宣建武，儀表惟明。爰申禮奠，庶展翹誠。九秋是式，百穀斯盈。

羽音

葭律肇啓隆冬，蘋藻攸陳饗祭。黃鍾既陳玉燭，紅粒方殷稔歲。

孟夏雩祀上帝于南郊樂章八首　貞觀中褚亮等作，今行用。

降神用豫和　詞同冬至圜丘

皇帝行用太和　詞同冬至圜丘

登歌奠玉帛用肅和

朱鳥開辰，蒼龍啓映。大帝昭饗，羣生展敬。禮備懷柔，功宣舞詠。旬液應序，年祥叶慶。

迎俎用雍和

紺筵分彩，瑤圖吐絢。風管晨凝，雲歌曉囀。肅事蘋藻，虔申桂奠。百穀斯登，萬箱攸薦。

皇帝酌獻飲福酒用壽和 詞同冬至圜丘

送文舞出迎武舞入用舒和

鳳曲登歌調令序，龍雩集舞泛祥風。綵旞雲迴昭睿德，朱干電發表神功。

武舞用凱安 詞同冬至圜丘

送神用豫和 詞同冬至圜丘

又雩祀樂章二首 太樂舊有此詞，不詳所起，或云開元初造。

降神用豫和

鳥緯遷序，龍星見辰。純陽在律，明德崇禋。五方降帝，萬宇安人。恭以致享，肅以迎神。

送神用豫和

祀遵經設，享緣誠舉。獻畢于樽，撤臨于俎。舞止干戚，樂停柷敔。歌以送神，神還其所。

祀五方上帝於五郊樂章四十首 貞觀中魏徵等作，今行用。

祀黃帝降神奏宮音

黃中正位，含章居貞。既彰六律，兼和五聲。畢陳萬舞，乃薦斯牲。神其下降，永祚休平。

皇帝行用太和　詞同冬至圓丘

登歌奠玉帛用肅和

渺渺方輿，蒼蒼圓蓋。至哉樞紐，宅中圖大。氣調四序，風和萬籟。祚我明德，時雍道泰。

迎俎用雍和

金縣夕肆，玉俎朝陳。饗薦黃道，芬流紫辰。迺誠迺敬，載享載禋。崇薦斯在，惟皇是賓。

皇帝酌獻飲福用壽和　詞同冬至圓丘

送文舞出迎武舞入用舒和

御徵乘宮出郊甸，安歌率舞遞將迎。自有雲門符帝賞，猶持雷鼓答天成。

武舞用凱安　詞同冬至圓丘

送神用豫和　詞同冬至圓丘

祀青帝降神用角音

鶴雲旦起，鳥星昏集。律候新風，陽開初蟄。至德可饗，行潦斯挹。錫以無疆，蒸人乃粒。

皇帝行用太和　詞同冬至圓丘

登歌奠玉帛用肅和

玄鳥司春，蒼龍登歲。節物變柳，光風轉蕙。瑤席降神，朱絃饗帝。誠備祝嘏，禮殫珪幣。

迎俎用雍和

大樂稀音，至誠簡禮。文物斯建，聲名濟濟。六變有成，三登無體。迺眷豐潔，恩覃愷悌。

皇帝酌獻飲福用壽和　詞同冬至圓丘

送文舞出迎武舞入用舒和

笙歌籥舞屬年韶，鷺鼓鳧鐘展時豫。調露初迎綺春節，承雲遽踐蒼霄馭。

武舞用凱安　詞同冬至圓丘

送神用豫和　詞同冬至圓丘

祀赤帝降神用徵音

青陽告謝，朱明戒序。延長是祈，敬陳椒醑。博碩斯薦，笙鏞備舉。庶盡肅恭，非馨稷黍。

皇帝行用太和　詞同冬至圓丘

登歌奠玉帛用肅和

離位克明，火中宵見。峯雲暮起，景風晨扇。木槿初榮，含桃可薦。芬馥百品，鏗鏘三變。

迎俎用雍和

昭昭丹陸，奕奕炎方。禮陳牲幣，樂備篪簧。瓊羞溢俎，玉醑浮觴。恭惟正直，歆此馨香。

皇帝酌獻飲福用壽和　詞同冬至圜丘

送文舞出迎武舞入用舒和

千里温風飄絳羽，十枚炎景勝朱干。陳觴薦俎歌三獻，拊石摐金會七盤。

武舞用凱安　詞同冬至圜丘

送神用豫和　詞同冬至圜丘

祀白帝降神用商音

白藏應節，天高氣清。歲功既阜，庶類收成。萬方靜謐，九土和平。馨香是薦，受祚聰明。

皇帝行用太和　詞同冬至圜丘

登歌奠玉帛用肅和

金行在節，素靈居正。氣肅霜嚴，林凋草勁。豺祭隼擊，潦收川鏡。九穀已登，萬箱流詠。

迎俎用雍和

律應西成，氣躔南呂。珪幣咸列，笙竽備舉。苾苾蘭羞，芬芬桂醑。式資宴貺，用調霜序。

皇帝酌獻飲福用壽和　詞同冬至圜丘

送文舞出迎武舞入用舒和

璿儀氣爽驚緹籥，玉呂灰飛含素商。鳴鞞奏管芳羞薦，會舞安歌葆眊揚。

武舞用凱安　詞同冬至圜丘

送神用豫和　詞同冬至圜丘

祀黑帝降神用羽音

嚴冬季月，星迴風厲。享祀報功，方祈來歲。

皇帝行用太和　詞同冬至圜丘

登歌奠玉帛用肅和

律周玉琯，星迴金度。次極陽烏，紀窮陰兔。火林霰雪，湯泉凝沍。八蜡已登，三農息務。

迎俎用雍和

陽月斯紀，應鐘在候。載潔牲牷，爰登俎豆。既高既遠，無聲無臭。靜言格思，惟神保佑。

皇帝酌獻飲福用壽和　詞同冬至圜丘

送文舞出迎武舞入用舒和

執籥持羽初終曲，朱干玉鏚始分行。七德、九功咸已暢，明靈降福具穰穰。

武舞用凱安　詞同冬至圜丘

送神用豫和　詞同冬至圜丘

又五郊樂章十首　太樂舊有此詞，不詳所起。

黃郊迎神

朱明季序，黃郊王辰。厚以載物，甘以養人。毓金爲體，稟火成身。宮音式奏，奏以迎神。

送神

春末冬暮，徂夏杪秋。土王四月，時季一周。黍稷已享，籩豆宜收。送神有樂，神其賜休。

青郊迎神

緹幕移候，青郊啓蟄。淑景遲遲，和風習習。璧玉宵備，旌旄曙立。張樂以迎，帝神其入。

送神

文物流彩，聲明動色。人竭其恭，靈昭其飭。歆薦無已，垂祐不極。送禮有章，惟神還軾。

赤郊迎神

青陽節謝，朱明候改。靡草彫華，含桃流彩。簴列鐘磬，筵陳脯醢。樂以迎神，神其如在。

送神

炎精式降，蒼生攸仰。羞列豆籩，酒陳犧象。昭祀有應，宜其不爽。送樂張音，惟靈之往。

白郊迎神

序移玉律，節應金商。天嚴殺氣，吹警秋方。槱燎既積，稷奠並芳。樂以迎奏，庶降神光。

送神

祀遵五禮，時屬三秋。人懷肅敬，靈降禎休。奠歆旨酒，薦享珍羞。載張送樂，神其上遊。

黑郊迎神

玄英戒序，黑郊臨候。掌禮陳彝，司筵執豆。寒雰斂色，沍泉凝漏。樂以迎神，八音斯奏。

送神

北郊時冽，南陸輝處。奠本虔誠，獻彌恭慮。上延祉福，下承歡豫。廣樂送神，神其整馭。

祀朝日樂章八首 貞觀中作，今行用。

降神用豫和 詞同冬至圓丘

皇帝行用太和 詞同冬至圓丘

登歌奠玉帛用肅和

惟聖格天，惟明饗日。帝郊肆類，王宮戒吉。珪奠春舒，鐘歌曉溢。禮云克備，斯文有秩。

迎俎用雍和

晨儀式薦，明祀惟光。神物爰止，靈暉載揚。玄端肅事，紫幄興祥。福履攸假，於昭令王。

皇帝酌獻飲福用壽和 詞同冬至圓丘

送文舞出迎武舞入用舒和

崇牙樹羽延調露，旋宮扣律掩承雲。誕敷懿德昭神武，載集豐功表睿文。

武舞用凱安 詞同冬至圜丘

送神用豫和 詞同冬至圜丘

又祀朝日樂章二首 太樂舊有此辭，不詳所起。

迎神

太陽朝序，王宮有儀。蟠桃彩駕，細柳光馳。軒祥表合，漢曆彰奇。禮和樂備，神其降斯。

送神

五齊兼飭，百羞具陳。樂終廣奏，禮畢崇禋。明鑒萬宇，昭臨兆人。永流洪慶，式動曦輪。

祀夕月樂章八首 貞觀中作，今行用。

降神用豫和 詞同冬至圜丘

皇帝行用太和 詞同冬至圜丘

登歌奠玉帛用肅和

測妙爲神，通微曰聖。坎祀貽則，郊禋展敬。璧薦登光，金歌動映。以載嘉德，以流曾慶。

迎俎用雍和

朏晨爭舉，天宗禮闢。夜典涼秋，陰明湛夕。有醉斯旨，有牲斯碩。穆穆其暉，穰穰是積。

皇帝酌獻飲福用壽和 詞同冬至圜丘

送文舞出迎武舞入用舒和

合吹八風金奏動，分容萬舞玉鞘驚。詞昭茂典光前烈，夕曜乘功表盛明。

武舞用凱安　詞同冬至圓丘

送神用豫和　詞同冬至圓丘

蜡百神樂章八首　貞觀中作，今行用。

降神用豫和　詞同冬至圓丘

皇帝行用太和　詞同冬至圓丘

登歌奠玉帛用肅和

序迫歲陰，日躔星紀。爰稽茂典，聿崇清祀。綺幣霞舒，瑞珪虹起。百禮垂裕，萬靈薦祉。

迎俎用雍和

緹籥勁序，玄英晚候。姬蜡開儀，豳歌入奏。蕙馥彫俎，蘭芬玉酎。大饗明祇，永綏多祜。

皇帝酌獻飲福用壽和　詞同冬至圓丘

送文舞出迎武舞入用舒和

經緯兩儀文化洽，削平萬域武功成。璐紘自樂乾坤泰，玉鏚長歡區縣寧。

武舞用凱安　詞同冬至圓丘

送神用豫和　詞同冬至圜丘

又蜡百神樂章二首　太樂舊有此詞，不詳所起。

迎神　今不行用

八蜡開祭，萬物咸祀。上極天維，下窮坤紀。鼎俎流馥，樽彝薦美。有靈有祇，咸希來止。

送神　今不行用

十旬歡洽，一日祠終。澄彝拂俎，報德酬功。虡虡容肅，禮縟儀豐。神其降祉，整馭隨風。

夏至祭皇地祇於方丘樂章八首　貞觀中褚亮等作

迎神用順和

萬物資以化，交泰屬昇平。易從業惟簡，得一道斯寧。具儀光玉帛，送舞變咸英〔八〕。黍稷良非貴，明德信惟馨。

皇帝行用太和　詞同冬至圜丘

登歌奠玉帛用肅和

至矣坤德，皇哉地祇。開元統紐，合大承規。九宮肅列，六典相儀。永言配命，長保無虧。

迎俎用雍和

柔而能方，直而能敬。厚載以德，大亨以正。有滌斯牷，有馨斯盛。介茲景福，祚我休慶。

皇帝酌獻飲福用壽和　詞同冬至圜丘

送文舞出迎武舞入用舒和

玉幣牲牷分薦享，羽旄干鍼遞成容。一德惟寧兩儀泰，三才保合四時邕。

武舞用凱安　詞同冬至圜丘

送神用順和

陰祇叶贊，厚載方貞。牲幣具舉，簫管備成。其禮惟肅，其德惟明。神之聽矣，式鑒虔誠。

則天皇后永昌元年大享拜洛樂章十五首　御撰

設禮用昭和

九玄眷命，三聖基隆。奉成先旨，明臺畢功。宗祀展敬，冀表深衷。永昌帝業，式播淳風。

致和

神功不測兮運陰陽。包藏萬宇兮孕八荒。天符旣出兮帝業昌。願臨明祀兮降禎祥。

咸和

坎澤祠容備舉，坤壇祭典爰伸。靈眺遙行祕躅，嘉貺薦委殊珍。肅禮恭禋載展，翹襟懇志

逾殷。方期交際懸應，末一句逸。

乘輿初行用九和

祗荷坤德，欽若乾靈。虔惕罔寘，興居匪寧。恭崇禮則，肅奉儀形。惟憑展敬，敢薦非馨。

拜洛用顯和

菲躬承睿顧，薄德忝坤儀。乾乾遵後命，翼翼奉先規。撫俗勤雖切，還淳化尚虧。未能弘至道，何以契明祇？

受圖用顯和

顧德有虔虛菲，明祇屢降禎符。汜水初呈祕象，温洛薦表昌圖。玄澤流恩載洽，丹襟荷渥增愉。

登歌用昭和

舒陰至養，合大資生。德以恆固，功由永貞。升歌薦序，垂幣翹誠。虹開玉照，鳳引金聲。

迎俎用敬和

蘭俎既昇，蘋羞可薦。金石載設，咸英已變。林澤斯總，山川是遍。敢用敷誠，實惟忘倦。

酌獻用欽和〔九〕

送文舞出迎武舞入用齊和

沉潛演貺分三極，廣大凝禎總萬方。既薦羽旌文化啓，還呈干鏚武威揚。

武舞用德和

夕惕司龍契，晨兢當鳳扆。崇儒習舊規，偃霸循先旨。絕壤飛冠蓋，遐區麗山水。幸承三聖餘，忻屬千年始。

撤俎用禋和

百禮崇容，千官肅事。靈降舞兆，神凝有粹。奠享咸周，威儀畢備。奏夏登列，歌雍撤肆。

辭神用通和

皇皇靈睠，穆穆神心。暫動凝質，還歸積陰。功玄樞紐，理寂高深。銜恩佩德，聳志翹襟。

送神用歸和

言旋雲洞兮躡烟途，永寧中宇兮安下都。苞涵動植兮順榮枯，長貽寶貺兮贊璇圖。

又歸和

調雲闋兮神座興，驂雲駕兮儼將昇。騰絳霄兮垂景祜，翹丹懇兮荷休徵。

睿宗太極元年祭皇地祇於方丘樂章八首 不詳撰者

迎神用順和 黃鐘宮三變，太簇角一變，姑洗徵一變，南呂羽一變。

坤厚載物，德柔垂祉。九域咸雍，四溟爲紀。敬因良節，虔修陰祀。廣樂式張，靈其降止。

金奏 新加太簇宮

坤元至德，品物資生。神凝博厚，道叶高明。列鎮五嶽，環流四瀛。于何不載，萬寶斯成。

皇帝行用太和 詞同貞觀冬至圜丘，黃鍾宮。

登歌奠玉帛用肅和 詞同貞觀太廟肅和，應鍾均之夷則。

迎俎及酌獻用雍和 詞同貞觀太廟雍和

送文舞出迎武舞入用舒和 詞同皇帝朝羣臣舒和

武舞用凱安 詞同貞觀冬至圜丘

送神用順和 林鍾宮

樂備金石，禮光樽俎。大享爰終，洪休是舉。雨零感節，雲飛應序。纓紱載辭，皇靈具舉。

玄宗開元十一年祭皇地祇於汾陰樂章十一首

迎神用順和 林鍾以下各再變 林鍾宮 黃門侍郎韓思復作

大樂和暢，殷薦明神。一降通感，八變必臻。有求斯應，無德不親。降靈醉止，休徵萬人。

太簇角 中書侍郎盧從愿作

坤元載物，陽樂發生。播殖資始，品彙咸亨。列俎棊布，方壇砥平。神歆禋祀，后德惟明。

姑洗徵 司勳郎中劉晃作

大君出震，有事郊禋。齋戒既肅，馨香畢陳。樂和禮備，候暖風春。恭惟降福，實賴明神。

南呂羽 禮部侍郎韓休作

於穆濬哲，維清緝熙。肅事昭配，永言孝思。滌濯靜嘉，馨香在茲。神之聽之，用受福釐。

皇帝行用太和　黃鐘宮　吏部尚書王晙作

於穆聖皇，六葉重光。太原刻頌，后土疏場。寶鼎呈符，歊雲降祥。禮樂備矣，降福穰穰。

登歌奠玉帛用肅和　蕤賓均之夾鐘羽　刑部侍郎崔玄暐作〔一〇〕

聿修嚴配，展事禋宗。祥符寶鼎，禮備黃琮。祝詞以信，明德惟聰。介茲景福，永永無窮。

迎俎用雍和　黃鐘均之南呂羽　徐州刺史賈曾作

蠲我餴饎，潔我膋薌。有豆孔碩，爲羞既臧。至誠無昧，精意惟芳。神其醉止，欣欣樂康。

酌獻飲福用壽和　黃鐘宮　禮部尚書蘇頲作

禮物斯備，樂章乃陳。誰其作主，皇考聖眞。對越在天，聖明佐神。窅然汾上，厚澤如春。

送文舞出迎武舞入用舒和　太簇宮　太常少卿何鸞作

樂奏云闋，禮章載虔。禋宗于地，昭假于天。惟馨薦矣，既醉歆焉。神之降福，永永萬年。

武舞用凱安　黃鐘均之林鐘徵　主爵郎中蔣挺作

維歲之吉，維辰之良。聖君紱冕，肅事壇場。大禮已備，大樂斯張。神其醉止，降福無疆。

送神用順和　尚書右丞源光裕作

方丘既膳，嘉饗載謐。齊敬畢誠，陶匏貴質。秀簠豐薦，芳俎盈實。永永福流，其昇如日。

玄宗開元十三年禪社首山祭地祇樂章八首

迎神用順和　太常少卿賀知章作

至哉含柔德，萬物資以生。常順稱厚載，流謙通變盈。聖心事能察，層廟陳厥誠〔一〕。黃祇儼如在，泰折俟咸亨。

皇帝行用太和

肅我成命，於昭黃祇。裘冕而祀，陟降在斯。五音克備，八變聿施。緝熙肆靖，厥心匪離。

登歌奠玉帛用肅和

黃祇是祇，我其夙夜。夤畏誠潔，匪遑寧舍。禮以琮玉，薦厥茅藉。念茲降康，胡寧克暇。

迎俎入用雍和

夙夜宥密，不敢寧宴。五齊既陳，八音在縣。粢盛以潔，房俎斯薦。惟德惟馨，尙茲克徧。

皇帝酌獻用壽和

惟以明發，有懷載殷。樂盈而反，禮順其禋。立清以獻，薦欲是親。於穆不已，裒對斯臻。

皇帝飲福用福和

穆穆天子，告成岱宗。大裘如濡，執珽有顒。樂以平志，禮以和容。上帝臨我，云胡肅邕。

皇帝還宮用太和

昭昭有唐，天俾萬國。列祖應命，四宗順則。申錫無疆，宗我同德。曾孫繼緒，享神配極。

迎神用靈具醉 代順和，侍中源乾曜作。

靈具醉，杳熙熙。靈將往，眇禗禗。顧明德，吐正詞。爛遺光，流禎祺。

祭神州于北郊樂章八首 貞觀中褚亮作

送神用順和 詞同夏至方丘

皇帝行用太和 詞同冬至圓丘

登歌奠玉帛用肅和

大矣坤儀，至哉神縣。包含日域，牢籠月竁。露潔三清，風調六變。皇祇居止，式歆恭薦。

迎俎用雍和

泰折嚴享，陰郊展敬。禮以導神，樂以和性。黝牲在列，黃琮俯映。九土既平，萬邦貽慶。

皇帝酌獻飲福用壽和 詞同冬至圓丘

送文舞出迎武舞入用舒和

坤道降祥和庶品，靈心載德厚羣生。水土既調三極泰，文武畢備九區平。

武舞用凱安 詞同冬至圓丘

送神用順和 詞同冬至圓丘

又祭神州樂章二首 太樂舊有此詞，不詳所起。

迎神

黃輿厚載，赤寰歸德。含育九區，保安萬國。誠敬無怠，禋祀有則。樂以迎神，其儀不忒。

送神

神州陰祀，洪恩廣濟。草樹霑和，飛沉沐惠。禮修鼎俎，奠歆瑤幣。送樂有章，靈軒其逝。

祭太社樂章八首 貞觀中褚亮等作

迎神用順和 詞同夏至方丘

皇帝行用太和 詞同冬至圜丘

登歌奠玉帛用肅和

后土凝德，神功叶契。九域底平，兩儀交際。戊期應序，陰墉展幣。靈車少留，俯歆樽桂。

迎俎用雍和

美報崇本，嚴恭展事。受露疏壇，承風啓地。潔粢登俎，醇犧入饋。介福遠流，羣生畢遂。

皇帝酌獻飲福用壽和 詞同冬至圜丘

送文舞出迎武舞入用舒和

神道發生敷九稼，陰陽乘仁暢八埏。緯武經文陶景化，登祥薦祉啓豐年。

武舞用凱安　詞同冬至圓丘

送神用順和　詞同冬至圓丘

又太社樂章二首　太樂舊有此詞，不詳所起。

迎神

烈山有子，后土有臣。播種百穀，濟育兆人。春官緝禮，宗伯司禋。戊爲吉日，迎享茲辰。

送神

告祥式就，酬功載畢。親地尊天，禮文經術。既徵令序，福流初日。神馭爰歸，祠官其出。

享先農樂章　貞觀中褚亮等作

迎神用咸和

粒食伊始，農之所先。古今攸賴，是曰人天。耕斯帝藉，播厥公田。式崇明祀，神其福焉。

皇帝行用太和　詞同冬至圓丘

登歌奠玉帛用肅和

尊彝既列，瑚簋有薦。歌工載登，幣禮斯奠。肅肅享祀，顒顒纓弁。神之聽之，福流寰縣。

迎俎用雍和

前夕視牲，質明奉俎。沐芳整弁，其儀式序。盛禮畢陳，嘉樂備舉。歆我懿德，非馨稷黍。

皇帝酌獻飲福用壽和　詞同冬至圓丘

送文舞出迎武舞入用舒和

羽籥低昂文綴已，干鍼蹈厲武行初。望歲祈農神所聽，延祥介福豈云虛。

武舞用凱安　詞同冬至圓丘

送神用承和

又享先農樂章一首　太樂舊有此詞，不詳所起。

送神用承和

三推禮就，萬庾祈凝。黄賓志遠，蘋蘩惟興。降歆肅薦，垂祐祗膺。送神有樂，神其上昇。

享先蠶樂章五首　顯慶中，皇后親蠶，奉敕內出此詞。

迎神用永和　亦曰順德

芳春開令序，韶苑暢和風。惟靈申廣祐，利物表神功。綺會周天宇，黼黻藻寰中。庶幾承慶節，歆奠下帷宮。

皇后昇壇用肅和

明靈光至德，深功掩百神。祥源應節啓，福緒逐年新。萬宇承恩覆，七廟佇恭禋。于茲申至懇，方期遠慶臻。

登歌奠幣用展敬

霞莊列寶衞，雲集動和聲。金巵薦綺席，玉幣委芳庭。因心罄丹款，先己勵蒼生。所冀延明福，於茲享至誠。

迎俎用潔誠

桂筵開玉俎，蘭圃薦瓊芳。八音調鳳律，三獻奉鸞觴。潔粢申大享，庭宇冀降祥。神其覃有慶，錫福永無疆。

飮福送神用昭慶

仙壇禮既畢，神駕儼將昇。佇屬深祥啓，方期庶績凝。虔誠資宇內，務本勗黎蒸。靈心昭備享，率土洽休徵。

皇太子親釋奠樂章五首

迎神用承和　亦曰宣和

聖道日用，神機不測。金石以陳，絃歌載陟。爰釋其菜，匪馨于稷。來顧來享，是宗是極。

皇太子行用承和

萬國以貞光上嗣，三善茂德表重輪。視膳寢門遵要道，高闢崇賢引正人。

登歌奠幣用肅和

粵惟上聖，有縱自天。旁周萬物，俯應千年。舊章允著，嘉贊孔虔。王化茲首，儒風是宣。

迎俎用雍和

堂獻瑤篚，庭敷璆縣。禮備其容，樂和其變。肅肅親享，雍雍執奠。明禮惟馨，蘋蘩可薦。

送文舞出迎武舞入用舒和

隼集龜開昭聖列，龍蹲鳳跱肅神儀。尊儒敬業宏圖闡，緯武經文盛德施。

武舞用凱安　詞同冬至圓丘

送神用承和　詞同迎神

又享孔廟樂章二首　太樂舊有此詞，不詳所起。

迎神

通吳表聖，問老探貞。三千弟子，五百賢人。億齡規法，萬載祠禋。潔誠以祭，奏樂迎神。

送神

醴溢犧象，羞陳俎豆。魯壁類聞，泗川如覯。里校覃福，胄筵承祐。雅樂清音，送神其奏。

享龍池樂章十首

第一章　紫微令姚崇作也

恭聞帝里生靈沼，應報明君鼎業新。既叶翠泉光寶命，還符白水出眞人。此時舜海潛龍躍，北地堯河帶馬巡〔三〕。獨有前池一小雁，叨承舊惠入天津。

第二章 左拾遺蔡孚作

帝宅王家大道邊，神馬龍龜涌聖泉。昔日昔時經此地，看來看去漸成川。歌臺舞榭宜正月，柳岸梅洲勝往年。莫言波上春雲少，祇爲從龍直上天。

第三章 太府少卿沈佺期作

龍池躍龍龍已飛，龍德先天天不違。池開天漢分黃道，龍向天門入紫微。邸第樓臺多氣色，君王鳧雁有光輝。爲報寰中百川水，來朝上地莫東歸。

第四章 黃門侍郎盧懷愼作

代邸東南龍躍泉，淸漪碧浪遠浮天。樓臺影就波中出，日月光疑鏡裏懸。雁沼迴流成舜海，龜書薦祉應堯年。大川旣濟慙爲楫，報德空思奉細涓。

第五章 殿中監姜皎作

龍池初出此龍山，常經此地謁龍顏。日日芙蓉生夏水，年年楊柳變春灣。堯壇寶匣餘烟霧，舜海漁舟尙往還。願以飄颻五雲影，從來從去九天間。

第六章 吏部尙書崔日用作

龍興白水漢興符，聖主時乘運斗樞。岸上菶茸五花樹，波中的皪千金珠。操環昔聞迎夏啓，發匣先來瑞有虞。風色雲光隨隱見，赤雲神化象江湖。

第七章　紫微侍郎蘇頲作

西京鳳邸躍龍泉，佳氣休光鍾在天。軒后霧圖今已得，秦王水劍昔常傳。恩魚不似昆明釣，瑞鶴長如太液仙。願侍巡遊同舊里，更聞簫鼓濟樓船。

第八章　黃門侍郎李乂作

星分邑里四人居，水洊源流萬頃餘。魏國君王稱象處，晉家藩邸化龍初。青蒲暫似遊梁馬〔三〕，綠藻還疑宴鎬魚。自有神靈滋液地，年年雲物史官書。

第九章　工部侍郎姜晞作

靈沼縈迴邸第前，浴日涵春寫曙天。始見龍臺升鳳闕，應如霄漢起神泉。石匱渚傍還啓聖，桃李初開更有仙。欲化帝圖從此受，正同河變一千年。

第十章　兵部郎中裴璀作

乾坤啓聖吐龍泉，泉水年年勝一年。始看魚躍方成海，即覩龍飛利在天。洲渚遙將銀漢接，樓臺直與紫微連。休氣榮光常不散，懸知此地是神仙。

校勘記

〔一〕直太樂尙沖　「尙沖」上通典卷一四七有「李」字，唐會要卷三二、册府卷五六九有「季」字。

〔二〕上靈睠命兮膺會昌　唐文粹卷一〇、樂府詩集卷四無「兮」字。

〔三〕盛德殷薦叶辰良　唐會要卷九「叶」上有「兮」字。

〔四〕迎神用歆和　「神」字樂府詩集卷一〇作「俎」，校勘記卷一四謂應作「俎」。

〔五〕義宗孝敬皇帝室酌獻用承光　「義」字各本原作「懿」，據本書卷八六孝敬皇帝傳改。「光」字各本原作「和」，樂府詩集卷一〇作「光」。校勘記卷一四云：「按下文明言承光紫微，則當以光字爲是。孝敬皇帝廟樂注所引正作光，今本蓋涉上下文諸和字而誤。」據改。

〔六〕迎神用歆和……鼎祚逾長　據樂府詩集卷一〇引本志，自歆和至延和九章，應在本志下卷中宗孝和皇帝神龍元年享太廟樂章二十首虔和章之後，同和章之前，此處錯簡。校勘記卷一四有詳細考訂，此從略。

〔七〕烟燎上　「烟」字唐文粹卷一〇、樂府詩集卷五作「禋」。祭天曰「禋」，此處據文義似當作「禋」。

〔八〕送舞變咸英　合鈔卷三九樂志謂「送」字「疑作迭」。

〔九〕酌獻用欽和　校勘記卷一四云：「按此章但有樂名而無樂詞。上文總數係十五章，若無此章，則止得十四章。據樂府所引，與今本同，則宋本已脫矣。」

〔一〇〕刑部侍郎崔玄暐　「暐」字唐文粹卷一〇作「同」，樂府詩集卷七作「童」。校勘記卷一四云：「按崔玄暐係中宗時人，歿於神龍二年，安得於開元中尙作樂章，況其人並未爲刑部侍郎，則暐爲誤字無疑。惟童與同未知孰是。」

〔一一〕層廟陳厥誠　「層廟」，唐文粹卷一〇、樂府詩集卷七作「增廣」。校勘記卷一四云：「按此係禪社首之樂章，行禪禮者爲壇於平地，無所謂層廟也。當以增廣爲是。」

〔一二〕北地堯河帶馬巡　聞本、殿本、懼盈齋本、廣本同。局本、樂府詩集卷七「北地」作「此地」。

〔一三〕青蒲暫似遊梁馬　「暫似」，各本原作「似暫」，據樂府詩集卷七改。唐文粹作「似騁」，下句「還疑」作「疑游」。

舊唐書卷三十一

志第十一

音樂四

享太廟樂章十三首　貞觀中魏徵褚亮等作

迎神用永和　黃鍾宮三成，大呂角二成，太簇徵二成，應鍾羽二成，總九變同用。

於穆烈祖，弘此丕基。永言配命，子孫保之。百神既洽，萬國在茲。是用孝享，神其格思。

皇帝行用太和　詞同冬至圓丘

登歌酌鬯用肅和　夾鍾均之黃鍾羽

大哉至德，允茲明聖。格於上下，聿遵誠敬。喜樂斯登，鳴球以詠。神其降止，式隆景命。

迎俎用雍和

崇茲享祀，誠敬兼至。樂以感靈，禮以昭事。粢盛咸潔，牲牷孔備。永言孝思，庶幾不匱。

皇祖宣簡公酌獻用長發 無射宮

濬哲惟唐，長發其祥。帝命斯祜，王業克昌。配天載德，就日重光。本枝百代，申錫無疆。

皇祖懿王酌獻用長發 同前詞，黃鍾宮。

太祖景皇帝酌獻用大基 太簇宮

猗歟祖業，皇矣帝先。翦商德厚，封唐慶延。在姬猶稷，方晉踰宣。基我鼎運，於萬斯年。

世祖元皇帝酌獻用大成 姑洗宮

周稱王季，晉美帝文。明明盛德，穆穆齊芬。藏用四履，屈道三分。鏗鏘鐘石，載紀鴻勳。

高祖大武皇帝酌獻用大明 蕤賓宮

五紀更運，三正遞昇。勛華既沒，禹湯勃興。神武命代，靈睠是膺。望雲彰德，察緯告徵。

上紐天維，下安地軸。徵師涿野，萬國咸服。偃伯靈臺，九官允穆。殊域委贄，懷生介福。

大禮既飾，大樂已和。黑章擾囿，赤字浮河。功宣載籍，德被詠歌。克昌厥後，百祿是荷。

皇帝飲福用壽和

八音斯奏，三獻畢陳。寶祚惟永，暉光日新。

送文舞出迎武舞入用舒和

聖敬通神光七廟，靈心薦祚和萬方。嚴禋克配鴻基遠，明德惟馨鳳曆昌。

武舞用凱安 詞同冬至圓丘

徹俎用雍和

於穆清廟，聿修嚴祀。四縣載陳，三獻斯止。籩豆徹薦，人祇介祉。神惟格思，錫祚不已。

送神用永和

肅肅清祀，蒸蒸孝思。薦享昭備，虔恭在茲。雍歌徹俎，祝嘏陳辭。用光武志，永固鴻基。

又享太廟樂章五首 永徽已後續撰，不詳撰者。

太宗文皇帝酌獻用崇德 夷則宮，永徽元年造。

五運改卜，千齡啓聖。彤雲曉聚，黃星夜映。葉闡珠囊，基開玉鏡。後爲圖開。下臨萬宇，上齊七政。霧開三象，塵清九服。海溓星暉，遠安邇肅。天地交泰，華夷輯睦。翔泳歸仁，中外褆福。績踰黜夏，勳高翦商。武陳七德，刑設三章。祥禽巢閣，仁獸遊梁。卜年惟永，景福無疆。

高宗天皇大帝酌獻用鈞天 黃鐘宮，光宅元年造。

承天撫籙，纂聖登皇。遐清萬宇，仰協三光。功成日用，道濟時康。璇圖載永，寶曆斯昌。日月揚暉，烟雲爛色。河岳修貢，神祇效職。舜風攸偃，堯曦先就。睿感通寰，孝思浹宙。率揚先德，虔遵曩狩。展義天扃，飛英雲岫。化逸王表，神凝帝先。乘雲厭俗，馭日登玄。

中宗孝和皇帝酌獻用太和　太簇宮，景雲元年造。

廣樂既備，嘉薦既新。述先惟德，孝饗惟親。七獻具舉，五齊畢陳。錫茲祚福，於萬斯春。

睿宗大聖眞皇帝酌獻用景雲　黃鐘宮，開元四年造。

惟睿作聖，惟聖登皇。精感耀魄，時膺會昌。舜歎大孝，堯推讓王。能事斯極，振古誰方。

文明履運，車書同軌。巍巍赫赫，盡善盡美。衢室凝旒，大庭端扆。釋負之寄，事光復子。

脫屣高天，登遐上玄。龍湖超忽，象野芊綿。遊衣複道，薦果初年。新廟奕奕，明德配天。

皇祖宣皇帝酌獻用光大　無射宮，舊樂章宣、光二宮同用長發，其詞亦同。開元十年，始定宣皇帝用光大，詞更別造。

大業龍祉，徽音駿尊。潛居皇德，赫嗣天昆。展儀宗祖，重誠孝孫。春秋無極，享奏存存。

又享太廟樂章三首　太樂舊有此詞，不詳所起。

迎神　黃鐘宮、太呂角、太簇徵、應鐘羽，並同此詞。

七廟觀德，百靈攸仰。俗荷財成，物資含養。道光執契，化籠提象。肅肅雍雍，神其來享。

金奏　無射宮，次迎神。

肅肅清廟，巍巍盛唐。配天立極，累聖重光。樂和管磬，禮備蒸嘗。永惟來格，降福無疆。

送神

五聲備奏，三獻終祠。車移鳳輦，旆轉紅旗。禮周籩豆，誠效虔祇。皇靈徙蹕，簪紳拜辭。

則天皇后享淸廟樂章十首

第一〔一〕

建淸廟，贊玄功。擇吉日，展禋宗。樂已變，禮方崇。望神駕，降仙宮。

第二

隆周創業，寶命惟新。敬宗茂典，爰表虔禋。聲明已備，文物斯陳。肅容如在，懇志方申。

第三登歌

肅敷大禮，上謁尊靈。敬陳筐幣，載表丹誠。

第四迎神

敬奠蘋藻，式罄虔襟。潔誠斯展，佇降靈歆。

第五飲福

爰陳玉醴，式奠瓊漿。靈心有穆，介福無疆。

第六送文舞

帝圖草創，王業初開。功高佐命，業贊雲雷。

第七迎武舞

赫赫玄功被穹壤，皇皇至德洽生靈。開基撥亂祆氛廓，佐命宣威海內清。

第八武舞作

荷恩承顧託，執契恭臨撫。廟略靜邊荒，天兵耀神武。

第九徹俎

登歌已闋，獻禮方周。欽承景福，肅奉鴻休。

第十送神

大禮言畢，仙衛將歸。莫申丹懇，空瞻紫微。

中宗孝和皇帝神龍元年享太廟樂章二十首　不詳所撰

迎神用嚴和　黃鐘宮三成，大呂角三成，太簇徵三成，應鐘羽二成，同用此詞。

肅肅清廟，赫赫玄猷。功高萬古，化奄十洲。中興丕業，上荷天休。祗奉先構，禮被懷柔。

皇帝行用昇和　黃鐘宮

顧惟菲薄，纂曆應期。中外同軌，夷狄來思。樂用崇德，禮以陳詞。夕惕若厲，欽奉宏基。

登歌祼鬯用虔和　大呂均之無射羽

禮標薦鬯，肅事祠庭。敬申如在，敢託非馨。

送文舞出迎武舞入用同和〔二〕　太簇羽

惟聖配天數盛禮，惟天爲大闡洪名。恭禋展敬光先德，蘋藻申虔表志誠。

武舞用寧和 林鐘徵

炎馭失天綱，土德承天命。英猷被寰宇，懿躅隆邦政。七德已綏邊，九夷咸底定。景化覃遐邇，深仁洽翔泳。

徹俎用恭和 大呂均之無射羽

禮周三獻，樂閡九成。肅承靈福，悚惕兼盈。

送神用通和 黃鐘宮

祠容既畢，仙座爰興。停停鳳舉，靄靄雲昇。長隆寶運，永錫休徵。福覃貽厥，恩被黎蒸。

皇后助享皇后行用正和 黃鐘宮，詞同貞觀中宮朝會正和。

登歌奠巴用昭和 大呂均之無射羽

道洽二儀交泰，時休四宇和平。環珮肅於庭實，鐘石揚乎頌聲。

皇后酌獻飲福用誠敬 黃鐘宮

顧惟菲質，忝位椒宮。虔奉蘋藻，肅事神宗。敢申誠潔，庶罄深衷。睟容有裕，靈享無窮。

徹俎用肅和 大呂均之無射羽

月禮已周，雲和將變。爰獻其醑，載遷其奠。明德逾隆，非馨是薦。澤霑動植，仁覃宇縣。

送神用昭感　黃鐘羽

鏗鏘韶濩，肅穆神容。洪規赫赫，祠典雍雍。已周三獻，將乘六龍。虔誠有託，懇志無從。

玄宗開元七年享太廟樂章十六首〔三〕　特進、行尚書左丞相燕國公張說作。

迎神用永和三章

肅九室，諧八音。歌皇慕，動神心。禮宿設，樂妙尋。聲明備，祼奠臨。

律迓氣，音入玄。依玉几，御黼筵。聆愾息，僾周旋。九韶遍，百福傳。

信工祝，永頌聲。來祖考，聽和平。相百辟，貢九瀛。神休委，帝孝成。

皇帝行用太和一章

時文聖后，淸廟肅邕。致誠勤薦，在貌思恭。玉節肆夏，金鏘五鐘。繩繩雲步，穆穆天容。

登歌酌鬯用肅和一章

天子孝享，工歌溥將。躬祼鬱鬯，乃焚膋薌。臭以達旨，聲以求陽。奉時烝嘗，永代不忘。

迎俎用雍和二章

在滌嘉豢，麗碑敬牲。角握之牡，色純之騂。火傳陽燧，水溉陰精。太公胖俎，傅說和羹。

俎豆有馥，齋盛絜豐。亦有和羹，既戒既平。鼓鐘管磬，肅唱和鳴。皇皇后祖，賚我思成。

皇帝酌醴齊用文舞一章

聖謩九德，眞言五千。慶集昌胄，符開帝先。高文杖鉞，克配彼天。三宗握鏡，六合煥然。帝其承祀，率禮罔愆。圖書霧出，日月淸懸。舞形德類，詠諗功傳。黃龍蜿蟺，綵雲蹁躚。五行氣順，八佾風宣。介此百祿，於皇萬年。

獻祖宣皇帝室奠獻用光大之舞一章

肅肅藝祖，滔滔濬源。有雄玉劍，作鎮金門。玄王貽緒，后稷謀孫。肇禋九廟，四海來尊。

懿祖光皇帝室奠獻用長發之舞一章

具禮崇德，備樂承風。魏推幢主，周贈司空。不行而至，無成有終。神興王業，天歸帝功。

太祖景皇帝室奠獻用大政之舞一章

於赫元命，權輿帝文。天齊八柱，地半三分。宗廟觀德，笙鏞樂動。封唐之兆，成天下君。

代祖元皇帝室奠獻用大成之舞一章

帝舞季歷，襲聖生昌。后歌有嬌〔四〕，胎炎孕黃。天地合德，日月齊光。肅邕孝享，祚我萬方。

高祖神堯皇帝室奠獻用大明之舞一章

赤精亂德，四海困窮。黃旗舉義，三靈會同。旱望春雨，雲披大風。溥天來祭，高祖之功。

太宗文武聖皇帝室奠獻用崇德之舞一章

皇合一德，朝宗百神。削平天下，大拯生人。上帝配食，單于入臣。戎歌陳舞，曄曄震震。

高宗天皇大帝室奠獻用鈞天之舞一章

高皇邁道，端拱無爲。化懷獯鬻，兵戢句驪。禮尊封禪，樂盛來儀。合位媧后，同稱伏羲。

中宗孝和皇帝室奠獻用太和之舞一章

退居江水，鬱起丹陵。禮物還舊，朝章中興。龍圖友及，駿命恭膺。鳴球秉瓚，大糦是承。

睿宗大聖眞皇帝室奠獻用景雲之舞一章

景雲霏爛，告我帝符。噫帝沖德，與天爲徒。笙鏞遙遠，俎豆虛無。春秋孝獻，迴復此都。

又享太廟樂章十四首

玄宗至道大聖大明孝皇帝室奠獻用廣運之舞一章　司徒兼中書令、汾陽郡王郭子儀撰。

於赫皇祖，昭明有融。惟文之德，惟武之功。河海靜謐，車書混同。虔恭孝饗，穆穆玄風。

肅宗文明武德大聖大宣孝皇帝室奠獻用惟新之舞一章　吏部尚書、平章事、彭城郡公劉晏撰。

漢祚惟永，神功中興。夙驅氛祲，天覆黎蒸。三光再朗，庶績其凝。重熙累葉，景命是膺。

皇帝飮福受脤用福和一章〔五〕

備禮用樂，崇親致尊。誠通慈降，敬徹愛存。獻懷稱壽，啐感承恩。皇帝孝德，子孫千億。大包天域，長亙不極。

送文舞出迎武舞入用舒和一章

六鐘翕協六變成，八佾倘佯八風生。樂九韶兮人神感，美七德兮天地清。

亞獻終獻行事武舞用凱安四章

瑟彼瑤爵，亞維上公。室如屏氣，門不容躬。禮殷其本，樂執其中。聖皇永慕，天地幽通。

禮匝三獻，樂遍九成。降循軒陛，仰欷皇情。福與仁合，德因孝明。百年神畏，四海風行。

總總干戚，塡塡鼓鐘。奮揚增氣，坐作爲容。離若鷙鳥，合如戰龍。萬方觀德，肅肅邕邕。

烈祖順三靈，文宗威四海。黃鉞誅羣盜，朱旗掃多罪。戢兵天下安，約法人心改。大哉干羽意，長見風雲在。

徹豆登歌一章

止笙磬，徹豆籩。廓無響，窅入玄。主在室，神在天。情餘慕，禮罔愆。喜黍稷，屢豐年。

送神用永和一章

肹嘉樂，授靈爽。感若來，思如往。休氣散，迴風上。返寂寞，還惚恍。懷靈駕，結空想。

代宗睿文孝武皇帝室奠獻用保大之舞一章 尙父郭子儀撰

於穆文考，聖神昭彰。簫勺羣慝，含光遠方。萬物茂遂，九夷賓王。愔愔雲韶，德音不忘。

德宗神武孝文皇帝室奠獻用文明之舞一章 尙書左丞平章事鄭餘慶撰

開邸除暴，時邁勛尊。三元告命，四極駿奔。金枝翠葉，煇燭瑤琨。象德億載，貽慶湯孫。

順宗至德大聖大安孝皇帝室奠獻用大順之舞一章　中書侍郎、平章事鄭絪撰。

於穆時文，受天明命。允恭玄默，化成理定。出震嗣德，應乾傳聖。猗歟緝熙，千億流慶。

憲宗聖神章武孝皇帝室奠獻用象德之舞一章　中書侍郎、平章事段文昌撰。

肅肅清廟，登顯至德。澤周八荒，兵定四極。生物咸遂，羣盜滅息。明聖欽承，子孫千億〔六〕。

儀坤廟樂章十二首

迎神用永和　林鍾宮，散騎常侍、昭文館學士徐彥伯作。

猗若清廟，肅肅熒熒。國薦嚴祀，坤輿淑靈。有几在室，有樂在庭。臨茲孝享，百祿惟寧。

金奏　夷則宮，不詳作者。一本無此章。

陰靈效祉，軒曜降精。祥符淑氣，慶集柔明。瑤俎既列，雕桐發聲。徽猷永遠，比德皇英。

皇帝行用太和　黃鍾宮，左諭德、昭文館學士邱說撰。

孝哉我后，沖乎迺聖。道映重華，德輝文命。慕深視篋，情殷撫鏡。萬國移風，兆人承慶。

酌獻登歌用肅和　中呂均之太簇羽，一云蕤賓均之夾鍾羽，太子洗馬、昭文館學士張齊賢撰。

祼圭既濯，鬱鬯既陳。晝冪雲舉，黃流玉醇。儀充獻酌，禮盛衆禋。地察惟孝，愉焉饗親。

迎俎用雍和　姑洗羽，太中大夫、昭文館學士鄭善玉作。

酌鬱既灌，取蕭方爇。籩豆靜嘉，簠簋芬飶。魚腊薦美，牲牷表潔。是戢是將，載迎載列。

肅明皇后室酌獻用昭升 林鍾宮，禮部尚書、昭文館學士薛稷作。

陽靈配德，陰魄昭升。堯壇鳳下，漢室龍興。俔天作對，前旒是凝。化行南國，道盛西陵。造舟集灌，無德而稱。我粢既潔，我醴既澄。陰陰靈廟，光靈若憑。德馨惟饗，孝思蒸蒸。

昭成皇后室酌獻用坤貞 不詳作者

乾道既亨，坤元以貞。肅雍攸在，輔佐斯成。外睦九族，內光一庭。克生叡哲，祚我休明。欽若徽範，悠哉淑靈。建茲清宮，于彼上京。縮茅以獻，潔秬惟馨。實受其福，期乎億齡。

飲福用壽和 黃鍾宮，太子詹事、崇文館學士徐堅作。

於穆清廟，肅雍嚴祀。合福受釐，介以繁祉。

送文舞出迎武舞入用舒和 南呂商，銀青光祿大夫、崇文館學士胡雄作。

送文迎武遞參差，一始一終光聖儀。四海生人歌有慶，千齡孝享肅無虧。

武舞用安和 太簇徵，祕書少監、崇文館學士劉子玄作。

妙算申帷幄，神謀出廟庭。兩階文物備，七德武功成。校獵長楊苑，屯軍細柳營。將軍獻凱入，歌舞溢重城。

徹俎用雍和 蕤賓均之夾鍾羽，銀青光祿大夫、崇文館學士員半千作。

孝享云畢，維徹有章。雲感玄羽，風悽素商。瞻望神座，祗戀匪遑。禮終樂闋，肅雍鏘鏘。

送神用永和　林鐘宮，金紫光祿大夫、崇文館學士祝欽明作。

閟宮實實，清廟徽徽。降格無象，馨香有依。式昭纂慶，方融嗣徽。明禋是享，神保聿歸。

又儀坤廟樂章二首　太樂又有一本，與前本略同，二章不同如左，不詳撰者。

迎神　一本有此章而無徐彥伯之詞

月靈降德，坤元授光。娥英比秀，任姒均芳。瑤臺薦祉，金屋延祥。迎神有樂，歆此嘉薌。

送神　一本有此章而無祝欽明之詞

玉帛儀大，金絲奏廣。靈應有孚，冥徵不爽。降彼休福，歆茲禋享。送樂有章，神麾其上。

昭德皇后室酌獻用坤元樂章九首〔七〕　內出

迎神用永和

穆清廟，薦嚴禋。昭禮備，和樂新。望靈光，集元辰。祚無極，享萬春。

登歌酌鬯用肅和

誠心達，娛樂分。升蕭膋，鬱氛氳。茅既縮，鬯既薰。后來思，福如雲。

迎俎用雍和

我將我享，盡明而誠。載芬黍稷，載滌犧牲。懿矣元良，萬邦以貞。心平愛敬，若覩容聲。

酌獻用坤元

於穆先后，儷聖稱崇。母臨萬宇，道被六宮。昌時協慶，理內成功。殷薦明德，傳芳國風。

送文舞出迎武舞入用舒和〔八〕

金枝羽部綴清歌，瑤堂肅穆笙磬羅。諧音遍響合明意，萬類昭融靈應多。

武舞用凱安

辰位列四星，帝功參十亂。進賢勤內輔，扈蹕清多難。承天厚載均，並曜宵光燦。留徽藹前躅，萬古披圖煥。

徹俎用雍和

公尸既起，享禮載終。稱歌進徹，盡敬由衷。澤流惠下，大小咸同。

送神用永和

昭事終，幽享餘。移月御，返仙居。璇庭寂，靈幄虛。顧徘徊，感皇儲。

孝敬皇帝廟樂章九首

迎神用永和　詞同貞觀太廟永和

皇帝行用太和　詞同貞觀太廟太和

登歌酌鬯用肅和　詞同貞觀太廟肅和

迎俎用雍和　詞同貞觀太廟雍和

酌獻用承光　詞同中宗享孝敬承光

送文舞出迎武舞入用舒和　詞同太廟

武舞用凱安　詞同太廟

徹俎用雍和　詞同迎俎

送神用永和　詞同太廟

享隱太子廟樂章六首　貞觀中撰

迎神用誠和

道閟鶴關，運纏鳩里。門集大命〔九〕，俾歆嘉祀。禮亞六瑚，誠殫二簋。有誠顒若，神斯戾止。

登歌奠玉帛用肅和

歲肇春宗，乾開震長。瑤山既寂，戾園斯享。玉肅其事，物昭其象。絃誦成風，笙歌合響。

迎俎用雍和

明典肅陳，神居邃啓。春伯聯事，秋官相禮。有來雍雍，登歌濟濟。緬惟主鬯，庶歆芳醴。

送文舞出迎武舞入用舒和

三縣已判歌鐘列，六佾將開羽鍼分。尙想燕飛來蔽日，終疑鶴影降凌雲。

武舞用凱安

天步昔將開，商郊初欲踐。撫戎金陣廓，貳極瑤圖闡。鷄戟遂崇儀，龍樓期好善。弄兵隳震業，啓聖隆祠典。

送神用誠和 詞同迎神

又隱太子廟樂章二首 太樂舊有此詞，不詳所出。

迎神

蒼震有位，黃離蔽明。江充禍結，戾據災成。銜冤昔痛，贈典今榮。享靈有秩，奉樂以迎。

送神

皇情悼往，祀儀增設。鐘鼓鏗鍠，羽旄昭晣。掌禮云備，司筵告徹。樂以送神，靈其鑒閲。

章懷太子廟樂章六首 神龍初作

迎神第一 姑洗宮

副君昭象，道應黃離。銅樓備德，玉裕成規。仙氣靄靄，靈從師師。前驅戾止，控鶴來儀。

登歌酌鬯第二 南呂均之蕤賓羽

忠孝本著，羽翼先成。寢門昭德，馳道爲程。幣帛有典，容衛無聲。司存既肅，廟享惟清。

迎俎及酌獻第三 大呂羽

通三錫胤，明兩承英。太山比赫，伊水聞笙。宗祧是寄，禮樂其亨。嘉辰薦俎，以發聲明。

送文舞出迎武舞入第四　蕤賓商

羽籥崇文禮以畢，干鏚奮武事將行。用捨由來其有致，壯志宣威樂太平。

武舞作第五　夷則角

綠林熾炎曆，黃虞格有苗。沙塵驚塞外，帷幄命嫖姚。七德干戈止，三邊雲霧消。寶祚長無極，歌舞盛今朝。

送神第六　詞同隱廟

懿德太子廟樂章六首　神龍初作

迎神第一　姑洗宮

甲觀昭祥，畫堂昇位。禮絕羣后，望尊儲貳。啓誦慙德，莊丕掩粹。伊浦鳳翔，緱峯鶴至。

登歌酌鬯第二　南呂均之蕤賓羽

礱闈元儲，寄崇明兩。玉裕雖晦，銅樓可想。絃誦輟音，笙歌罷響。幣帛言設，禮容無爽。

迎俎酌獻第三　大呂羽

雍雍盛典，肅肅靈祠。賓天有聖，對日無期。飄颻羽服，掣曳雲旗。眷言主鬯，心乎愴茲。

送文舞出迎武舞入第四　蕤賓商

八音協奏陳金石，六佾分行整禮容。滄溟赴海還稱少，素月開輪即是重。

武舞作第五 夷則角

隋季昔云終，唐年初啓聖。纂戎將禁暴，崇儒更敷政。威略靜三邊，仁恩覃萬姓。

送神第六 詞同隱廟

節愍太子廟樂章六首 景雲中作

迎神第一 姑洗宮

儲后望崇，元良寄切。寢門是仰，馳道不絕。仙袂雲會，靈旗電晰。煌煌而來，禮物攸設。

登歌酌鬯第二 南呂均之蕤賓羽

灼灼重明，仰承元首。既賢且哲，惟孝與友。惟孝雖遙，靈規不朽。祀因誠致，備潔玄酒。

迎俎及酌獻第三 大呂羽

嘉薦有典，至誠莫愆。畫梁雲亙，雕俎星聯。樂器周列，禮容備宣。依俙如在，若未賓天。

送文舞出迎武舞入第四 蕤賓商

豈豈闡化，憑文德，赫赫宣威藉武功。既執羽旄先拂吹，還持玉鉞更揮空。

武舞作第五 夷則角

武德諒雄雄，由來掃寇戎。劍光揮作電，旗影列成虹。霧廓三邊靜，波澄四海同。睿圖今已盛，相共舞皇風。

送神第六　詞同隱太子廟

則天大聖皇后崇先廟樂章一首　御撰

先德謙撝冠昔，嚴規節素超今。奉國忠誠每竭，承家至孝純深。追崇懼乖尊意，顯號恐玷徽音。既迫王公屢請，方乃俯遂羣心。有限無由展敬，奠醑每闕親斟。大禮虔中典册，蘋藻敬薦翹襟。

褒德廟樂章五首　神龍中爲皇后韋氏祖考所立，詞並內出。

迎神用昭德　姑洗宮二成

道赫梧宮，悲盈蒿里。爰暢徽烈，載敷嘉祀。享洽四時，規陳二簋。靈應昭格，神其戾止。

登歌用進德　南呂均之蕤賓羽

塗山懿戚，嬀汭崇姻。祠筵肇啓，祭典方申。禮以備物，樂以感神。用隆敦敍，載穆彝倫。

俎入初獻用褒德　大呂角

家著累仁，門昭積善。瑤篚既列，金縣式展。

武舞作

昭昭竹殿開，奕奕蘭宮啓。懿範隆丹掖，殊榮闢朱邸。六佾薦徽容，三簋陳芳醴〔一〇〕。萬古覃貽厥，分珪崇祖禰。

亞獻及送神用彰德

名隆五岳，秩映三台。嚴祠已備，睟影方迴。

校勘記

〔一〕第一　此下疑有脫文。校勘記卷一四云：「按自第三登歌至第十送神，皆先言篇數，後言儀節，惟第一第二但言篇數，未言儀節，殊爲不類。以上下文之例推之，第一下當有迎神二字，第二下當有皇帝行三字，至於第四下之迎神，則迎俎之訛耳。迎俎在登歌之後，若作迎神，則不應在登歌後矣。」

〔二〕送文舞出迎武舞入用同和　樂府詩集卷一〇引本志，此章前尚有歆和、長發、大基、大成、大明、崇德、鈞天、承光、延和各一章。校勘記卷一四云：「按此（歆和等）九章及嚴和以下之十二章，合計二十一章。今本總數內脫去一字，又脫去此九章，而誤列於開元十一年圓丘樂章之內，遂覺前後不合。當據樂府補正。」

〔三〕玄宗開元七年　校勘記卷一四云：「據玄宗紀及張說傳，開元七年爲并州長史，十七年始爲左丞相。則七字上當補十字，方與注文相合。」

〔四〕后歌有蟜　唐文粹卷一〇「有蟜」作「有媯」。御覽卷七八引帝王世紀：「神農母任姒，有喬氏之女，名登。」似「嬌」字不誤。

〔五〕福和一章　此章及下舒和、凱安、登歌、永和共八章，樂府詩集卷一〇引本志，歸入上載張說所作享太廟樂章內，次序在景雲舞之後。唐文粹一〇亦列入張說所作開元樂章，次序同樂府詩集。校勘記卷一四謂當從文粹、樂府，今本舊唐書樂志錯簡。

〔六〕子孫千億　此章下，樂府詩集卷一一尚有穆宗和寧舞、武宗大定舞、宣宗舞、懿宗舞、昭宗咸寧舞各一章。校勘記卷一四謂今本舊唐書樂志脫文。又云：「據會要（卷三三）及通考（卷一四二），敬宗、文宗之舞號及撰人均尚可考，僖宗之舞號及撰人雖無可考，亦存其諡於懿宗、昭宗之間。……蓋修舊書時樂章全備，及修會要時已逸去三章之詞。」

〔七〕昭德皇后室酌獻用坤元樂章九首　樂府詩集卷一一題作唐昭德皇后廟樂章，「酌獻用坤元」與下第四章題名重，疑爲衍文。合鈔卷四〇樂志删去此五字，「室」亦作「廟」。

〔八〕送文舞出迎武舞入用舒和　據樂府詩集卷一一引本志，此章前尚有「飲福用壽和」一章，加之始合九首之數。

〔九〕門集大命　校勘記卷一四謂「門」字誤，依文義當作「用」。

〔一〇〕三簋陳芳醴　殘宋本、聞本、殿本、懼盈齋本、廣本、樂府詩集卷一二同。局本「三」作「二」。校勘記卷一四云：「依迎神章規陳二簋句，三當改二。」

舊唐書卷三十二

志第十二

曆一

太古聖人，體二氣之權輿，賾三才之物象，乃創紀以窮其數，畫卦以通其變，而紀有大衍之法，卦有推策之文，由是曆法生焉。殷人用九疇、五紀之書，周禮載馮相、保章之職，所以辨三辰之躔次，察九野之吉凶。歷代疇人，迭相傳授，蓋推步之成法，協用之舊章。暨秦氏焚書，遺文殘缺，漢興作者，師法多門，雖同徵鍾律之文，共演蓍龜之說，而建元或異，積蔀相懸，旁取證於春秋，強乩疑於繫、象，靡不揚眉抵掌，謂甘、石未稱日官；運策播精，言裨、梓不知天道。及至清臺晷祲，黃道考祥，言縮則盈，少中多否，否則矯云差算，中則自負知時。章、亥不生，憑何質證？

高齊天保中，六月日當蝕朔，文宣先期問候官蝕何時，張孟賓言蝕申，鄭元偉、董峻言蝕辰，宋景業言蝕巳。是日蝕於申酉之間，言皆不中時，景業造天保曆則疏密可知矣。昔鄧平、洛下閎造漢太初曆，非之者十七家。後劉洪、蔡伯喈、何承天、祖冲之，皆數術之精粹者，至於宣考曆書之際，猶爲橫議所排。斯道寂寥，知音蓋寡。所以張胄玄佩印而沸騰，劉孝孫輿棺而慟哭，俾諸後學，益用爲疑。以臣折衷，無如舊法。

高祖受隋禪，傅仁均首陳七事，言戊寅歲時正得上元之首，宜定新曆，以符禪代，由是造戊寅曆。祖孝孫、李淳風立理駁之，仁均條答甚詳，故法行於貞觀之世。高宗時，太史奏舊曆加時寖差，宜有改定。乃詔李淳風造麟德曆。初，隋末劉焯造皇極曆，其道不行。淳風約之爲法，時稱精密。天后時，瞿曇羅造光宅曆。中宗時，南宮說造景龍曆。皆舊法之所棄者，復取用之。徒云革易，寧造深微，尋亦不行。開元中，僧一行精諸家曆法，言麟德曆行用既久，晷緯漸差。宰相張說言之，玄宗召見，令造新曆。遂與星官梁令瓚先造黃道游儀圖，考校七曜行度，準周易大衍之數，別成一法，行用垂五十年。肅宗時，韓穎造至德曆。代宗時，郭獻之造五紀曆。德宗時，徐承嗣造正元曆。憲宗時，徐昂造觀象曆。其法今存，而元紀蔀章之數〔二〕，或異前經；而察斂啓閉之期，何殊舊法。至論徵驗，罕及研精。綿代流行，示存經法耳。

前史取傅仁均、李淳風、南宮說、一行四家曆經，爲曆志四卷。近代精數者，皆以淳風、一行之法，歷千古而無差，後人更之，要立異耳，無踰其精密也。景龍曆不經行用，世以爲非，今略而不載。但取戊寅、麟德、大衍三曆法，以備此志，示於疇官爾。

戊寅曆經

已上闕文曰。自入立秋，初日加四千八十分，後日減七十六分，置初日所加之分，計後日減之數以減之。訖，餘以行分法約之，爲日數。及加平見日及分，滿行分法，又去之，從日一，爲定見日及分。後皆放此。畢於秋分。自入寒露，日減一百二十七分，減若不足，即一日加行分法，反減之，爲定見日及分。後皆放此。畢於立冬。自入小雪，畢於大雪，均減八日。初見去日十四度。

熒惑

平見：入冬至，初日減一萬六千三百五十四分，後日減五百四十五分，畢於小寒。自入大寒，日加四百二十六分，畢於啓蟄。自入雨水，畢於穀雨，均加二十九日。入立夏，初日加一萬九千三百九十二分，後日減二百一十三分，畢於大暑。自入立秋，依平。自入處暑，日減一百八十四分，畢於立冬。自入小雪，畢於大雪，均減二十五日。初見去日十七度。

鎭星

平見：入冬至，初日減四千八百一十四分，後日加七十九分，畢於氣盡。自入小寒，畢於大寒，均減九日。入立春，均減八日。入啓蟄，均減七日。入雨水，均減六日。入春分，均減五日。入清明，均減四日。入穀雨，畢芒種，均減三日。入夏至，畢十日內，均減二日。十日外，入小暑，畢五日內，均減一日。五日外，畢於氣盡，依平。自入大暑，日加一百八十一分，畢於立秋。自入處暑，均加九日。自入白露，初日加六千二分，後日減一百三十三分，畢於寒露。自入霜降，日減七十九分，畢於大雪。初見去日十七度。

太白

晨平見：入冬至，依平。自入小寒，日加六十六分，畢於大寒。自入立春，畢於立夏，均加三日。自入小滿，初日加一千九百六十四分，後日減六十六分，畢於芒種。自入夏至，依平。自入小暑，減六十分，畢於大暑。自入立秋，畢於立冬，均減三日。自入小雪，初日減一千九百六十四分，後日減六十六分，畢大寒。

夕平見：入冬至，日減一百分，畢於立春。自入啓蟄，畢於春分，均減九日。自入清明，初日減五千九百八十六分，後日減一百分，畢於小滿。自入芒種，依平。自入夏至，日加一百分，畢於立秋。自入處暑，畢於秋分，均加九日。自入寒露，初日加五千九百八十六分，後日減一百分，畢於小雪。自入大雪，依平。初見去日十一度。

辰星

晨平見：入冬至，均減四日。自入小寒，畢於大寒，依平。自入立春，畢啓蟄，減三日。其在啓蟄氣內，去日一十八度外、四十度內，晨無木、土、金一星已上者，不見也。自入雨水，畢於立夏，應見不見。其在立夏氣內，去日度如前，晨有木、火、土、金一星已上者，亦見之。自入小滿，畢於寒露，依平。自入霜降，畢於立冬，加一日。自入小雪，畢於大雪十二日，依平。若在大雪十三日，即減一日；在十四日，減二日；在十五日，減三日；在十六日，減四日。

夕平見：入冬至，畢於清明，依平。自入穀雨，畢於芒種，減二日。自入夏至，畢於大暑，依平。自入立秋，畢於霜降，應見不見。其在立秋及霜降二氣之內，夕有星去日如前晨者，亦見。自入立冬，畢於大雪，依平。初見去日十七度。

行五星法

各置星定見之前夜半日所在宿度算及分，各以定見去朔日算及一分加之。小分滿法十四分，從行分一。行分滿法六百七十六分，從度一。又以星初見去日度數，晨減夕加之，命度以次，即星初見所在度及分。自此已後，皆棄此小分也。

求次日術

各加一日所行度及分。其火、金之行而有小分者，各以日率爲母。小分滿其母，去從行分一。行分滿法，去從度一。其行有益疾遲者，副置一日行分。各以其分疾益遲損，乃加之。留者因前，退則減之，伏不注度。順行出斗去其分，行入斗先加分〔三〕。訖，皆以二十六副行分爲度分。

歲星

初見，順，日行一百七十六分五十秒，日益遲一分。一百一十四日行十九度二百九分。而留，二十八日。乃退，日九十七分。八十四日退十二度五十分。又留，二十六日五百九十六，小分七四分。即以初定見日分而加之，若滿行分法，即去之，從月去之，從一日。乃順，初日行六十分，日益疾一分。一百十四日行十九度四百三十七分而伏。

熒惑

初見，入冬至，初率二百四十一日行一百六十三度。已後二日損日及度各一。盡一百二十八日，率一百七十七日行九十九度。畢一百六十一日皆同。已後三日損日及度各一。盡一百八十二日，率一百七十日行九十二度。畢一百八十八日皆同。已後三日益日及度各一。盡二百二十七日，率一百八十三日行一百五度。已後二日益日及度各一。盡二百四十九日，率一百九十四日行一百一十六度。已後一日益日及度各一。盡三百一十日，率二百五十五日行一百七十七度。畢三百三十七日皆同。已後二日損〔三〕。盡三百六十五日，復二百四十一日行一百六十三度。

初見：入小寒已後，三日去日率一，畢於啓蟄。自入雨水，畢於立夏，均去日率二十。自入小滿，初去日率二十。以次三日去十九，日日去十八〔四〕。以次三日去一日，畢於小暑，即依平，爲定日之率。若入處暑，畢於秋分，皆去度率六，各依冬至後日數而損益之，又依所入之氣以減之，名爲前疾。日數及度數之率，若初行。入大寒，畢於大暑，皆差行，日益遲一分。其餘皆平行。若入白露，畢於秋分，初日行半度，四十日行二十度。即去日率四十，度率二十，別爲半度之行，訖，然後求平行之分以續之。平行分者，置定行度率，以分法乘之，以定日率除之，所得即平行一日之分，不盡爲小分。求差行者，置日率之數，減一。訖，又半之，加平行一日之分，爲初日行分。各盡其日度而遲。初日行三百二十六分，日益遲一分半，六十日行二十五度五分。其前疾去度六者，此遲初日加六十七分、小分三十六。小分滿六十，去之，從行分一，即六十日行三十一度，分同。而留，十二日。前去日分日於二留，奇後從後留〔五〕。乃退，日一百九十二分，六十日退十七度二十八分。又留，十二日六百二十六分、小分三十分。亦如初定見之分，滿去如前。又順，後遲，初日行二百三十八分，日益疾一分半，六十日行二十五度三十五分。此遲在立秋至秋分者，加一日，行六十七、小分三十六。滿去如前，即六十日行三十一度。分同也。而後疾。入冬至，初率二百一十四日行一百三十六度。已後一日損日及度各一。盡三十七日，率一百七十七日行九十九度。已後二日損日及度各一。盡五十七日，率一百六十七日行八十九度。畢七十九日皆同。已後三日益日及度各一。盡一百三十日，率一百八十四日行一百六十度。已後二日益日及度各一。盡一百四十四日，率一百九十一日行一百一十三度。已後一日益日及度各一。盡一百九十日，率二百三十七日行一百五十九度。已後一日益日及度各一。盡二百一十日，率二百六十七日行一百八十九度。畢二百五十九日皆同。已後二日損日及度各一。盡三百六十五日，復率二百一十四行一百三十六度。後遲加六度者，此後疾去度率六，爲定度。各依冬至後日數而損益之，爲後疾日及度之率。若入立夏，於夏至〔六〕，日行半度，盡六十日，行三十度。若入小暑，於大暑〔七〕，盡四十日，行二十度。皆去日及度之率，別爲半度之行，訖，然後求平行之分以續之。各盡其日度而伏。

鎭星

初見：順，日行六十分，八十三日行七度二百四十八分。而留，三十八日。乃退，日四十一分，一百日退六度四十四分。又留，三十七日六十一分小分四。亦以初定見日分加之。滿去如前。乃順，日行六十分，八十三日行七度二百四十八分而伏。

太白

晨初見：乃退，日一度半，十日退十五度。而留，九日。乃順遲，差行。先遲，日益疾八分，四十日行三十度。若此遲入大雪已後，畢於小滿，即依此爲定而求行分。自入芒種，十日減一度爲定度，畢於夏至。自入小暑，畢於霜降，均減三度。自入立冬，初日減三度，後十日減一度，畢於霜降、小雪，皆爲定度。求一日行分者，以行分法乘定度，以四十餘之，爲平分，不盡爲小分。又以四乘三十九，以減平分，爲初日行分〔八〕。平行，日一度，十五日行十五度。若此平行入小寒後，十日益日及度各一，畢於啓蟄。自入雨水之氣，皆二十一日行二十一度。自入春分後，十日減一，畢於立夏，即十五日。自入處暑，畢於寒露，即無此平行。自入霜降，即四日益一，畢於大雪，後十五日行十五度。疾，百七十日行二百四度〔九〕。前順遲減度者，計所減之數，以益此度爲定度。求一日行度及分者，以百七十日減度數，餘行以分法乘，以百七十餘之，所得爲之日平行度分〔一〇〕。晨伏東方。

夕初見：順疾，百七十日行二百。畢於立夏，依此順疾。入冬至已後，畢於立夏，依此率爲定。自入小滿，六日加一度。自入大暑初，畢於芒種，自入夏至，畢於小暑，均五度〔一一〕。自入大暑，初加五度，後三日減一度，畢於氣盡。自入立秋，畢於大雪，還依本率。從白露畢春分，皆差行。先疾，日益遲一分半。自入清明，畢於處暑，並平行，同晨疾。求差行者，半一百六十九，乃以一分半乘之，以加平行分，爲初日行度分也。平行，日一度，十五日行十五度。此平行入冬至後，十日減日及度各一，畢於立春。自入啓蟄，畢於芒種，皆均九日行九度。自入夏至後，五日益一，畢於小暑。自入大暑，畢於氣盡，皆十五日行十五度。自入立秋後，六日一〔一二〕，畢於小雪。自入大雪，畢於氣盡，皆十五日行十五度者也。順遲，差行。先疾，日益遲八分，四十日行三十度。前加度者，此依數減之，求一日行分，如晨遲準減者爲加之。又留，九日。乃退，日半度，十日退五度，而夕伏西方。

辰星

晨初見：留，六日。順遲，日行一百六十九分，四日行一度。若初見入大寒，畢於啓蟄之內，即不須此遲行。平行，日一度，十日行十度。此平行若入大寒已後，二日去日及度各一，畢於二十日，日及度俱盡，即無此平行。疾，日行一度六百九十分，十日行十九度六分。前無遲行者，此疾日減二百三分，十日行十七度四分。晨伏東方。

夕初見：順疾，日行一度六百九分，十日行十九度六分。此疾者，入小暑畢於處暑之內，日減二百三分，十日行十六度四分。平行，日一度，十日行十度。此平行若入大暑已後，於二日去日及度各一。畢於二十日，日及度俱盡，即無此平行。遲，日行一百六十九分，四日行一度。若疾減二百三分者，即不須此遲行。又留，六日九分。夕伏西方。

推交會

交會法：一千二百七十四萬一千二百五分。

交分法：六百三十七萬六百二十九分。

朔差：一百八萬五千四百九十二分。

望分：六百九十一萬三千三百五十分。

交限：五萬八十二萬七千八百五十八分。

望差：五十四萬二千七百四十七一分。

外限：六百七十六萬七百八十二九分。

中限：一千二百三十五萬一千二十五八分。

內限：一千二百一十九萬八千四百五十八七分。

交時法：二萬九千一十八。

推交分術

置入上元已來積月，以交會法去之。餘，以朔差乘之，滿交會法，又去之。仁均本術，武德年加交差七百七十五萬五千一百六十四分。餘爲所求年天正朔入平交分。求望平交分術，以望分加之，滿去如前，爲平分。次月平分術，其朔望，入冬至氣內，依平爲定。若入小寒已後，日加氣差一千六百五十分，畢於立春。自入啓蟄，畢於清明，均加七萬六千一百分。後日減一千六百五十分，畢於小滿。置初日所加之分，計後日減之數以減之，餘以加平交分。自入芒種，畢於夏至，依平爲定。加之，滿交會法，卽去。餘爲定交分。其朔入災交〔三〕，若入小寒，畢於雨水，及立夏，畢於小滿，值盈二時已下，皆半氣差而加之。二時已上，皆不加。其朔入時交分，如望差分已下，外限已上，有星伏，木土去見十日外，火去見四十日外，金星伏去見二十二日外〔四〕。有一星者，不加氣差。其朔望，入小暑已後，日減氣差一千二百分，畢於處暑。自入白露，畢於霜降，均減九萬五千八百二十分。自入立冬，初日減六萬三千三百分，後日減二千一百一十分，畢於小雪。置初日所減之分，計後日減之數以減之，餘以減平交分也。自入大雪，亦依平爲定。減若不足者，加交會法，乃減之。餘爲定交分。其朔入交分，如交限內限已上，交分中限已下，有星伏如前者，不減氣差。

推道在內外及先後去交術其定交分不滿交分法者，爲在外道。滿去之，餘爲在內道。其餘如望差已下，卽是去先交分。以時法約之得一，爲去先交時數。交限已上，卽以減交分法。餘爲去後交分，亦以時法約之，爲時數。望則月蝕也。其朔在內道者，朔則日蝕。或雖在內道去交而遠〔一五〕，在外道去交而近，亦爲蝕也。

推月蝕加時術

置有蝕之望定小餘。若入曆一日，卽減二百八十。入十五日，卽加之。若入十四日，卽加五百五十。入二十八日，卽減之。自入諸日，値盈皆加二百八十，値縮皆減之，爲定餘。乃以十二乘之，以時法六千五百三除之，所得爲半辰之數。命以子半起算外，卽所在辰。初命子半以一算，自後皆以二算爲一辰。不盡爲時餘。若時餘在辰半之前者，乃倍之；如法無所得，爲辰初。又以三因之，如法得一，名爲強；若得強，若得二強，卽名少弱。若倍之，如法得一，爲少。凡四分一爲少，二爲半，三爲太。不盡者，又三之，如法得一，名爲強；若得二強者，卽名爲半弱。若時餘在辰半之後者亦倍之；如法無所得，爲正在辰半〔一六〕。以三因之，如法得二，名爲強，卽名半強〔一七〕；若得二強，卽名太弱。若倍之，如法得一〔一八〕，爲太。不盡者，又三之，如法得一，爲強，卽名太強；若得者，又二強者，爲辰末，亦可前辰名之。月在衝上蝕，日出後入前各一時半外，不注蝕。

推日蝕加時術

置有蝕之朔定小餘。若入曆一日，卽減三百。入十五日，卽加之。若入十四日，卽加五百五十。入二十八日，卽減之以爲定。自後不入四時加減之限。春三月，內道，去交四時已上，入曆，値盈加二百八十，値縮反減之。夏三月，內道，値盈加二百八十，値縮反減之。秋三月，內道，去交十一時已下，値盈加二百八十，値縮不加；十一時已上，値盈加五百五十，値縮不加一百八十〔一九〕。冬三月，內道，去交五時已下，値盈加二百八十，縮不加。皆爲定餘。乃以十二乘之，以時法除之，所得半辰之數，命以子半起算外，卽所在辰。命辰如前法。不盡爲時餘，別置爲副。若入仲辰半前，卽以副減法，餘爲差率。若在半後，卽退其半辰，還以法加餘，卽以副爲差率。若入季辰半前，卽以法加副，而爲差率。若在半後，卽其半辰，還以法加餘，乃倍法以加副，而爲差率。若入孟辰半前，卽三因其法，而以副減之，餘爲差率。若半後，卽退其半辰，還以法加餘，又以法加副，乃三因其法而以副減之，爲差率。又置去交時數，三已下加三，六已下加二〔二〇〕，九已下加一，九已上依數，十二以上從十二，以乘差率，若在季辰半後，孟辰半前，去交六時以上者，皆從其六，以乘差率。六時已下，自依數，不須加。如十四得一，爲時差。子至卯半，午至酉半，以時餘加之；卯至午半，酉至子半〔三一〕，以減時餘。加之若滿時法者，乃去之，加於辰，卽進之於前也。減之若不足者，減半辰，加時法，乃減之，卽退之於後也。餘爲定時餘。乃如月蝕法，子午卯酉爲仲，辰戌丑未爲季，寅申巳亥爲孟。日出前後各一時半外，不注日蝕。

推內道日不蝕術

夏五月朔，加時在南方三辰，先交十三時外，六月朔，後交十三時外者，不蝕。啓蟄畢清明，先交十三時外，值縮，加時在未巳西者，亦不蝕。入處暑，畢寒露，後交十三時，值盈，加時在己巳東者，亦不蝕。

推外道日蝕術

不問交之先後，但去交一時內者，皆蝕也。若先交二時內者，值盈二時外者〔三二〕，亦蝕。若後交二時內〔三三〕，值縮二時外者，亦蝕。其夏去交二時在南方三辰者，亦蝕。若去分至十二時內，去交六時內者，亦蝕。若去交春分三日內〔三四〕，後交二時內者，亦蝕。秋分三日內〔三五〕，先交二時內者，亦蝕。諸去交三時內〔三六〕，星伏如前者，亦蝕。

推月蝕分術

置去交分。其在冬，先後交皆去不蝕分二時之數〔二七〕。若在於春，先交去半時，後交去二時。夏即依定。若在於秋，先交去二時，後交去半時。若不足去者，蝕既，乃以三萬六千一百八十三爲法除之，所得爲不蝕分。不盡者，半法已上爲半強，已下爲半弱，而以減十五，餘爲蝕之大分。

推月蝕所起術

若在外道，初起東北，蝕甚西北。若在內道，初起東南，蝕甚西南。十三分已上，正東起。推皆據正南而言。

推日蝕分術

置去交分。若入冬至已後，畢於立春，皆均減十二萬八百〔二八〕，餘爲不蝕分。不足減者，反以交分減之〔二九〕，餘爲不蝕分。亦減望差爲定法。其後交值縮者，直以望差爲定法，不須減之。自入啓蟄，初日減二十二萬八百分，後日減一千八百一十分，置初日所減之分，計後日減之數以減之，餘以減交分。畢於芒種。自入夏至，日減二千四百分，畢於白露。自入秋分，畢於大雪，皆均減二十二萬八百分。但不足減者，皆如前，反以交分減之，訖，皆爲不蝕〔三〇〕。若入冬至，畢於小寒，不蝕分依定。若入大寒，畢於立夏，後去交五時外，皆去不蝕分一時。時差值減者，先交減之，後交加之。不足減者，蝕既。時差值加者，先交加之，後交減之。不足減者，蝕既。乃爲定分，以十五乘之，以定法除之，所得爲不蝕分。不盡者，半法已上爲半強，已下爲半弱，而以減十五，餘爲蝕之大分也。

推日蝕所起術

若在外道，初起西南，蝕甚東南。若在內道，初起西北，蝕甚東北。十三度已上，正西起。亦據正南而言之。

	日出	日入
冬至	辰二十四分之二十〔三〕	申七刻十二分
小寒	辰十三分	申七刻十九分
大寒	卯八刻七分	酉一分
立春	卯七刻十一分	酉二十一分
啓蟄	卯六刻十分	酉一刻二十二分
雨水	卯五刻五分	酉三刻三分
春分	卯三刻二十二分	酉四刻十分
清明	卯二刻十五分	酉五刻十七分
穀雨	卯一刻十一分	酉六刻二十一分

立夏	卯十二分	酉七刻二十分
小滿	寅八刻一分	戌七分
芒種	寅七刻十四分	戌十八分
夏至	寅七刻十二分	戌二十分
小暑	寅七刻	戌十八分
大暑	寅八刻	戌闕
立秋	卯十一分	酉七刻二十一分
處暑	卯一刻十一分	酉六刻二十一分
白露	卯七刻十分	酉一刻二十二分〔三〕
立冬	卯七刻十一分	酉二十分
小雪	卯七刻七分	酉一分
大雪	辰十三分	申七刻十九分

求日出入所在術

以所入氣辰刻及分，與後氣辰刻及分相減。餘乘入氣日算，以十五除之。所得以加減所入氣爲定日出入。從冬至至夏至，日出減之，日入加之。從夏至至冬至，日出加之，日入減之。入餘爲定刻及分。

武德九年五月二日校曆人前曆博士臣南宮子明

校曆人前曆博士臣薛　弘疑

校曆人算曆博士臣王　孝通

監校曆大理卿清河縣公崔　善爲

夜漏半

右依武德元年經，加於漏刻日出沒二十四氣下。

推月蝕加時術

右加有蝕之望，以百刻乘定小餘，日法而一，以課所近氣不滿夜半者，命日以甲子算上注曆。

推月蝕虧初復滿先造每箭更籌用刻

倍月蝕日所入氣夜漏半，二十五而一，爲籌刻分，亦注於曆下。

月蝕分用刻率　置月蝕分

蝕一分用三刻　二分用四刻　三分用五刻　四分用六刻　五分用八刻

六分用九刻　七分用十刻　八分用十一刻　九分用十三刻　十分用十四刻

十一分用十五刻　十二分用十六刻　十三分用十八刻　十四分用十九刻　既用二十二刻

推日月蝕加時定刻術

置日月蝕加時定餘。在辰半後者，加時法於時餘，以二十五乘之，三萬九千一十八而一刻，命刻算外，即所入辰刻。

求虧初復滿術

置蝕分，用刻率副之，以乘所入曆損益率，四千五十七而一。值盈反其損益〔三三〕，值縮依其損益，副爲蝕定用刻數，乃六乘之，十而一，以減蝕加時辰刻，爲虧初。丈四乘餘之用刻數〔三四〕，十而一，以加蝕加時辰刻，爲復滿。

求所蝕夜初甚末更籌刻術

因其日日所入辰殘刻及分，依次加辰刻及分，至蝕初辰刻及分，減二刻十二分，從其更用刻及分除之，不滿更，即初蝕更籌。依所求得至甚刻加之，命即甚。依求得甚後刻數加之，命即末更籌刻及分。日出前復滿，日入後初虧，皆不注蝕。

二十四氣	日出	日入	夜漏半	一更	一籌
冬至	辰二十四分之二十	申七刻十二分	二十七刻十二分	十一刻	二刻四分
小寒同大雪	辰十三分	申七刻十九分	二十七刻五分	十刻二十一分	二刻四分
大寒同小雪	卯八刻七分	酉入一分	二十六刻十五分	十刻十五分	二刻二分

立春同立冬	卯七刻十一分	酉二十一分	二十五刻十九分	十刻七分	二刻一分
啓蟄同霜降	卯六刻十分	酉二十二分	二十四刻十八分〔三五〕		
雨水同寒露	卯五刻五分	酉三分	二十三刻十三分	九刻十分	一刻二十三分
春分同秋分	卯三刻二十二分	酉四刻十分	二十二刻十分	八刻二十一分	一刻十八分
清明同白露	卯二刻十五分	酉五刻十七分	二十刻二十二分	八刻八分	一刻十六分
穀雨同處暑	卯一刻十分	酉六刻二十一分	十九刻十九分	七刻二十一分	一刻十四分
立夏同立秋	卯十分	酉七刻二十一分	十八刻	闕刻十六分〔三六〕	一刻十二分
小滿同大暑	寅八刻一分	戌七分	十八刻一分	七刻五分	一刻
芒種同小暑	寅七刻十四分	戌十八分	十七刻十四分	七刻	一刻九分
夏至	寅七刻十二分	戌二十分	十七刻十二分	七刻	一刻九分

校勘記

〔一〕而元紀蔀章之數　「元紀」，各本原作「無計」。後漢書律曆志下：「至朔同日謂之章，同在日首謂之蔀，蔀終六旬謂之紀，歲朔又復謂之元。」「無計」誤，當作「元紀」，據改。

〔二〕行入斗先加分　新書卷二五曆志（以下簡稱新志）「行」上有「退」字。

〔三〕二日損　據上文及校勘記卷一五，「損」下當補「日及度各一」五字。

〔四〕日日　據術，似當作「三日」。

〔五〕前去日分日於二留奇後從後留　新志作「前疾去日者分日於二留，奇從後留」。

〔六〕於夏至　新志作「畢夏至」。

〔七〕於大暑　新志作「畢大暑」。

〔八〕爲初日行分　「分」字各本原作「日」，據新志及術改。

〔九〕行二百四度　殘宋本作「行二日四度」，殿本、懼盈齋本、局本、廣本作「行二十四度」，據新志及術改。

〔10〕餘行以分法乘以百七十餘之所得爲之日平行度分　據術，「行以」當作「以行」，「餘之」當作「除之」，「爲」下「之」字疑衍。

〔11〕均五度　新志作「均加五度」。

〔12〕六日一　新志作「六日加一」。句下新志尚有：「畢秋分，二十五日行二十五度。入寒露，六日減一。」

〔13〕其朔入災交　校勘記卷一五云：「災字乃交字衍文之誤。」

〔14〕金星伏去見二十二日外　「金星」，新志作「金晨」。

〔一五〕去交而遠 新志作「去交遠亦不蝕」。

〔一六〕若時餘在辰半之後者亦倍之如法無所得爲正在辰半 「後者」二字各本原無，以下十三字各本原作小字。校勘記卷一五云：「『半之』下脫『後者』二字。此下大字誤作注。」據此說及術改。

〔一七〕名爲強卽名半強 「爲強」以下六字各本原作小字，校勘記卷一五云：「六字誤作注。」據此說及術改。

〔一八〕如法得一 「如」字各本原無，據上下文例及術補。

〔一九〕值縮不加一百八十 新志作「縮加二百八十」。

〔二〇〕三巳下加三六巳下加二 各本原作「三巳下加二三六巳下加」，據新志及術改。

〔二一〕子至卯半午至酉半以時餘加之卯至午半酉至子半 各本原作「子半至卯半至酉半以加餘加之若滿卯半午酉半子半」。校勘記卷一五云：「據術，參以新志，當從張氏（宗泰）作子至卯半午至酉半以時餘加之卯至午半酉至子半。」據改。

〔二二〕值盈二時外者 「時」字各本原無，據下文及新志補。

〔二三〕若後交二時內 「二」字各本原無，據上文及新志補。

〔二四〕交春分三日內 「日」字各本原無，據新志補。

〔二五〕秋分三日內 「三」字各本原無，據新志補。

〔二六〕諸去交三時內　「時」字各本原無，據新志補。

〔二七〕先後交皆去不蝕分二時之數　校勘記卷一五云：「按句有誤字錯簡。據新志，參以文義，當作先後交皆去二時，餘爲不蝕分。」

〔二八〕皆均減十二萬八百　新志作「均減二十二萬八百分」。數值下當有「分」字。

〔二九〕反以交分減之　「反」字各本原作「及」，新志作「不足減，反相減」，據改。

〔三〇〕皆爲不蝕　新志「蝕」下有「分」字。

〔三一〕二十四分　「二」字各本原作「一」。按戊寅曆以二十四分爲一刻，本志下文亦作「二」，二是，據改。

〔三二〕酉一刻二十二分　此下各本均脫秋分、寒露、霜降三氣，對照春分、雨水、啓蟄，當補：

秋分　卯三刻二十二分　酉四刻十分

寒露　卯五刻五分　酉三刻三分

霜降　卯六刻十分　酉一刻二十二分

〔三三〕値盈反其損益　各本原作「値盈惑損加」，新志作「値盈反其損益」，與下文「値縮依其損益」句法相稱，與術合，據改。

〔三四〕又四乘餘之用刻數　新志作「又四乘之」（之，指蝕定用刻數）。此句疑當作「又四乘蝕定用刻數」，「丈」與「又」、「餘之」與「蝕定」，俱形近而誤。

〔三五〕二十四刻十八分 校勘記卷一五謂此下脫「九刻二十一分 一刻二十五分」。

〔三六〕闕刻十六分 校勘記卷一五謂當作「七刻十六分」。

舊唐書卷三十三

志第十三

曆二

麟德甲子元曆

上元甲子，距今大唐麟德元年甲子，歲積二十六萬九千八百八十算。

推法〔一〕：一千三百四十。

期實：四十八萬九千四百二十八。

旬周：六十。

推氣序術

置入甲子元積算距今所求年，以期乘之，爲期總。滿法得一爲積日，不滿爲小餘。旬去積日，不盡爲大餘。命大餘起甲子算外，即所求年天正中氣冬至恆日及大小餘。天正建子，律氣所由，故陰陽發斂，皆從其時爲自。

求恆次氣術

因冬至大小餘，加大餘十五〔二〕、小餘二百九十二、小分六之五〔三〕。小分滿，從小餘；小餘滿總法之〔四〕，從大餘一。大餘滿旬周之〔五〕。以次轉加，而命各得其所求。他皆放此。凡氣餘朔大餘爲日〔六〕，小餘爲辰也。

求土王

置清明、小暑、寒露、小寒大寒小餘〔七〕，各加大餘十二、小餘二百四十四、小分八。互乘氣小分通之，加八。若滿三十，去，從小餘一。凡分餘相并不同者〔八〕，互乘而并之。母相乘爲法〔九〕。其并滿法一爲全，此即齊同之術。小餘滿總法，從命如前，即各其氣從土王日。

沒日法：一千七百五十七。

沒分：十二萬二千三百五十七。

求沒日術

以九十乘有沒氣小餘，十五乘小分，從之，以減沒分，餘，法得一，爲日。不盡，餘，以日數加其氣大餘。去命如前，即其氣內沒日也。小氣餘一千四百已上，其氣有沒者，勿推也。沒餘皆盡者爲減。求次沒：因前沒加日六十九，餘一千一百四，餘滿從沒日一〔一〇〕：因而命之，以氣別日。

盈朔實：三萬九千九百三十三。

朒朔實：三萬九千二百二十。

恆朔實：三萬九千五百七十一。

推朔端

列期總，以恆朔實除之爲積月，不滿爲閏餘。滿總法爲閏日，不滿爲閏辰。以閏日減冬至大餘，辰減小餘，卽所求年天正月恆朔大小餘〔一一〕。命大餘以甲子算外，卽其日也。天正者，日南至之月也。恆朔者，不朒不盈之常數也。凡減者，小餘不足減，退大餘一，如總法而減之。大餘不足減者，加旬周，乃減之。其須減分奇者，退分餘一，如其法而減，以其在宿度遊實不足減者，加在宿過周連餘及奇〔一二〕，乃減之。

以天正恆朔小餘加閏餘〔一三〕，以減期總，餘爲總實。

求恆弦望術

因天正恆朔大小餘，加大餘十，小餘五百一十二太，凡四分一爲少，二爲半，三爲太。滿法者，去命如前，卽天正上弦恆日及大小餘。以次轉加，得望下弦及來月朔。以次轉加，去命如前，合得所求。他皆放此。因朔徑求望，加大餘十四，小餘一百二十五分半。因朔徑求下弦，加大餘二十二，小餘一百九十八少。因朔徑次朔，加大餘二十九，小餘七百十一。半總：六百七十。辰率：三百三十五。

檢律候氣日術

中氣	律名	日中影	陟降率	初候	次候	末候
冬至	黃鍾	一丈二尺七寸五分	陟四寸一分	虎始交	芒始生	荔挺出
小寒		一丈二尺二寸八分	陟三尺一寸三分	蚯蚓結	麋角解	水泉動
大寒	大呂	一丈一尺一寸五分	陟一尺五寸二分	雁北鄉	鵲始巢	雉始雊
立春		九尺六寸二分	陟一尺五寸五分	雞始乳	東風解凍	蟄蟲始振
啓蟄	太簇	八尺七寸	陟一尺五寸三分	魚上冰	獺祭魚	鴻雁來
雨水		六尺五寸四分	陟二尺二寸一分	始雨水	桃始花	倉庚鳴
春分	夾鍾	五尺三寸三分	陟一尺九分	鷹化爲鳩	玄鳥至	雷始發聲
穀明		四尺三寸四分	陟九寸四分	始雷	蟄蟲咸動〔一四〕	
穀雨	姑洗	三尺三寸	陟八寸一分	桐始華	田鼠化爲鴽	虹始見
立夏		三尺四寸九分	陟五寸一分	萍始生	戴勝降于桑	螻蟈鳴

小滿	中呂	一尺九寸八分	陟三寸四分	蚯蚓出	王瓜生	苦菜秀
芒種		一尺六寸四分	陟一寸五分	靡草死	小暑至	螳螂生
夏至	蕤賓	一尺四寸九分	降一寸五分	鵙始鳴	反舌無聲	鹿角解
小暑		一尺六寸四分	降三寸四分	蟬始鳴	半夏生	木槿榮
大暑	林鍾	一尺九寸八分	降五寸一分	溫風至	蟋蟀居壁	鷹乃學習
立秋		二尺四寸九分	降八寸一分	腐草爲螢	土潤溽暑	涼風至
處暑	夷則	三尺三分	降九寸四分	白露降	寒蟬鳴	鷹祭鳥
白露		四尺三寸四分	降一尺九分	天地始肅	暴風至	鴻雁來
秋分	南呂	五尺三寸三分	降一尺二寸一分	玄鳥歸	羣鳥養羞	雷始收聲
寒露		六尺五寸四分	降一尺五寸三分	蟄蟲坏戶	陰氣方盛	陽氣始衰
霜降	無射	八尺七分	降一尺五寸五分	水始涸	鴻雁來賓	雀入水爲蛤
立冬		九尺六寸二分	降一尺五寸三分	菊有黃花	豺祭獸	水始冰
小雪	應鍾	一丈一尺一寸五分	降一尺一寸三分	地始凍	野雞入水爲蜃	虹藏不見
大雪		一丈二寸八分	降四寸七分	冰益壯	地始坼	鶡鳥不鳴

求恆氣初日影汎差術

見所求氣陟降率，并後氣率，半之，十五而一，爲汎末率。又二率相減，餘，十五而一，爲總差。前少，以總差減汎末率；前多，以總差加汎末率。加減汎末率訖，即爲汎初率。其後氣無同率，因前末率即爲汎初率。以總差減初率，餘爲汎末率。

求恆氣初日影定差術

十五除總差，爲別差爲限〔二三〕。前少者，以限差加汎初末率；前多者，以限差減汎初末率。加減汎初末率訖，即爲定初末率，即恆氣初日影定差。

求次日影差術

以別定差，前少者加初日影定差，前多者減初日影定差。加減初日影定差訖，即爲次日影定差。以次積累歲，即各得所求。每氣皆十五日爲限。其有皆以十六除取汎末率及總差別差。

求恆氣日中影定數術

置其恆氣小餘，以半總減之，餘爲中後分。不足減者反減半總，餘爲中前分。置前後分，影定差乘之，總法而一，爲變差。冬至後，午前以變差減氣影，午後以變差加氣影。夏至後，午前以變差加氣影，午後以變差減氣影。冬至一日，有減無加。夏至一日，有加無減。加減訖，各其恆氣日中定影。

求次日中影術

迭以定差陟減降加恆氣日中定影，各得次日中影。後漢及魏宋曆，冬至日中影一丈二尺，夏至一尺五寸，於今並短。各須隨時影校其陟降，及氣日中影應二至率。他皆倣此。前求每日中影術，古曆並無，臣等創立斯法也。

求律呂應日及加時術

十二律各以其月恆中氣日加時，應列其氣小餘，六乘之，辰率而一，爲半總之數，不盡，爲辰餘。命時起子算半，爲加時所在辰。六乘辰餘，如法得一爲初，二爲少弱，三爲少，四爲少強，五爲半弱。若在辰半後者，得一爲半強，二爲太弱，三爲太，四爲太強，五爲辰末。

求七十二候術

恆氣日，卽初候日也。加其大餘五，小餘九十七，小分十一。三乘氣小分加十一，滿十八從小餘一。滿法，去命如前，卽次候日。以次轉加，得末候日。

求次氣日檢盈虛術

進綱一十六　退紀一十七

汎差一十一　總辰一十二六十並平闕

秋分後春分前日行速，春分後秋分前日行遲〔一六〕。速爲進綱，遲爲退紀。若取其數，綱爲名；

用其時，春分爲至。進日分前，退日分後。凡用綱紀，皆準此例。

氣月中節	朓差率	消息總	先後率	盈朒積
冬至：子月中	盁七百二十二	息初	先五十四	盈初
小寒：丑月節	盁六百七十六	息七百二十二	先四十六	盈五十四
大寒：丑月中	盁五百一十四	息一千三百四十	先三十八	盈一百
立春：寅月節	盁五百一十四度七十分一十四	息一千八百五十四	先三十八	盈一百三十八
啓蟄：寅月中	盁六百一十八	息二千二百六十八	先四十六	盈一百七十六
雨水：卯月節	盁七百二十二	息二千九百八十六	先五十四	盈二百二十二
春分：卯月中	損七百二十二	息三千七百八	先五十四	盈二百七十六
清明：辰月節	損六百一十八	息二千九百八十六	後四十八	盈二百三十二
穀雨：辰月中	損五百七十四	息二千三百六十八	後三十八	盈一百七十六
立夏：巳月節	損五百一十四	息一千八百五十四	後三十八	盈一百三十六
小滿：巳月中	損六百一十八	息一千三百三十	後四十六	盈一百
芒種：午月節	損七百七十分二十二秒	息七百二十二	後五十四	盈五十四
夏至：午月中	盁七百二十二	消初	先五十四	朒本

小暑：未月節	益六百一十八	消七百二十二	先四十六	朒五十四
大暑：未月中	益五百一十四	消一千三百四十	先三十八	朒一百
立秋：申月節	益五百一十四	消一千八百五十四	先三十八	朒一百三十八
處暑：申月中	益六百一十八	消一千三百六十八	先四十六	朒一百七十六
白露：酉月節	益七百二十二	消二千九百八十六	先五十四	朒二百二十三
秋分：酉月中	損七百二十二	消三千七百八〔七〕	後五十四	朒二百一十六
寒露：戌月節	損六百一十八	消二千九百八十六	後四十六	朒二百二十二
霜降：戌月中	損五百一十四	消二千三百六十八	後三十八	朒一百七十六
立冬：亥月節	損五百一十四	消一千八百五十四	後三十八	朒一百三十八
小雪：亥月中	損六百一十八	消一千三百四十	後四十六	朒一百
大雪：子月節	損七百二十二	消七百二十二	後五十四	朒五十四

見所在氣躔差率，并後氣率，半之，總辰乘之，綱紀而一，得氣末率。各以汎差通其綱紀，以同差辰也。又二率相減，餘以總辰乘而紀除之，爲總差。辰之綱紀除之〔八〕，爲別差率。前少者，以總差減末率；前多者，以總差加末率〔九〕。加減訖，皆爲其氣初日損益率。前多者，以別差率減；前少者，以別差率加〔一〇〕。加減氣初日損益率訖，即次日損益率。亦名每日躔差率。

以次加減，得每日所求。各累所損益，隨曆定氣損益消息總，各爲其日消息數。其後氣無同率，及有數同者，皆因前少，以前末率爲初率〔三二〕，加總差爲末率，別差漸加初率，爲每日率。前多者，總差減初率爲末率，別差漸減爲日率〔三三〕。其有氣初末計會及綱紀所校多少不叶者，隨其增損調而御之，使際會相準。

求氣盈朒所入日辰術

冬夏二至，即以恆氣爲定。自外，各以氣下消息數，息減消加其恆氣小餘，滿若不足，進退其日。即其氣朒日辰〔三四〕。亦因別其日，命以甲子，得所求。加之爲盈氣，減之爲朒氣，定其盈朒所在，故日定。凡推日月度及推發斂，皆依定氣推之。若注曆，依恆氣日。

求定氣恆朔弦望夜半後辰數術

各置其小餘，三乘，如辰率而一，爲夜半後辰數。

求每日盈朒積術

各置其氣先後率與盈朒積，乃以先率後率加躔差率，盈朒積加消息總，亦如求消息法，即得每日所入盈朒及先後之數。

求朔弦望恆日恆所入盈縮數術

各以總辰乘其所入定氣日算朒朔弦望夜半後辰數，乃以所入定氣夜半後辰數減之，餘爲辰總。其恆朔弦望與定氣同日而辰多者，其朔弦望卽在前氣氣末，而辰總時有多於進綱紀通數者〔三四〕，疑入後氣之初也。以乘其氣前多之末率、前少之初率，總辰而一，爲總率。凡須相乘有分餘者，母必通全子乘訖報母，異者齊同也。其前多者，辰總減紀乘總差，綱紀而一，爲差。并於總率差，辰總乘之，倍總辰除之，以加總率。前少者，辰總再乘別差，總辰自辰乘〔三五〕，倍而除之，以加總率，皆爲總數。乃以先加後減其氣盈朒爲定積〔三六〕，凡分餘不成全而更不復須者，過半更不後夜無氣也。以盈朒定積，盈加朒減其日小餘，滿若不足，進退之，各其入盈朒日及小餘。若非朔望有交從者速粗舉者，以所入定氣日算乘先後率，加十五而一，先加減盈朒爲定積。入氣日十五算者，加十六而一。

曆變周：四十四萬三千七十七。

變奇率：十二。

曆變日：二十七；變餘，七百四十三；變奇，一。

月程法：六十三。

推曆變術

以曆變周去總實，餘，以變奇率乘之，滿變周又去之。不滿者，變奇率約之，爲變分。不盡，爲變奇。分滿總法爲日，不滿爲餘。命日算外，卽所求年天正恆朔夜半入變日及餘，以天正恆朔小餘加之，卽經辰所入。

求朔弦望經辰所入

因天正經辰所入日餘奇〔二七〕，加日七、餘五百一十二、奇九。奇滿率成餘。餘，如總法爲日，得上弦經辰所入。以次轉加，得望、下弦及來月朔。所入滿變日及餘奇〔二八〕，則去之。凡相連去者，皆倣於此。徑求望者，加朔所入日十四、餘一千二十五、奇六。徑求次朔，加一日、餘一千三百七、奇十一。

求朔望弦盈朒減辰所入術〔二九〕

各以其日所入盈朒定積，盈加朒減其恆經辰所入，餘即各所求。

變日	離程	離差〔三〇〕	增減率	遲速積
一日	九百八十五	退十一	增一百三十四	速初
二日	九百七十四	退十二	增一百一十七	速一百三十四
三日	九百六十二	退十四	增九十九	速二百五十一
四日	九百四十八	退十五	增七十八	速三百五十
五日	九百三十三	退十五	增五十六	速四百二十八
六日	九百一十八	退十六	增三十三	速四百八十四
七日	九百二	退十六	增九初增九末減隱	速五百一十七

八日	八百八十六	退十六	減十四	速五百二十七
九日	八百七十	退十六	減三十八	速五百一十二
十日	八百五十四	退十五	減六十二	速四百七十四
十一日	八百四十九	退十二	減八十五	速四百一十七
十二日	八百二十六	退十一	減一百四	速三百二十七
十三日	八百十五	退七	減一百二十七	速二百二十三
十四日	八百八	進二	初減一百二 末增二十九〔三一〕	速百二
十五日	八百十	進九	增一百二十八	遲二十九
十六日	八百一十九	進十三	增一百一十五	遲一百五十七
十七日	八百三十二	進十四	增九十五	遲二百七十二
十八日	八百四十六	進十五	增七十四	遲三百六十七
十九日	八百六十一	進十六	增五十二	遲四百四十一
二十日	八百七十七	進十六	增二十八	遲四百九十三
二十一日	八百九十三	進十六	增四 初增四 末減隱	遲五百二十一
二十二日	九百九	進十六	增二十〔三二〕	遲五百二十五

二十三日	九百二十五	進十六	減四十四	遲五百二十
二十四日	九百四十一	進十四	減六十八	遲四百六十一
二十五日	九百五十五	進十三	減八百九	遲三百九十三
二十六日	九百六十八	進十一	減一百八	遲三百四
二十七日	九百七十九	進六	減一百二十五	遲一百九十六
二十八日	九百八十五	平進五退五	減一百四十四初減七十一末增入微〔三三〕	遲七十七

求朔弦望盈朒日辰入變遲速定數術

各列其所入日增減率，并後率而半之，爲通率。又二率相減，餘爲率差。增者，以入餘減總法，餘乘率差，總法而一，并率差而半之。減者，半入餘乘率差，亦總法而一〔三四〕，並以加於通率，入餘乘之，總法而一，所得爲經辰變轉半經辰變。速減遲加盈朒經辰所入餘〔三五〕，爲轉餘。應增者，減法；應減者，因餘。皆以乘率差，總法而一，加於通率。變率乘之，總法而一，以速減遲加變率爲定率。乃以定率增減遲速積爲定。此法微密至當，以示算理通塗。若非朔望有交及欲考校速要者，但以入餘乘增減率，總法而一，增減速爲要耳。其後無同率者，亦因前率，應增者以通率爲初數，半率差而減之；應減入餘進退日者分爲二日，隨餘初末，如法求之。所得并以加減變率爲定〔三六〕。

七日	初八分	末一分	初一千一百九十一	末一百四十九
十四日	初七分	末二分	初一千四百十二	末二百九十八
二十一日	初六分	末三分	初八百九十二	末四百四十六
二十八日	初五分	末四分	初七百四十三	末五百九十七

其入前件日餘，如初數已下者爲初，已上者以初數減總法，餘爲末之數。增減相反，約以九分爲限。初雖少弱，而末微強，餘差不多，理況兼舉，皆今有雜差，各隨其數。若恆算所求，七日與二十一日得初率，而末之所減，隱而不顯。且數與平行正算，亦初末有數，而恆算所無。其十四日、二十八日既初末數存，而虛差亦減其數，數當去恆法不見。

求朔弦望盈朒所入日名及小餘術

各以其所入變曆速定數速減遲加其盈朒小餘〔三七〕。滿若不足，進退其日。命以甲子算外，各其盈朒日反餘。加其恆日，餘者爲盈；減其恆日，餘者爲朒。其日不動者，依恆朔日而定其小餘，推擬日月行度。其定小餘二十四已下，一千三百一十六已上者，其入氣盈朒、入曆遲速，皆須覆依本術推算，不得從粗舉速要之限。乃前朔後朔，迭相推校。盈朒之課，據實爲準。損不侵朒，益不過盈。

求定朔月大小術

凡朔盈朒日名，即爲定朔日名。其定朔日名，十干與來月同者大，不同者小。其月無中氣者爲閏月。其正月朔有定加時正月者，消息前後各一兩月，以定月之大小。合朔在晦二者，弦望亦隨事消息。凡置月朔，盈朒之極，不過頻三。其或過者，觀定小餘近夜半者量之。

檢宿度術

斗：二十六及分　牛：八　女：十二　虛：十　危：十七　室：十六　壁：九北方九十八度

奎：十六　婁：十二　胃：十四　昴：十一　畢：十八　觜：一　參：九西方八十度

井：三十　鬼：三　柳：十四　星：七　張：十八　翼：十八　軫：十七南方一百一十二度

角：十三　亢：九　氐：十六　房：五　心：五　尾：十八　箕：十一東方七十五度

前件周天二十八宿，相距三百六十五度，前漢唐都以渾儀赤道所量。其數常定，紘帶天中，儀圖所準。日月往來，隨交損益。所入宿度，進退不同。

黃道宿度左中郎將賈逵檢日月所去赤道不同，更鑄黃道渾儀所檢者。

斗：二十四度　牛：七度　女：十一度　虛：十二度　危：十六度　室：十八度　壁：十一度北方九十六度宿分三百二十八

奎：十七度　婁：十三度　胃：十四度　昴：十一度　畢：十六度　觜：一度西方八十三度　參：九度

井：三十度　鬼：三度　柳：十四度　星：七度　張：十六度　翼：十九度　軫：十八度南方一百九度

角：十三度　亢：九度　氐：十六度　房：五度　心：五度　尾：十八度　箕：十度東方七十九度

臣等今所修撰討論，更造木渾圖交絡調賦黃赤二道三百六十五度有奇，校量大率，與此符會。今曆以步日行月及五星出入循此。其月行交絡黃道，進退亦宜有別。每交輒差，不可詳盡。今亦依黃道推步。

推日躔術

置冬至初日躔差率，加總法〔三〕，乘冬至小餘，如總法而一，以減天宿度分。其餘命起黃道斗十二度，宿次去之，經斗去宿分度，不滿宿算外，即所求年冬至夜半所在宿度算及分。

求每定氣初日夜半日所在定度術

各以其定氣初日躔差率，乘氣定餘，總法而一，進加退減餘爲分，以減定氣日度及分，命以宿次如前，即其夜半度及春秋二分定氣初日爲進退之始，當平行一度。自餘依進加退減度之。

求次日夜半日所在定度術

各因定氣夜半所在爲本，加度一。又以其日躔差率，進加退減度分。滿若不足，並依前例。去命如上，即得所求。其定朔弦望夜半日度，各隨定氣，以其日月名亦直而分別之。勘右依恆有餘，從定恆行度，不用躔差。

求朔弦望定日夜辰所加日度術〔三九〕

各以其定小餘爲平分。又定小餘乘其日所躔差率，總法而一，乃進加退減其平分，以加其夜半日度，即各定辰所加。其與五星加減者，半其分；消息月朔者，應推月度所須，皆依本朔大小。若注曆，依甲子乙丑各擬入。

推月離術　求朔望定日辰月所在度術

各置朔弦望定辰所加日度及分。凡朔定辰所加爲合朔，日月同度。上弦加度九十一、分四百一十七。望加度一百八十三、分八百三十四。下弦加度二百七十三、分一千二百五十一。訖，各半而十退之，爲程度分。

求次月定朔夜半入變曆術〔四〇〕

置天正恆朔夜半所入變日及餘。定朔有進退一日者，進退一日，爲定朔夜半所入。月大加二日，月小加一日。餘皆五百九十六、奇十六。

求次日夜半所入變曆術

因定朔夜半所入日算，加日一，滿皆如前。其弦皆依前定日所在求之。

求變日定離程術

各以其日夜半入變餘，乘離差，總法而一，爲見差。以進加退減其日離程，爲月每日所離定程。

求朔弦望之定日夜半月所在度術

各以其日定小餘，乘所入變日離定程，總法而一，爲夜半後分。滿程法爲度，餘爲度分。以減其日加辰所在度及分，命以黃道宿度，即其所求。次日夜半，各以離定程加朔弦望夜半所在分，滿程法從度，去命以黃道宿度算外，則次日夜半月度。求晨昏度，以其日離定程乘其日夜刻，二百而一，爲昏分，滿程法爲度。望前以昏，後以晨，加夜半度，得所求。其弦望以五乘定小餘，程法一，爲刻，即各其辰所入刻數。皆減其晨前刻，不盡爲晨後刻。不滿晨前刻者，從前日注曆，伺候推。

總刻：一百。

辰刻：分十一〔四二〕。

刻分法：七十二。

定氣	晨前刻	昏去中度	定氣日度及分	黃道去極度	屈伸率	發斂差	朒
冬至	三十刻	八十二度二分	斗十二度	一百一十五度三分	伸一三分	益十六	朒
小寒	二十九刻五十四分	八十三度	牛二度一千三百四十分	一百一十三度一分	伸三七分	益十六	朒

大寒	二十九刻十八分	八十四度八分	女十一度二百五十七分四	一百一十度七分	伸六一分	益二十二	朒
立春	二十八刻三十三分	八十七度七分	危五度五百五十三分	一百七度九分	伸九四分	益九	朒
啓蟄	二十七刻三十分	九十一度六分	室四度八百四十三分二	一百二度九分	伸十七分半	益七	朒
雨水	二十六刻十八分	九十五度九分	壁一度一千一百四十六分一	九十七度三分	伸十一八分	益三	朒
春分	二十五刻四分	一百度四分	奎七度八十分	九十一度三分	伸十二二分半	損三	朒
清明	二十三刻五十四分	一百四度九分	婁五度三百八十一分五	八十五度三分	伸十一八分	損七	朒
穀雨	二十二刻四十二分	一百九度二分	胃七度六百七十四分四	七十九度七分	伸十七分半	損九	朒
立夏	二十一刻三十九分	一百一十三度一分	昴七度九百六十九分二	七十四度七分	伸九四分	損二十三	朒
小滿	二十刻五十四分	一百一十六度	畢十一度一千二百六十分三	七十度九分	伸六一分	損十六	朒
芒種	二十刻十八分	一百一十七度八分	參八度二百一十三分一	六十八度五分	伸三七分	損十六	朒
夏至	二十刻	一百一十八度七分	井十五度五百六分	六十七度三分	屈一三分	益十六	盈
小暑	二十刻十八分	一百一十九度八分	井三十度七百九十八分五	六十八度五分	屈七分	益十六	盈
大暑	二十刻五十四分	一百一十六度	柳十一度一千九十一分四	七十度九分	屈六一分	益二十二	盈
立秋	二十一刻三十九分	一百一十三度一分	張六度三十四分三	七十四度一分	屈九二分	益九	盈
處暑	二十一刻四十二分	一百九度三分	翼四度三百三十七分二	七十七度七分	屈十七分半	益七	盈

白露	二十三刻五十四分	一百四度九分	翼十九度六百四十分一	八十五度三分	屈十一八分	益三	盈
秋分	二十五刻	一百度四分	軫十五度九百二十三	九十一度三分	屈十二二分半	損三	盈
寒露	二十六刻十八分	九十五度九分	角十三度一千二百一十五分五	九十七度三分	屈十一八分	損九	盈
霜降	二十七刻三十分	九十一度六分	氐五度一百六十八分四	一百二度九分	屈十十分半	損九	盈
立冬	二十八刻三十三分	八十七度七分	房四度四百六十一分三	一百七度	屈九四分	損二十三	盈
小雪	二十九刻十六分	八十四度八分	尾九度七百五十四分二	一百一十一度十分	屈六一分	損十六	盈
大雪	二十九刻五十四分	八十三度	箕六度一千三十七分一	一百一十四度二分	屈三七分	損十六	盈

求定氣日晝夜漏刻及日出沒術

倍其氣晨前刻及分，滿法從刻，爲日不見漏。以減百刻，餘爲日見漏。五刻晝漏刻〔四三〕。以晝漏刻減百刻，餘爲夜漏刻。以四刻十二分加晨前漏刻，命起子初刻算外，即日出辰刻。以日見漏加日出刻辰，以次如前，即日沒所在辰刻。以二十五除從夜漏，得每更一籌之數。以二刻三十六分加日沒辰刻，即甲辰刻，又以更籌數加之，得甲夜一籌數。以次累加，滿辰去命之，即五更夜籌所以當辰刻及也，以配二十一箭漏之法也。

求每日並屈申數術

每氣準爲一十五日，各置其氣屈申率。每以發斂差損益之，差滿十從分，分滿十從率一，即各每日屈申率。各累計屈申率爲刻分，乃以一百八十乘刻分，汎差十一乘綱紀而除之，得爲刻差，滿法爲刻。隨氣所在，以申減屈加不見漏而半之，爲晨前定刻。每求次日，各如前法。時加其如始，隨加辰日晚，以率課之。

求黃道去極每日差術

置刻差，三十而一爲度。不滿三約爲分。申減屈加其氣初黃道度，即每日所求。

求昏旦去中星度術

每日求其晝漏刻數，以乘期實，二百乘總法而除之，得昏去中星度。以減周天度，餘爲晨去中星度。以昏旦去中星度，加其辰日所在，即各其日中宿度。其梗概粗舉者，加其夜半日度，各其日中星宿度。

因求次日者，各置其四刻差，七十二乘之，二百八十八而一度。冬至後加，夏至後減。隨日加，各得每日去中度。晨昏所距日在黃道中星準度，以赤道計之。其赤道同太初星距。

推遊交術

終率：一千九十三萬九千三百一十三。奇率：三百。

約終：三萬六千四百六十四　奇一百一十三。
交中：一萬八千二百三十二　奇五十六半。
交中日〔四三〕：二十七　餘二百八十四　奇一百一十三。
中日：十三　餘八百一十二　奇五十六半。
虧朔：三千一百六　奇一百八十七。
實望：一萬九千七百八十五　奇一百五十。
後準：一百五十二　奇九百三半。
前準：一萬六千六百七十八　奇二百六十三。

求月行入交表裏術

置總實，以終率去之。不足去者，奇率乘之。滿終率，又去之。不滿者，奇率約之，爲天正恆朔夜半入交分。不盡，爲奇。以總法約入交分，爲日。不盡，爲餘。命日算外，即天正恆朔夜半入交日算及餘、奇。天正定朔有進退日者，依所進退一日，爲朔所入。日不滿中日及餘、奇者，爲月在外；滿，去之，餘皆一爲月在內。大月加二日，小月加一日，餘皆一千五十五、奇一百八十七。求次日，加一日，滿中日者，皆去之，餘爲入次。一表一裏，迭互入之。

交日	去交差	差積
一日	進十四	積元
二日餘二百一十四已下者，入蝕限。	進十三	十四
三日	進十一半	二十七
四日	進十一半	三十八半
五日	進七	四十八
六日	進四	五十五
七日	進二退二五分四進強一退弱	五十七
八日	退二	六十六十又一分，一分當日退。
九日	退五	五十八
十日	退八	五十三
十一日	退十半	四十五
十二日	退十二半	三十四半
十三日餘五百九十九已上，入蝕限。	退十三半	二十二
十四日	退十四少三退強三退弱	八半

求月入交去日道遠近術

置所入日差，并後差半之，爲通率。進，以入日餘減總法，以乘差，總法而一，并差以半之。退者，半入餘，以乘差，總法而一。皆加通率，爲交定率。乃以入餘乘定總法。乃進退差積，滿十爲度，不滿爲分，卽各其日月去日道度數。每求日道宿度去極數，其入七日，餘一千七十六、奇二十八少已下者，進，已上，盡全；餘二百六十三、奇二百七十一大者，退入十四日，如交餘奇已下者〔四四〕，退；其入已上，盡全；餘五百二十七、奇二百四十二半者，進。而終其要爲五分。初則七日四分，十四日三分；末則七日後一分，十四日後二分。雖初強末弱，差率有檢，月道一度半強已下者，爲沾黃道。當朔望，則有虧。遇五星在黃道者，則相侵掩。

求所在宿術

求夜半入交日十三算者及餘，以減中日及餘，不盡者，以乘其日離定程，總法而一，爲離分，滿程爲度，以加其日夜半月所在宿度算及分，求次交準此，各得其定交所在度。置前後定交所宿度算及分，半之，卽各表裏極所在宿度及分。

求恆朔望汎交分野〔四五〕

因天正恆朔夜半入交分，以天正恆朔汎交分求望汎交，以實望加之。又加，得次月恆朔汎交分。滿約終及奇，去之。次求次朔，以虧望加之。

求朔望入常交分術

以入氣盈朒定積，盈加朒減其恆汎交分，滿若不足，進退約終。即其常分交〔四六〕。

求朔望定交分術〔四七〕

以六十乘定遲速，以七百七十七降除之，所得爲限數。速減遲加如常〔四八〕。其數朔入交月在日道裏者，以所入限數減定遲速，餘以速減遲加其定交分〔四九〕。而出日道表者，爲變交分。加減不出日道表，即依定交分求蝕分。其變交分出日道表三時半內者，檢其前後月望入交分數多少，依月虧初復末定蝕術，注消息，以定蝕不〔五〇〕。

求入蝕限術

其入交定分，如交中已下者，爲月在外道；交中已上者，以交中減之，餘爲月在內。其分如後準已下、前準已上者，爲入蝕限〔五一〕。望則月蝕〔五二〕，朔入限，月在裏者，日蝕。入限如後準已下者，爲交後分；前準已上者，反減交中〔五三〕，餘爲交前分〔五四〕。以一百一十二約之，爲交時。

求月蝕所在辰術

置望日不見刻，六十七乘之，十而一，所得，若蝕望定小餘與之等已下，又以此得減總法餘與之等已爲蝕正見數定小餘。如求律氣應加時法，得加時所在辰月在衝辰蝕，若非正見者，於日出後日沒前十二刻半內，求其初末以候之。又以半總減蝕定小餘，不足減者半總加減訖，以六乘之，如辰率而一，命起子半算外，卽月蝕所在辰。

求日蝕所在辰術

置有蝕朔定小餘副之，以辰率除之，所得以艮、坤、巽、乾爲次，命退算外〔五三〕。不滿法者，半法減之。無可減者，爲初；所減之餘，爲末。初則減法，各爲差率。月在內道者，乃以十加去交時數而三除之，以乘差率〔五四〕，十四而一，爲差。其朔在二分前後一氣內，卽以差爲定。近冬至以去寒露雨水、近夏至以去清明白露氣數倍之，又三除去交時數增之。近冬至，艮巽以加，坤乾以減；近夏至，艮巽以減、坤乾以加其差，爲定差。艮坤加副，巽乾減副。月在外道者，三除去交時數，以乘差率，十四而一，爲之差。艮坤以減副，巽乾以加副，各加減副訖，爲定副小餘。如求律氣應加時術，卽日蝕所在辰及少太。其求入辰刻，以半辰刻乘朔，辰率而一，得刻及分。若蝕近朝夕者，以朔所入氣日出沒刻校蝕所在，知蝕見不之多少，所在辰爲正見日月蝕既，在起復初末，亦或變常退於見前後十二刻半候之。

求月起復依蝕分後術

求月在日道表朔不應蝕準。朔在夏至初日，準去交前後二百四十八分爲初準；已下，加時在午正前後七刻內者，食。朔去夏至前後，每一日損初準二分，畢於前後九十四日，各爲每日變準。其朔去交如變準已下，加時如前者，蝕。

又以末準六十減初準及變準，餘以十八約之，爲刻準。以幷午正前後七刻數爲時準。加時準內去交分〔五七〕，如末準已下，並蝕。又置末準，每一刻加十八，爲差準。每加時刻，去午前後如差準刻已下，去交分如差已下者，並蝕。自秋分至春分，去交如末準已下，加時南方三辰者，亦蝕。凡定交分在辰前後半時外者，雖入蝕準前爲蝕。求月在日道裏朔應蝕而不蝕準。朔在夏至日，去交一千三百七十三，爲初準；已上，加時在午正前後十八刻內者，或不蝕。朔去夏至前後，每一日益初準一分半，畢於前後九十四日，各爲每日變準。以初減變，餘十而一，爲刻準。以刻減午正前後十八刻，餘，十而一爲時準。其去交在變準已上，加時在準內者，或不蝕。

求月蝕分術

置去交前後定分，冬交前後〔五八〕，皆去二百二十四。春交後去一百，交前去二百。夏不問前後，去五十。秋交後去二百，交前去一百。不足去者，蝕既。有餘者，以減後準，一百四而一。餘半已下，爲半弱；半已上，爲半強。命以十五爲限，得月蝕之大分。

求月蝕所起術

月在內道：蝕東方三辰，蝕自月下邪南上，月從西而漸北，自東而漸南。蝕南方三辰，蝕起左下，甚於正南，復於右下。蝕西方三辰。虧自南而漸東，月從北而漸西，起於月上，邪南而下。月在外道：蝕東方三辰，虧起自月下，邪北而上，虧起東而漸北，月從西漸南。蝕南方三辰，虧起左上，甚於正北，復於右上。蝕西方三辰。虧自北而漸東，月從南而漸西，起於月上，邪北而上。凡蝕十二分已上，皆隨黃道所在起復，於正傍逆順上下每過其分。又道有升降，每各不同，各隨時取正。

求日蝕分術

月在內道者，朔入冬至，畢朓雨水，及盈秋分，畢大雪〔五九〕，皆以五百五十八爲蝕差。自入朓春分已後，日損六分，畢於白露〔六〇〕。置蝕去交前後定分，皆以蝕差減之。但去交分不足減者，皆反以減蝕差爲不蝕餘〔六一〕。自入朓小滿，畢盈小暑，加時在午正前後七刻外者，皆去不蝕餘一時〔六二〕；三刻內，加不蝕餘一時。朓大寒畢朓立春，交前五時外，大暑畢盈立冬〔六三〕，交後五時外，皆去不蝕餘一時〔六四〕，五時內加一時。諸加時蝕差應減者，交後減之，交前加之。應加者，交後加之，交前減之。但不足減去者，蝕既。加減入不蝕限者，或不蝕。其月在外道者，冬至初日無蝕差。自後日益六分，累計以爲蝕差，畢於朓雨水。自入朓春分，畢於盈白露，皆以五百二十二爲蝕差。自入盈秋分已後，日損六分，畢於大雪。所損之餘，爲蝕差。以蝕差加去交定分，爲蝕分。以減後準，餘爲不蝕分。各置其朔蝕差，十五約之，以減一百四，餘爲定法。不蝕分餘，各如定法得一分。餘半法已上，爲半強；已下，爲半弱。減十五，餘爲蝕之大分。

求日蝕所起術

日在內道：日蝕東方三辰，虧自日上近北而邪下，月漸西北，日漸東南。日蝕南方三辰，虧起右下，甚正北，復左下。月在南而漸東，日在北而漸西。日蝕西方三辰。月漸東北，日漸西南，虧自日下近西而邪上。日在外道：日蝕東方三辰，虧自日上近南而邪下，月漸東南，日漸西北。日蝕南方三辰，虧起右下，甚正北，復左下。月在南而漸東，日在北而漸西。日蝕西方三辰。月漸西南，日漸東北，虧自日下近南而邪上。凡蝕十二分已上，起於正傍。各據黃道升降，以準其體。隨其所處，每各不同。蝕有初末，動涉其時，隨便益損，以定虧復所在之方也。

求日月蝕虧初及復末時刻術

置朔望所蝕大分數爲率。四分已上，因增二。五分已上，因增三。九分已上，因增四。十三分已上，因增五。各爲汎用刻率，副之。以乘所入率，副之。以乘所入變增減率，總法而一，應速增損、減加，應遲依其增減副，訖，爲蝕定用刻數。乃四乘之，十而一，以減蝕甚辰刻，爲虧初。又六乘之，十而一，加蝕甚辰刻，爲復末。依其定加時所在辰刻加減命之，各其辰、其月蝕甚初末更籌。因其日月所入辰刻及分，依前定氣所遇夜刻更籌術，求其初末及甚時更籌。

迦葉孝威等天竺法，先依日月行遲疾度，以推入交遠近日月蝕分加時，日月蝕亦爲十五分。去交十五度、十四度、十三度，影虧不蝕法〔六五〕，自此已下，乃依驗蝕。十二度十五分，蝕二分少強，以漸差降，自五度半已上，蝕既，十四分強。若五度無餘分已下，皆蝕盡。又用前蝕多少，以定後蝕分餘。若既，其後蝕度及分，卽加七度以爲蝕度。若望月蝕既，來月朔日雖入而不注蝕。若蝕半已下，五分取一分；若半已上，三分取一分，以加來月朔蝕度及分。若今歲日餘度及分，然後可驗蝕度分數多少。又云：六月依節一蝕。是月十五日是月蝕節〔六六〕，黑月盡是月蝕節〔六七〕，亦以吉凶之象，警告王者奉順正法，蒼生福盛，雖時應蝕，由福故也，其蝕卽退。更經六月，欲蝕之前，皆有先兆。月欲有蝕，先月形搖振，狀若驚懼，月兔及側月色黃如有憂狀。自常暈，月初生時，光不顯盛，或極細微。日欲有蝕，先日形搖振，極如驚懼狀。或光色微昧，不赫盛，或黎慘。日月蝕先同候，光隕墜，或旦暮際有赤色起，如火燒，金銀珠玉諸寶失光。或有闕盡如雲入日，或有黑盡入月〔六八〕，鳥聲細隱，烏不顯亮，雲交擾擾，光景渾亂，忽極令諸乳卒竭，月溼如汗狀，日形段裂無光，犬嗥猫叫，虹見有聲，三辰失闕，月時有缺，水赤色有膩。十四日、十五日，辟鳥圓集者，亦是蝕之先候。此等與中國法數稍殊，自外梗概相似也。

步五星術

五星奇率皆百	總率	奇	伏分	奇
歲星木精	五十三萬四百八十三	奇三十五	伏分三萬四千三十一	奇二十二半
熒惑火精	一百四萬五千八十	奇六十	伏分九萬七千九十	奇三十
鎮星土精	五十萬六千六百二十三	奇二十九	伏分二萬四千八百三十一	奇六十四半
太白金精	七十八萬四百四十九	奇九	伏分五萬六千二百二十四	奇五十四半
辰星水精	一十五萬五千二百七十八	奇六十六	伏分一萬一千六百九十九	奇三十三

五星終日	餘	奇
木終日：三百九十八	餘：一千一百六十三	奇：四十五
火終日：七百七十七	餘：一千二百二十	奇：六十
土終日：三百七十八	餘：一百三	奇：二十九
金終日：五百八十三	餘：一千二百二十九	奇：九夕見伏二百五十六日，晨見伏三百二十七日，餘、奇同終分奇。
水終日：一百一十五	餘：一千一百七十六	奇：六十六夕見伏五十二日，晨見伏六十三日，餘、奇同終分奇。

求五星平見術

各以伏分減總實，餘以其星總率去之。不足去者，反減其餘總率〔六九〕。餘以總法約之，爲日，不盡爲餘奇，即所求年天正恆朔夜半後星晨夕平見日算及餘奇。天正定朔進退日者，進減退加一日爲定朔夜半後星平見日及餘奇。其金水二星，先得夕平見，其滿見伏日及餘者去之，餘爲晨平見日及餘奇。命見日天正曆月大小，以次去之，不滿月者爲入其月，命日算外，即晨夕平見所在月日及餘奇。

求後平見在月日術

各以其星終日算及餘奇，如前平見所在月日算及餘奇〔七〇〕。奇滿奇率，從餘。餘滿總法，爲日。去命如前，即後平見所在月日及餘奇，其金水二星，加夕得晨，加晨得夕。各半見餘，以同半總。

求五星常見術

各依其星平見所入恆氣，計日損益。分滿半總爲日，不滿爲分，以損益所加減。訖，餘以加減訖平見日及分〔七一〕，即其常見日及分。星日初見去日度，平見入氣曆。加減日。損益率。

歲星初見，去日十四度。見入冬至，畢小寒，均減六日。自入大寒已後，日損六十七分。見入春分初日，依平。自後日加八十九分〔七二〕。入立夏，畢小滿，均加六日。自入芒種已後，日損八十九分〔七三〕。入夏至，畢立秋，均加四日。自入處暑已後，日損一百七十八分。入白露，初日依平均，自後日減五十二分。入小雪，畢大雪，均減六日。

熒惑初見，去日十七度。見入冬至，初日減二十七日。自後日損六百三分。入大寒，初日依平。自後日加四百二分。入雨水，畢穀雨，均加二十七日。入自立夏已後，日損一百九十八分。入立秋，依平。自入處暑已後，日減一百九十分。入小雪，畢大寒，均減二十七日。

鎮星初見，去日十七度。見入冬至，初日減四日。自後日益八十九分。入大寒，畢春分，均減八日。自入清明已後，日損五十九分。入小暑，初日依平。自後日加八十九分。入白露，初日加八日。自後日損一百七十八分。入秋分，均加四日。自入寒露已後，日損五十九分。入小雪，初日依平。自平後日減八十九分。

太白初見，去日十一度。夕見：入冬至，初日依平。自後日減一百分。入啓蟄，畢春分，均減九日。自入清明已後，日損一百分。入芒種，依平。自入夏至已後，日加一百分。入處暑，畢秋分，均加九日。自入寒露已後，日損一百分。入大雪，依平。晨見：入冬至，依平。自入小寒已後，日加六十七分。入立春，畢立夏，均加三日。自入小滿已後，日損六十七分。入夏至，依平。自入小暑已後，日減六十七分。入立秋，畢立冬，均減三日〔七四〕。自入小雪已後，日損六十七分。

辰星初見，去日十七度。夕見：入冬至，畢清明，依平。入穀雨，畢芒種，均減二日。入夏至，畢大暑，依平。入立秋，畢霜降，應見不見。其在立秋及霜降二氣之內，夕去日十八度外〔七五〕，三十六度內，有木火土金一星已上者亦見〔七六〕。入立冬，畢大雪，依平。晨見：入冬至，均減四日。入小寒，畢大寒，依平。入立春，畢啓蟄，均減三日。其在啓蟄氣內，去日度如前，晨無木火土金，一星已上者不見〔七七〕。入雨水，畢立夏，應見不見。其在立夏氣內，去日度如前，晨有木火土金一星已上者，亦見。入小滿，畢寒露，依平。入霜降，畢立冬，均加一日。入小雪，畢大雪，依平。

求五星定見術

各置其星常見日消息定數半之，息減消加常見日〔七八〕，即爲定見日及分。五星休王光不同，喜怒盛衰大小尤異。苟變於常見或先後，今依日躔遲速考其行，度其格，以去日爲之定準。

求星見所在度術

置星定見日夜半日所在宿度算及分，半其日躔差，乘定見餘〔七九〕，半總而一，進加退減定見餘，以加夜半度分，乃以其星初見去日度數，晨減夕加之，即星初見辰所在。

宿度等及分行星術

各置其星初見日消息定數，半之，息加消減，其星初見行留日率。其土木二星不須加減〔八〇〕，即依本術。其加減不滿日者，與見通之。過半從一日〔八一〕，無半不從論〔八二〕。乃依行星日度之率，求日之行分。

求初見日後夜半星所在術

置其星定見餘，以減半總，以其星初見行分乘之，半總而一，以順加逆減星初見定辰所在度分。加之滿法，減之不足，進退一度。依前命之算外，即星見後夜半所在宿度及分。

自此已後，每依其星計日行度，所至日度及益疾，皆從夜半爲始。辰有少，隨所近也。

轉求次日夜半星行所至術

各以其星一日所行度及分，順逆加減之。其行有小分者，以日率爲母。小分滿母，去之，從行分一。行分滿半總，去之，從度一。其行有益疾益遲者，副置一日行分。各以其差遲損疾加之，留者因前，逆則依減。順行出斗去其分，逆行入斗先加分。訖，皆以程法約行分爲度分，各得每日所至。其五星後順留退所終日度，各依伏度，求其去日遠近，消息日度之所在，以定伏日所在。若注曆，其日度及金水等星，皆棄其分也。

求平行度及分術

置定度率，以半總乘之〔八三〕，以有分者從之，以日率除之，所得，爲一日行分。不盡小分滿其行分。滿半總爲度。卽是一日所行度及行分、小分。置定日率，減一日，以所差分乘之，二而一，爲差率。益疾者以差率減平行分，益遲者以差率加平行分，卽是初日所行度及分。

星名星行變日初行入氣曆行日率行度及度分率〔八四〕：損益率。

歲星：初順，差行一百一十四日，行十八度五百九遲一分先疾，日益十四日〔八五〕。前留，二十六日。旋退西行，差行三十日，退六度十二分。先遲，日益疾二分。又退西行，差行四十二日，退六度十二分。先疾，日益遲二分。後留，二十五日。後順，差行一百一十四日，行十八度五百九。先進遲，日益疾分日盡而夕伏十四日(八六)。

熒惑：初順，入冬至初日，率二百四十三日行一百六十五度。自後三日損日及度各三。小寒初日，二百三十五日行一百五十四度。自後二日損日及度各三。穀雨四日，平，畢小滿九日。一百七十八日行一百度。自入小滿九日已後，二日益日及度各一。夏至初日，平，畢六日。一百七十一日行九十三度。自入夏至六日已後，三日益日及度各一。立秋初日，一百八十四日行一百六度。自後一日益日及度各一。白露初日，二百一十四日行一百三十六度。自後五日益日及度各一。秋分初日，二百三十二日行一百五十四度。自後一日益日及度各一。寒露初日，二百四十七日行一百六十九度。自後五日益日及度各二。霜降五日，平，畢立冬十三日。二百五十九日行一百八十一度。自入立冬十三日巳後，二日損日及度各一。復冬至初日，二百四十二日行一百六十五度。各依所入恆氣，平者依率，自餘計日損益，名爲前疾日度定率。其前遲及留退入氣有損益日度者，計日損益，皆同此疾之法，以爲遲留旋退定日度之率也。

求變日率術：此疾，入大寒六日，損日率一，畢雨水。入春分，畢立夏，減日率十。入小滿初，減日率十。後三日損所減一。畢芒種，依平。若入立秋，三日益日率一，畢處暑。入白露，畢秋分，均加率十。入寒露初，加率十。後一日半損所加一。畢氣盡，依平。

求變度率術：此疾，若入大寒，畢於啓蟄，立夏至大暑氣盡，霜降畢小雪，皆加度率四。清明畢穀雨，加率度十二。初行入處暑，減日率六十，度率三十。別爲初遲半度之行，行盡此日度，及來所減之餘日度之率續爲疾〔八七〕。入白露，畢秋分，四十四日行二十二度。皆爲初遲半度之率。初行入大寒，畢大暑，差行，先疾，日益遲一分。各如上法，求其行分。其前遲後日率〔八八〕，既有增損，而益遲益疾若分〔八九〕，皆檢括前疾末日行分，爲前遲初日行分。以前遲平行分減之，餘爲前遲總差。後疾日分，爲後遲末日行分。爲後遲日行分減之，餘爲後總差〔九〇〕。減爲後別日差分。其不滿者，皆調爲小分。遲疾之際，行分衰殺不論。所差多者，依此推算。若所差不多者，各依本法。

前遲：順，差行，入冬至，六十日行二十五度。先疾，日益。自入小寒已後，二遲二分，日損日及度各一〔九一〕。大寒初日，五十五日行二十度。自後三日益日及度各一。立春初日平。畢清明，六十日行二十五度。自穀雨氣別減一氣。立夏初日平。畢小滿，六十日行二十二度。自入芒種，別益一度。夏至初日平。畢處暑，六十日行二十五度。自入白露已後，三日損一度。秋分初日，六十日行二十五度。自後一日益一，日半益一度。寒露初日〔九二〕，六十日行二十五度。自後二日損一度。立冬一日平。畢氣，六十日行十七度。自大雪已後〔九三〕，五日益一度。大雪初日，六十日行二十度。自後三日益一度。

前留：十三日。前疾減日率一度〔九四〕，以其數分益此留及後遲日率。前疾加日率者〔九五〕，以其數分遲日率〔九六〕。旋退，西行。入冬至初日，六十三日退二十一度。自後四日益一度。小寒一日，六十三日退二十六度。自入小寒已後，三日半損一度。立春三日平。畢啓蟄，六十二日退十七度。自入雨水已後，二日益日及度各一。雨水八日平。畢氣盡，六十七日退二十一度。自入春分已後，一日損日及度各一。春分四日平。畢芒種，六十三日退七十度。自入夏至已後，六日損日及度各一。大暑初日平。畢氣盡，五十八日退十二度。立秋初日平。畢氣盡，五十七日退十一度。自入白露已後，二日益日及度各一。白露十二日平。畢秋分，六十三日退七十度。自入寒露已後，三日益日及度各一。寒露九日平。畢氣盡，六十六日退二十度。自入霜降已後，三日損日及度各一。霜降六日平。畢氣盡，六十三日退十七度。自立冬已後，三日益日及度各一。立冬十一日平。畢氣盡，六十七日退二十一度。自入小雪已後，二日損日及度各一。小雪八日平。畢氣盡，六十三日退十七度。自入大雪已後，三日益一度。

後留：冬至留十三日。自後二日半益一日。大寒初平，畢氣盡，留二十五日。自入立春已後，二日半日損一〔九七〕。雨水初，留十三日。自後三日益一日。清明初，留二十三日。自後一日損一日。清明十日平，畢氣盡，留十五日。自入白露已後，二日損一日益一日。秋分十一日，無留。自入秋分十一日已後，一日益一日。霜降初日，留十九日。自後三日損一日。立冬三日平，畢大雪，留十三日。

後遲：順，差行六十日行二十五度。先疾，日益疾二日。前後疾加度者〔九八〕，此遲依數減之爲定度；前疾無加度者，此遲入秋分至立冬，減三度，入冬至減五度，後留定日朒十三日者〔九九〕，以所朒日數〔一〇〇〕，加此遲日率也。

後疾：冬至初日，率二百一十一日行一百三十一度。自後一日損日及度各一。大寒八日，一百七十二日行九十四度。自入大寒八日已後，一日損日及度各一。啓蟄，平。畢氣盡，一百六十一日行八十三度。自入雨水已後，三日益日及度各一。穀雨三日，一百七十七日行九十九度。自入穀雨後，三日益日及度各一。芒種十四日平。畢夏至，二百三十三日行一百五十度。自入夏至已後，十日益日及度各一〔一〇一〕。小暑五日，二百五十三日行一百七十五度。自入小暑已後，五日益日及度各一。大暑初日平，畢處暑，二百六十三日行一百八十五度。自入白露已後，二日損日及度各一。秋分一日，二百五十五日行一百七十七度。自入秋分一日已後，一日半復日及度各一。大雪初日，二百五十日行一百二十度。自入秋分，三日益日及度各一〔一〇二〕。冬至初日，復二百一十日行一百二十七度。其入恆氣日度之率有損益者，計日損益，並同前疾之法，以爲後疾定度之率。

求變日率術：其前遲定日朒六十，及退行定日朒六十三者，皆以所朒日數加此疾定日率〔一〇三〕，前遲定日盈六十三，後留定日盈十三者〔一〇四〕，皆以所盈日數減此疾定日率。加減訖，即變日率。

求變度率術〔一〇五〕：其前遲定度朒二十五，退行定度盈十七〔一〇六〕，後遲入秋分至冬至減度者〔一〇七〕，皆以所盈朒度數〔一〇八〕，加此疾定度率。前遲定度盈二十五，及退行定度朒十七者，皆以所盈朒度數，減此疾定度率。加減訖，即變度率。初行，入春分，畢穀雨，差行。先遲〔一〇九〕，日益疾一分。初行，入立夏，畢夏至〔一一〇〕，日行半度。六十六日行二十二度。小暑〔一一一〕，五十日行二十五度。立秋畢氣盡，二十日行十度，減率續行，並同前疾初遲法。損益依前，求其行分。各盡度而夕伏。

鎮星：初順，差行，八十三日行七度二百九十分。先疾，日益遲半分。前留，三十七日。旋退，西行，差行，五十一日退三十分〔一一二〕。先遲，日益疾少半。

太白：夕見，順，入冬至畢立夏，入立秋畢大雪。一百七十二日行二百六度。自入小滿後，十日益一度，爲定疾〔一一三〕。初入白露，畢春分，差行。疾，日益遲二分。自餘平行。夏至畢小暑，一百七十二日行二百九度。自入大暑已後，五日損一度，畢氣盡。平行：入冬至初日及大暑，各畢氣盡。一十三日行一十三度。自入冬至後，十日損一，畢已後立春〔一一四〕，入立秋，日益一，畢秋分。啓蟄畢芒種，七日行七度。自入夏至後，五日益一，畢於小雪〔一一五〕。寒露初日，三十三日行二十二度。自後六日損一，畢於小雪。順遲：差行，三十二日行三十度。先疾，日益遲八分。前疾加度〔一一六〕過二百六度者，準數損此度。夕留，七日。夕退，西行，一十日退五度。日盡而夕伏。晨初退，西行，十日退五度。日退半度。晨留，七日。順遲，差行，冬至畢立夏，大雪畢氣盡。三十二日〔一一七〕，先遲，日益疾八分。自入小滿已後，率十日損一度，畢芒種〔一一八〕。平行，冬至畢氣盡，立夏畢氣盡。一十三日行一十三度。日行一度。自入小寒已後，六日益日及度各一，畢於啓蟄。入小滿後，七日損日度各一〔二九〕，畢立秋。雨水初日，二十三日行二十三度。自後六日損日及度各一，畢於穀雨。處暑畢寒露，無此平行。自入霜降後，五日益日及度各一，畢大雪。前遲行損度不滿三十度者，此疾依數益之〔三〇〕。疾行，一百七十二日行二百六度。處暑畢寒露，差行，先遲，日益疾一分。餘平行，行日盡而晨伏。

辰星：夕見，順疾，一十二日行二十一度六分。日行一度五百三分。大暑畢處暑，一十二日行一十七度二分。日行一度二百八十分。平行，七日行七度。自入大暑後，二日損日及度各一。入立秋，無此平行。順遲行，六日行二度四分。日行二百二十四分，前疾行十一度者，無此遲行。日盡而夕伏〔三一〕。夕留，五日。晨見，留五日。順遲行，六日行二度四分。日行二百二十四分。自入大寒，畢於啓蟄，無此遲行。平行，七日行七度。日行一度。大寒已後，二日損日及度各一。入立春，無此平行〔三二〕。順疾行，一十二日行二十一度六分。日行一度五百三分。前無遲行者，一十三日行十七度十分。日行一度二百八十分。各日盡而晨伏。

凡五星終日分奇，皆於伏分消遁，故於行星更不別見。

武太后稱制，詔曰：「頃者所司造曆，以臘月爲閏。稽考史籍，便紊舊章，遂令去歲之中，晦仍月見。重更尋討，果差一日。履端舉正，屬在於茲。宜改曆於惟新，革前非於既往。可以今月爲閏十月，來月爲正月。」是歲得甲子合朔冬至。於是改元聖曆，以建子月爲正，建丑爲臘，建寅爲一月。命太史瞿曇羅造新曆。至三年，復用夏時，光宅曆亦不行用。中宗反正，太史丞南宮說奏：「麟德曆加時寖疏。又上元甲子之首，五星有入氣加時，非合璧連珠之正也。」乃詔說與司曆徐保乂、南宮季友，更治乙巳元曆。至景龍中，曆成，詔令施用。俄而睿宗即位，景龍曆寢廢不行。麟德曆經〔一三〕今略載其法大端。

母法一百。兩大衍之數爲母法。

旬周六十。六甲之終數爲旬周。

辰法八刻；分，三十三少半。以十二辰數除一百刻，得辰法。

期周三百六十五日；餘，二十四；奇，四十八。一期之總日及餘奇數爲期周。

氣法十五日；餘，二十一；奇，八十五少半。以二十四氣分期周，得氣法。

候法五日；餘，七；奇，二十八；小分，四。以七十二候分期周，得候法。

月法二十九日；餘，十三；奇。爲月法〔一四〕。

日法日舒月遠乃舒一合朔之及餘奇爲日法〔一五〕。

望法十四日；餘，七十六；奇，五十三。因爲陰後限。二分月法得望法。亦是月行陰曆，後與朔望會交限。

弦法七日；餘，三十八；奇，二十六半。四分月法，得弦法。

閏差十日；餘，八十七；奇，七十六。月法去期周，餘得閏差。

沒數九十一；餘，三十一；奇，十二。四分期周，餘四分之，得沒數〔一三六〕。

沒法一；餘，三十一；奇，十二。以旬周去期周，餘四分之，得沒法。

月周法二十七日；餘，五十五；奇，四十五；小分，五十九。月行遲疾一周之數，爲月周法。

月差法一日；餘，九十七；奇，六十；小分，四十一。以月周減月法，餘得月差。

周天法三百六十五度；餘，二十五；奇，七十一；小分，十三。二十八宿總度數、相距總數及餘奇，爲周天法。

交周法二十七日；餘，二十一；奇，二十二；小分，十六七分。日行陰陽一周交於是日之數，爲交周法。

交差法二日；餘，三十一；奇，八十三；小分，八十三分。以交周法減月法，得交差法。

交中法十三日；餘，六十；奇，六十一；小分，三分半。二分交周，得交中法。

陽前限十二日；餘，四十四；奇，六十九；小分，十六七分〔一三七〕。月行陽曆，與朔望會之限。

陽後限一日；餘，十五；奇，九十一；小分，九十一六分半〔一三八〕。月行陽曆，後與朔望會之限。

陰前限二十六日；餘，五；奇，三十；小分，二十五半分〔一三九〕。月行陰曆，先與朔望會之限。

木歲星合法三百九十八日；餘，八十六；奇，七十九；小分，八十。

火熒惑合法七百七十九日；餘，九十；奇，五十五；小分，四十五。

土鎮星合法三百七十八日；餘，八；奇，四；小分，八十。

金太白合法五百八十三日；餘，九十一；奇，七十七；小分，七十。

水辰星合法一百一十五日；餘，八十七；奇，九十五；小分，七十。

太極上元，歲次乙巳，十一月甲子朔旦冬至之日，黃鍾之始，夜半之時，斗衡之末建於子中，日月如合璧，五星若連珠，俱起於星紀牽牛之初蹤。今大唐神龍元年，復歲次於乙巳，積四十一萬四千三百六十算外。上驗往古，年減一算。下求將來，年加一算。乙巳元曆法積數，大約如此。其算經不錄。

校勘記

〔一〕推法　新志「推」作「總」。

〔二〕加大餘十五　「大餘」上各本原有「五」字，新志作「累加日十五」。校勘記卷一六云，「加下衍五字」，據刪。

〔三〕小分六之五　「六之五」各本原無，新志有，校勘記卷一六云：「兩小分中脫六之五。」據補。

〔四〕小餘滿總法之　校勘記卷一六云：「法下脫去字。」

〔五〕大餘滿旬周之　校勘記卷一六云：「旬周下脫去字。」

〔六〕凡氣餘朔　校勘記卷一六謂「餘」字衍文。

〔七〕置清明小暑寒露小寒大寒小餘　自清明至小寒四節氣至土王用事之初，太陽黃經相差均爲十二度，「大」下「寒」字當刪。

〔八〕凡分餘相幷不同者　「相幷」下據術當補「而母」二字。

〔九〕母相乘爲法　「乘」字各本原作「承」，據上文及術改。

〔一〇〕餘滿從沒日一　「從」字各本原在「沒」下，校勘記卷一六云，「從」字當在「沒」上。案謂滿日法進位爲一日，據改。

〔一一〕卽所求年天正月　「天」字各本原無，據本節注文補。

〔一二〕加在宿過周連餘及奇　「加」字各本原作「如」，據上文及術改。

〔一三〕天正恆朔　「朔」字各本原作「用」，據上文及術改。

〔一四〕蟄蟲咸動　下「末候」項內缺文，隋書卷一八律曆志中作「蟄蟲啓戶」。

〔一五〕爲別差爲限　據下文及合鈔卷四二曆志，下「爲」字衍文，當刪。

〔一六〕秋分前　「前」字各本原作「後」，據術參考上文改。

〔一七〕損七百二十二　消三千七百八　各本原作「消三千七百八　損七百二十二」，據新志改。

〔一八〕餘以總辰乘而紀除之爲總差辰之綱紀除之　文字疑有誤，校勘記卷一六謂據術，當作：「以總辰乘之，綱紀除之，爲總差，又以辰差乘總差。」

〔一九〕以總差加末率　各本原脫「加末率」三字，據術及文義，參考新志補。

〔二〇〕前多者以別差率減前少者以別差率加　二「率」字各本原作「日」，據上文及術改。

〔二一〕以前末率爲初率　「初率」各本原無，據新志補。

〔二二〕別差漸減爲日率　據術，「減」下脫「初率」二字，「日」上脫「每」字。

〔二三〕即其氣朒日辰　據術及文義，「氣」下當有「盈」字。

〔二四〕有多於進綱紀通數者　據術及文義，「綱」下當有「退」字。

〔二五〕總辰自辰乘　校勘記卷一六說，「自辰乘」當作「自乘辰總」。

〔二六〕乃以先加後減其氣盈朒爲定積　「盈朒」，各本原作「其朒」，據下文及新志改。

〔二七〕因天正經辰所入日餘奇　據新志及術，「天正」下當補「恆朔」二字。

〔二八〕所入滿變日及餘奇　「所入」，各本原作「所日」，據下文改。

〔二九〕求朔望弦盈朒減辰所入術　「望弦」，據上下文當作「弦望」。「減」字殿本、懼盈齋本、局本、廣本同。殘宋本、聞本此處闕字。疑當作「經」。

〔三〇〕離程　離差　各本原作「離差　離程」，據新志及術改。

〔三一〕進二　初減一百二末增二十九　各本「一百二」原作「一百二十」，「增」字原無，據新志改補。校勘記卷一六謂注文十字誤在「進二」下。今移正。校勘記又云：「注上據前後例，似脫『減一百二』四字。」據此，當作：「進二　減一百二初減一百二，末增二十九。」

〔三二〕增二十　新志作「減二十」。

〔三三〕減一百四十四初減七十一末增入徵　「減一百四十四」，各本原作注文，小字。校勘記卷一六：「減一百四十四依上例似屬大字。」據改。「徵」，新志作「後」。

〔三四〕亦總法而一　「法」字各本原無，據新志及文義補。

〔三五〕速減遲加　「減」下各本原有「法」字，據新志及文義刪。

〔三六〕所得并以加減變率爲定　各本原作「所得并以減率」，據新志及文義補。

〔三七〕曆速定數速減遲加　新志「曆速」作「遲速」。「速減遲加」原作「減除加」，據新志補改。

〔三八〕加總法　據術，疑是下文「如總法」而衍。

〔三九〕求朔弦望定日夜辰所加日度術　據下文及術，「夜」字當是衍文。

〔四〇〕求次月定朔夜半入變曆術　「曆」字各本原作「宿」，據下文及術改。

〔四一〕辰刻分十一　殿本、懼盈齋本、局本、廣本同。殘宋本作「辰刻八，辰刻分十二」，聞本作「辰刻八，辰刻分十一」。新志作「辰刻八分二十四」。

〔四二〕五刻晝漏刻　合鈔卷四二曆志云：「上下有闕文。」

〔四三〕交中日　新志「中」作「終」。按下文「中日十三，餘八百一十二」，倍之得交終日，似當作「終」。

〔四四〕如交　據術，「如交」下當有「中日」二字。

〔四五〕求恆朔望汎交分野　據文義，「野」字疑當作「術」。

〔四六〕卽其常分交　「常分交」疑當作「常交分」。

〔四七〕求朔望定交分術　「交」字各本原無，據上文及術補。

〔四八〕速減遲加如常　「加」字各本原無，據新志補。

〔四九〕餘以速減遲加其定交分　「速」字各本原無，據新志補。

〔五〇〕以定蝕不　「以」字各本原作「心」，據新志及文義改。

〔五一〕其分如後準已下前準已上者爲入蝕限　各本「其」字原作「外」，「限」字原作「陽」，據新志及文義改。

〔五二〕望則月蝕　「望」字各本原無，據新志及文義補。

〔五三〕反減交中　「反」字各本原作「及」，據新志改。

〔五四〕餘爲交前分　「前」下各本原有「後」字，據新志及術改。

〔五五〕命退算外　據術，當作「命起艮算外」。

〔五六〕以乘差率　「率」字各本原無，據上下文補。

〔五七〕內去交分　「分」字各本原無，據下文補。

〔五八〕冬交前後　「冬交」殘宋本、聞本作「交冬」，殿本、懼盈齋本、局本、廣本作「交分」，據新志及文義改。

〔五九〕畢大雪　「畢」下各本原有「五十八秋分畢」六字。「五十八」涉下而衍，「秋分畢」涉上而衍。據上下文及新志刪。

〔六〇〕日損六分畢於白露　據新志及術，「日損六分」下當補「畢於芒種。自入夏至日益六分」十二字。

〔六一〕以減蝕差爲不蝕餘　「蝕差」下各本原有「蝕」字，據新志及術刪。

〔六二〕皆去不蝕餘　殘宋本、聞本作「皆不去蝕餘」，殿本、懼盈齋本、局本、廣本作「皆不餘蝕餘」，據上下文改。

〔六三〕大暑畢盈立冬　校勘記卷一六謂「大暑」上脫「盈」字。

〔六四〕皆去不蝕餘一時　「去」字各本原作「云」，「蝕」重文，據上下文改。

〔六五〕影虧不蝕法　殿本、懼盈齋本、局本、廣本同，殘宋本、聞本作「不法蝕」。校勘記卷一六謂據文義，「法」字衍文。

〔六六〕是月十五日是月蝕節　上「是」字殘宋本、聞本作「日」，殿本、懼盈齋本、局本、廣本作「是」。校勘記卷一六謂「是」當作「凡」。

〔六七〕黑月盡是月蝕節　校勘記卷一六謂下「月」字當作「日」。

〔六八〕或有闕盡如雲入日或有黑盡入月　校勘記云：「兩盡字俱當作氣字，上闕字疑當作黑字。」

〔六九〕反減其餘總率　據術，「餘」字疑爲衍文。

〔七〇〕如前平見所在月日算及餘奇　據術，「如」字當作「加」。

〔七一〕餘以加減訖平見日及分　「訖」字涉上而誤，據術，當删。

〔七二〕自後日加八十九分　此句各本原在「日損六十七分」之後，據新志及術移下。

〔七三〕日損八十九分　「損」下各本原有「益」字，據新志及術删。

〔七四〕入立秋畢立冬均減三日　「立冬均減」，各本原作「均加」，據術及上文「入立春畢立夏」句補改。

〔七五〕夕去日十八度外　「夕」字各本原作「多」，據新志及術改。

〔七六〕有木火土金一星已上者亦見　「亦見」二字各本原無，據新志及術補。

〔七七〕其在啓蟄氣内去日度如前晨無木火土金一星已上者不見　各本「内去日度如前」原在「金」字下，「木」原作「水」，「者」字原無。據新志及術改補。

〔七八〕息減消加常見日　「消加」，各本原作「消息如」，據新志及術删改。

〔七九〕半其日躔差乘定見餘　「乘」字各本原作「率」，據新志及術改。

〔八〇〕其土木二星　各本原作「其土木三日出」，校勘記卷一六云：「二字誤作三，星字誤離爲日出二字。」新志作「其歲星鎮星」。據改。

〔八一〕過半從一日　「從」字各本原作「後」，據新志及術改。

〔八二〕無半不從論　「從」字各本原作「後」，據上文改。

〔八三〕以半總乘之　「半」字各本原無。新志有「半」字。按麟德曆以半總爲度母，本節亦言「滿半總爲度」，據補。

〔八四〕入氣曆　據術，「曆」當作「率」。

〔八五〕五百九遲一分先疾日益十四日　新志作「五百九分日益遲一分」。

〔八六〕五百九先進遲日益疾分日盡而夕伏十四日　文字疑有舛誤，新志作：「五百九分。日益疾一分，日益而夕伏。」

〔八七〕行盡此日度及來所減之餘日度之率續爲疾　新志作：「盡此日度，乃求所減之餘日度率續之爲疾。」此處「及來」當作「乃求」，形近而誤。

〔八八〕其前遲後日率　新志「後」下有「遲」字。

〔八九〕而益遲益疾若分　「若分」，新志作「差分」。

〔九〇〕餘爲後總差　新志作「餘爲後遲總差」。

〔九一〕先疾日益自入小寒已後二遲二分日損日及度各一　殘宋本、聞本、殿本、局本同。廣本「二遲」作「益遲」。新志作：「先疾日益遲二分入小寒三日損一。」

〔九二〕寒露初日　新志句下有「卒七十五日行三十度，乃每日損日一，三日損度一。霜降初日卒」。

〔九三〕自大雪已後　新志作「入小雪」。

〔九四〕前疾減日卒一度　新志「一度」作「一者」。

〔九五〕前疾加日卒者　「加日卒者」，各本原作「以日卒右」，據新志改。「加日」與上文「減日」相對，「右」「者」形近而誤。

〔九六〕以其數分遲日卒　新志作「以其數分減此留及後遲日卒」。

〔九七〕二日半日損一　校勘記卷一六謂「日損一」當作「損一日」。

〔九八〕前後疾加度者　新志無「後」字。

〔九九〕後留定日朒十三日者　「後」字各本原作「復」，「朒」原作「納」，形近而誤，據新志改。

〔一〇〇〕以所朒日數　「以所」，各本原作「所以」，據新志改。

〔一〇一〕十日益日及度各一　新志作「乃每日益一」。

〔一〇二〕自入秋分三日益日及度各一　新志「秋分」作「大雪」。

〔一〇三〕加此疾定日卒　「加」字各本原作「如」，形近而誤，據新志改。

〔一〇四〕前遲定日盈六十三後留定日盈十三者　新志作：「前遲定日盈六十，退行定日盈六十三，後留定日盈十三者。」

〔一〇五〕求變度率術　「率」字各本原無，據下文補。

〔一〇六〕退行定度盈十七　「度」字各本原無，據新志補。

〔一〇七〕後遲入秋分至冬至減度者　「後」字各本原無，據新志補。

〔一〇八〕皆以所盈朒度數　「盈朒」下各本原有「減度者皆以所盈朒減」九字，係衍文。據新志刪。

〔一〇九〕先遲　「遲」字各本原作「進」，據下文及術改。

〔一一〇〕畢夏至　「夏」字各本原脫，據新志及術補。

〔一一一〕小暑　新志句下有「畢大暑」三字。

〔一一二〕退三十分　新志作「退二度四百九十一分」。

〔一一三〕爲定疾　新志「疾」作「度」。

〔一一四〕已後立春　新志無「已後」二字。

〔一一五〕畢於小雪　新志「小雪」作「小暑」。

〔一一六〕前疾加度　此下各本原重「疾加度」三字，據新志刪。

〔一一七〕三十二日　新志作「四十二日行三十度」。

〔一一八〕畢芒種　「畢」字各本原無，據新志及文義補。

〔一一九〕七日損日度各一　「度」字各本原無，據新志及文義補。

〔一二〇〕前遲行損度不滿三十度者此疾依數益之　此十七字，新志在下文「疾行一百七十二日，行二百六度」句下。

〔一二一〕日盡而夕伏　此句，新志在下文「夕留五日」下。

〔一二二〕入立春無此平行　「入」字各本原作「又」，據新志及文義改。

〔一二三〕麟德曆經　校勘記卷一六謂此四字衍文，云：「麟德曆經四字已於卷首著之，以下所載，皆其曆之經也，不應卷末於光宅等兩曆又及之，殆衍文耳。」

〔一二四〕月法二十九日餘十三奇爲月法　據術，「餘十三奇」當作「餘五十三奇六」。

〔一二五〕日法　此條及注文疑有脫誤。

〔一二六〕餘四分之得沒數　據術，「餘四分之」四字，疑涉下而誤衍。

〔一二七〕小分十六七分　據術，「十六七」當作「十七」。

〔一二八〕小分九十一六分半　據術，當作「小分九十一分半」。

〔一二九〕小分二十五半分　據術，當作「小分二十五分半」。

舊唐書卷三十四

志第十四

曆三

開元大衍曆經

演紀上元閼逢困敦之歲，距今開元十二年甲子歲，歲積九千六百六十六萬一千七百四十算。

大衍步中朔第一

大衍通法：三千四十。

策實：一百一十一萬三百四十三。

揲法：八萬九千七百七十三。

滅法：九萬一千三百〔二〕。

策餘：一萬五千九百四十三。

用差：一萬七千一百二十四。

掛限：八萬七千一十八。

三元之策：一十五；餘，六百六十四；秒，七。

四象之策：二十九；餘，一千六百一十三。

中盈分：一千三百二十八；秒，十四。

爻數：六十。

象統：二十四。

推天正中氣　以策實乘入元距所求積算，命曰中積分。盈大衍通法得一，爲積日。不盈者，爲小餘。爻數去積日，不盡日爲大餘。數從甲子起算外，卽所求年天正中氣冬至日及小餘也。

求次氣　因天正中氣大小餘，以三元之策及餘秒加之。其秒盈象統，從小餘。小餘滿大衍通法，從大餘。大餘滿爻數，去之。命如前，卽次氣恆日及餘秒。凡率相因加者，下有餘秒，皆以類相從。而滿其法，則迭進之，用加上位。日盈爻數，去之也。

推天正合朔　以揲法去中積分〔二〕。其所不盡，曰歸餘之卦。以減中積分，餘爲朔積分。迺如大衍通法而一，爲日。不盡，爲小餘。日盈爻數，去之。不盈者，爲大餘。命以甲子算外，卽所求年天正合朔經日及小餘也。

求次朔及弦望　因天正經朔大小餘，以四象之策及餘加之。數除如法，卽次朔經日及餘也。又自經朔加一象之日七及餘一千一百六十三少，得上弦。倍之，得望。參之，得下弦。四之，是謂一揲，復得後月之朔。凡四分一爲少，二爲半，三爲太，四爲全。加滿其前數，去之，從上位。綜中朔盈虛分〔三〕，累益歸餘之卦，每其月閏衰。凡歸餘之卦五萬六千七百六十以上，其歲有閏。因考其閏衰，滿卦限以上，其月及合置閏。或有進退，皆以定朔無中氣裁焉。

推沒日　置有沒之氣恆小餘，以象統乘之，內秒分，參而伍之，以減策實。餘滿策餘，爲日。不滿，爲沒餘。命起也〔四〕。凡恆氣小餘，不滿大衍通法，如中盈分半法已下，爲有沒之氣。

推滅日　以有滅之朔經小餘，減大衍通法。餘，倍參伍乘之，用減滅法。餘，滿朔虛分，爲日。不滿，爲滅餘。命起經朔初日算外，卽合朔後滅日也。凡經朔小餘不滿朔虛分者，爲有滅之朔。

大衍步發斂術第二

天中之策：五；餘，二百二十二；秒，三十一。秒法：七十二。

地中之策：十八；餘，一百六十五；秒，八十六。秒法：一百二十。

貞晦之策：三；餘，一百三十二；秒，一百三。秒法：如前。

辰法：七百六十。

刻法：三百四。

推七十二候　各因中節大小餘命之，即初候日也。以天中之策及餘秒加之，數除如法，即次候日。又加，得末候日。凡發斂，皆以恆氣。

推六十卦　各因中氣大小餘命之，公卦用事日也。以地之策及餘秒累加之，數除如法，各次卦用事日。若以貞晦之策加諸候卦，得十二節之初外卦用事日。

推五行用事　各因四立大小餘命之，即春木、夏火、秋金、冬水首用事日也。以貞晦之策及餘秒，減四季中氣大小餘，即其月土始用事日。凡抽加減而有秒者〔五〕，母若不齊，當令母互乘子。乃加減之。母相乘爲法。

恆氣月中節四正卦	初候	次候	末候	始卦	中卦	終卦
冬至十一月中坎初六	蚯蚓結	麋角解	水泉動	公中孚	辟復	侯屯內卦
小寒十二月節坎九二	雁北鄉	鵲始巢	野雞始雊	侯屯外卦	大夫謙	卿睽
大寒十二月中坎六三	雞始乳	鷙鳥厲疾	水澤腹堅	公升	辟臨	侯小過內卦
立春正月節坎六四	東風解凍	蟄蟲始振	魚上冰	侯小過外卦	大夫蒙	卿益
雨水正月中坎九五	獺祭魚	鴻鴈來	草木萌動	公漸	辟泰	侯需內卦
驚蟄二月節坎上六	桃始華	倉庚鳴	鷹化爲鳩	侯需外卦	大夫隨	卿晉
春分二月中震初九	玄鳥至	雷乃發聲	始電	公解	辟大壯	侯豫內卦
清明三月節震六二	桐始華	田鼠化爲鴽	虹始見	侯豫外卦	大夫訟	卿蠱
穀雨三月中震六三	萍始生	鳴鳩拂羽	戴勝降桑	公革	辟夬	侯旅內卦
立夏四月節震九四	螻蟈鳴	蚯蚓出	王瓜生	侯旅外卦	大夫師	卿比
小滿四月中震六五	苦菜秀	靡草生	小暑至	公小畜	辟乾	侯大有內卦
芒種五月節震上六	螳螂生	鵙始鳴	反舌無聲	侯大有外卦	大夫家人	卿井
夏至五月中離初九	鹿角解	蜩始鳴	半夏生	公咸	辟姤	侯鼎內卦

小暑六月節離六二	溫風至	蟋蟀居壁	鷹乃學習	侯鼎外卦	大夫豐	卿渙
大暑六月中離九三	腐草爲螢	土潤溽暑	大雨時行	公履	辟遯	侯恆內卦
立秋七月節離九四	涼風至	白露降	寒蟬鳴	侯恆外卦	大夫節	卿同人
處暑七月中離六五	鷹祭鳥	天地始肅	禾乃秀	公損	辟否	侯巽內卦
白露八月節離上九	鴻鴈來	玄鳥歸	羣鳥養羞	侯巽外卦	大夫萃	卿大畜
秋分八月中兌初九	雷乃收聲	蟄蟲坏戶	水始涸	公賁	辟觀	侯歸妹內卦
寒露九月節兌九二	鴻鴈來賓	雀入大水爲蛤	菊有黃花	侯歸妹外卦	大夫无妄	卿明夷
霜降九月中兌六五	豺乃祭獸	草木黃落	蟄蟲咸俯	公困	辟剝	侯艮內卦
立冬十月節兌九四	水始冰	地始凍	野雞入大水爲蜃	侯艮外卦	大夫既濟	卿噬嗑
小雪十月中兌九五	虹藏不見	天氣上騰地氣下降	閉塞成冬	公大過	辟坤	侯未濟內卦
大雪十一月節兌上六	鶡鳥不鳴	虎始交	荔挺出	侯未濟外卦	大夫蹇	卿頤

推發斂去朔　各置其月閏衰，以大衍通法約之，爲日。不盡爲餘，卽其月中氣去經朔日算及餘秒也。求卦候者，各以天地之策及餘秒累加減之，中氣之前以減，中氣之後以加。得去經朔日算及餘秒。

推發斂加時　各置其小餘，以六爻乘之，如辰法而一，爲半辰之數。不盡者，五之，三刻法除之，爲刻。又不盡者，三約爲分。此分滿刻法爲刻，若令滿象積爲刻者〔六〕，即置不盡之數，十之，十九而一，爲分。命辰起子半算外，各其加時所在辰刻及分也。

大衍步日躔術第三

乾實：一百一十一萬三百七十九太。

周天度：三百六十五。虛分七百七十九太。

歲差：三十六太。

定氣	辰數	盈縮分	前後數	損益率	朓朒積
冬至	一百七十三分三	盈二千三百五十三	先端	益一百七十八	朒初
小寒	一百七十五分三	盈一千八百四十五	先二千三百五十三	益一百三十八	朒一百七十六
大寒	一百七十七分一	盈一千三百九十	先四千一百九十八	益一百四	朒三百一十四
立春	一百七十八分八	盈九百七十六	先五千五百八十八	益七十三	朒四百一十八
雨水	一百八十分三	盈五百八十八	先六千五百六十四	益四十四	朒四百九十一
驚蟄	一百八十一分八	盈二百一十四	先一千一百五十二	益十六	朒五百三十五

春分	一百八十三五分	縮二百一十四	先七千三百六十六	損十六	朒五百五十一
清明	一百八十四九分	縮五百八十八	先七千一百五十二	損四十四	朒五百四十五
穀雨	一百八十六五分	縮九百七十六	先六千五百六十四	損七十三	朒四百九十一
立夏	一百八十八一分	縮一千三百九十	先五千五百八十八	損一百四	朒四百一十八
小滿	一百八十九九分	縮一千八百四十五	先四千一百九十八	損一百三十八	朒三百一十四
芒種	一百九十一九分	縮一千三百五十二	先二千三百五十三	損一百七十六	朒一百七十六
夏至	一百九十一九分	縮二千三百五十三	後端	益一百七十六	朓初
小暑	一百八十九九分	縮一千八百四十五	後二千三百五十三	益一百三十八	朓一百七十六
大暑	一百八十八一分	縮一千三百九十	後四千一百九十八	益一百四	朓三百一十四
立秋	一百八十六五分	縮九百七十六	後五千五百八十八	益七十三	朓四百一十八
處暑	一百八十四九分	縮五百八十八	後六千五百六十四	益四十四	朓四百九十一
白露	一百八十三五分	縮二百一十四	後七千一百五十二	益十六	朓五百三十五
秋分	一百八十一八分	盈二百一十四	後七千三百六十六	損十六	朓五百五十一
寒露	一百八十三分	盈五百八十八	後七千一百五十二	損四十四	朓五百四十五
霜降	一百七十八八分	盈九百七十六	後六千五百六十四	損七十三	朓四百九十一

立冬	一百七十七分一	盈一千三百九十	後五千五百八十八	損一百四	朓四百一十八
小雪	一百七十五分三	盈一千八百四十五	後四千一百九十八	損一百三十八	朓三百一十四
大雪	一百七十三分三	盈一千八百五十三	後二千三百五十三	損一百七十六	朓一百七十六

求每日先後定數　以所入氣幷後氣盈縮分，倍六爻乘之，綜兩氣辰數除，入之，爲末率。又列二氣盈縮分，皆倍六爻乘之，各如辰數而一，以少減多〔七〕，餘爲氣差。加減末率，至後以差加，分後以差減。爲初率。倍氣差，亦六爻乘之〔八〕，復綜兩氣辰數以除之，爲日差。半之，以加減初末，各爲定率。以日差累加減氣初定率，至後以差減，分後以差加。爲每日盈縮分。迺馴積之，隨所入氣日加減氣下先後數，各其日定〔九〕。冬至後爲陽復，在盈加之，在縮減之。夏至後爲陰復，在縮加之，在盈減之。距四正前一氣，在陰陽變革之際〔一〇〕，不可相幷，皆因前末爲初率。以氣差至前加之，分前減之，爲末率。餘依前率，各得所求。其朓朒亦放此求之，各得每日定數。其分不滿全數，母又每氣不同，當退法除之，用百爲母，半已上從一，已下棄之。下求軌漏〔一一〕，餘分不滿准此。

推二十四氣定日　冬夏至皆在天地之中，無有盈縮。餘各以氣下先後數，先減後加恆氣小餘。滿若不足，進退其日。命從甲子算外，各其定日及餘秒也。凡推日月行度及軌漏交蝕，竝依定氣。若注曆〔一二〕即依恆氣也。

推平朔四象　以定氣相距置朔弦望經日大小餘，以所入定氣大小餘及秒分減之，各其所入定氣日算及餘秒也。若大餘少不足減者，加交數，然後減之。其弦望小餘有少半太，當以交乘之，乃以氣秒分減，退一加象統。小餘不足減，退日算一，加大衍通法也。

求朔弦望經日入朓朒　各置其所入定氣日算及餘秒。減日算一，各以日差乘而半之，以加減其氣初定率，前少，加之；前多，減之。以乘其所入定氣日算及餘秒。凡除者，先以母通全，內子，乃相乘，母相乘除之也。若忽微之數煩多而不甚相校者，過半收爲全，不盈半法，棄之。所得以損益朓朒積〔三〕，各爲其日所入朓朒定數。若非朔望有交者，以十二乘所入日算。三其小餘，辰法除而從之。以乘損益率，如定氣辰數而一。所得以損益朓朒積〔四〕，各爲定數也。

赤道宿度

斗二十六　牛八　女十二　虛十及分　危十七　室十六　壁九

右北方七宿九十八度虛分七百七十九太

奎十六　婁十二　胃十四　昴十一　畢十七　觜一　參十

右西方七宿八十一度

井三十三　鬼三　柳十五　星七　張十八　翼十八　軫十七

右南方七宿一百一十一度

角十二〔五〕　亢九　氐十五　房五　心五　尾十八　箕十一

右東方七宿七十五度

前皆赤道度。其畢、觜、參及輿鬼四宿度數，與古不同，今並依天以儀測定，用爲常數。紘帶天中，儀極攸憑，以格黃道也。推黃道，准冬至歲差所在，每距冬至前後各五度爲限。初數十二，每限減一，盡九限，數終於四。殷二立之際，一度少強，依平。乃距春分前、秋分後，初限起四，每限增一，盡九限，終於十二，而黃道交復。計春分後、秋分前，亦五度爲限，初數十二，盡九限，數終於四。殷二立之際，一度少強，依平。乃距夏至前後，初限起四，盡九限，終於十二。皆累裁之，以數乘限度，百二十而一，得度。不滿者，十二除爲分。若以十除〔六〕，則大分。十二爲母，命以太半少及強弱。命曰黃赤道差數。二至前後，各九限，以差減赤道度，爲黃道度。二分前後，各九限，以差加赤道度，爲黃道度。若從黃道度反推赤道，二至前後各加之，二分前後須減之。

黃道宿度

斗二十三半　牛七半　女十一少　虛十反差　危十七太　室十七少　壁九太

右北方九十七度六虛之差十九太

奎十七半　婁十二太　胃十四太　昴十一　畢十六少　觜一　參九少

右西方八十二度半

井三十　鬼二太　柳十四少　星六太　張十八太　翼十九少　軫十八太

右南方一百一十度半

角十三　亢九半　氐十五太　房五　心四太　尾十七　箕十少

右東方七十五度少

前皆黃道度。其步日行月與五星出入，循此。求此宿度，皆有餘分。前後輩之成少、半、太，准爲全度〔一七〕。若上考古下驗將來，當據歲差。每移一度，各依術算，使得當時宿度及分〔一八〕，然可步日月五星〔一九〕，知其犯守也。

推日度　以乾實去中積分。不盡者，盈大衍通法爲度。不滿，爲度餘。命起赤道虛九，去分。不滿宿算外，卽所求年天正冬至加時日所在度及餘也。以三元之策累加之，命宿次如前，各得氣初日加時赤道宿度。

求黃道日度　以度餘減大衍通法。餘以冬至日躔之宿距度所入限乘之，爲距前分。置距度下黃赤道差，以大衍通法乘之，減去距前分。餘，滿百二十除，爲定差。不滿者，以象統乘之。復除，爲秒分。乃以定差及秒減赤道宿度。餘，依前命之，卽天正冬至加時所在黃道宿度及餘也。

求次定氣　置歲差，以限數乘之，滿百二十除，爲秒分。不盡爲小分。以加於三元之策秒分，因累而裁之，命以黃道宿次去之，各得定氣加時日躔所在宿及餘也。

求定氣初日夜半日所在度〔一〇〕　各置其氣定小餘，副之，以乘其日盈縮分，滿大衍通法而一，盈加縮減其副，用減其日時度餘〔一一〕，命如前，各其日夜半日躔行在。求次日，各因定氣初日夜半度，累加一策，乃以其日盈縮分，盈加縮減度餘〔一二〕，命以宿次，卽半日所在度及餘也。

大衍步月離術第四

轉終分：六百七十萬一千二百七十九。

轉終日：二十七；餘，一千六百八十五；秒，七十九。

轉法：七十六。

轉秒法：八十〔一三〕。

推天正經朔入轉　以轉終分去朔積分，不盡，以秒法乘，盈轉終分又去之，餘如秒法一而入轉分〔一四〕。不盡爲秒。入轉分滿大衍通法，爲日。不滿爲餘。命日算外，卽所求年天正經朔加時入轉日及餘秒。

求次朔入轉　因天正所入轉差日一、轉餘二千九百六十七、秒分一，盈轉終日餘秒者去之。數除如前，卽次日經朔加時所入。考上下弦望，如求經朔四象術，循變相加，若以經朔望小餘減之〔三五〕，各其日夜半所入轉日及餘秒。

終日〔三六〕	轉分	列衰	轉積度	損益率	朓朒積
一日	九百一十七	進十三	度初	益二百九十七	朓初
二日	九百三十	進十三	十二度五	益二百五十九	朓二百九十七
三日	九百四十三	進十三	二十四度二十五	益二百二十	朓五百五十六
四日	九百五十六	進十四	三十六度五十四	益一百八十	朒七百七十六
五日	九百七十	進十四	四十九度二十二	益一百三十九	朒九百五十六
六日	九百八十四	進十六	六十二度四	益九十七	朒一千九十五
七日	一千	進十八	七十五度	生初益四十八 損末六〔三七〕	朒一千一百九十二
八日	一千一十八	進十九	八十八度十二	損六十四	朒一千二百三十四
九日	一千三十七	進十四	一百一度四十二	損一百六	朒一千一百七十
十日	一千五十一	進十四	一百十五度十五	損一百四十八	朒一千六百六十四

十一日	一千六十五	進十四	一百二十九度二	損一百八十八	朒九百十六
十二日	一千七十九	進十三	一百四十二度三	損一百二十九	朒七百二十七
十三日	一千九十二	進十三	一百五十七度十八	損一百六十七	朒四百九十八
十四日	一千一百五十	進十 退三	一百七十一度四十六	初損二百四十一 末益六十六	朒二百三十一
十五日	一千一百一十二	退十三	一百八十度十一	益二百八十九	朓六十六
十六日	一千九十九	退十三	二百度五十九	益二百五十	朓二百五十五
十七日	一千八十六	退十三	二百一十五度十八	益二百一十一	朓六百五
十八日	一千七十三	退十四	二百二十九度四十	益一百七十二	朓八百一十六
十九日	一千五十九	退十四	二百四十三度四十九	益一百三十	朓九百八十七
二十日	一千四十五	退十七	二百五十七度四十四	益八十七	朓一千一百一十七
二十一日	一千二十八	退十八	一百七十一度二十五	初益三十六 末損一十八	朓一千二百四
二十二日	一千一十	退十八	二百八十四度六十五	損七十三	朓一千二百二十三
二十三日	九百九十二	退十四	二百九十八度十一	損一百一十六	朓一千一百四十九
二十四日	九百七十八	退十四	三百一十一度十五	損一百五十七	朓一千三十三
二十五日	九百六十四	退十四	三百二十四度十五	損一百九十八	朓八百七十六

二十六日	九百五十	退十三	三百三十六度五十七	損二百三十七	朓六百七十八
二十七日	九百三十七	退十三	三百三十九度十九	損二百七十六	朓四百四十一
二十八日	九百二十四	退七進六	三百六十一度四十四	初損一百六十五末益入後	朒一百六十五

求朔弦望入朓朒定數　各朔其所入日損益而半之〔二八〕，爲通率。又二率相減爲率差。前多者，以入餘減大衍通法，餘乘率差，盈大衍通法得一，幷率差而半之。前少者，半入餘，乘率差，亦以大衍通法除之〔二九〕，爲加時轉率。乃半之，以損益加時所入，餘爲轉餘。其轉餘，應益者，減法；應損者，因餘。皆以乘率差，盈大衍通法得一，加於通率〔三〇〕。轉率乘之，大衍通法約之，以朓減朒加轉率爲定率〔三一〕。乃以定率損益朓朒積爲定數。其後無同率者，亦因前率，益者以通率爲初數，半率差而減之。應通率〔三二〕，其損益入餘〔三三〕進退日者，分爲二日，隨餘初末如法求之，所得並以損益轉率。此術本出皇極曆，以究算術之微變。若非朔望有交者，直以入餘乘損益，如大衍通法而一，以損益朓朒爲定數，各得所求。

七日初：二千七百一，約爲大分八。末：三百三十九，約爲大分一。

十四日初：二千三百六十三，約爲大分七。末：六百七十七〔三四〕，約爲大分二。

二十一日初：二千二十四〔三五〕，約爲大分六。末：一千一十六，約爲大分三。

二十八日初：一千六百八十六，約爲大分五。末：一千三百五十四，約爲大分四。

右以四象約轉終日及餘，均得六日二千七百一分。就全數約爲大分，是爲之八分。以減法，餘爲末數。乃四象馴變相加，各其所當之日初末數也。視入轉餘，如初數以下者，加減損益，因循前率；如初數以上，則反其衰，歸于後率云。

求朔弦望定日及餘　以入氣、入轉朓朒定數，同名相從，異名相消。乃以朓減朒加四象經小餘。滿若不足，進大餘〔三六〕。命以甲子算外，各其定日及小餘。干名與後朔叶同者，月大。不同者，小；無中氣者，爲閏月。凡言夜半者，皆起晨前子正之中。若注曆觀弦望定小餘，不盈晨初餘數者〔三七〕，退一日。其望，小餘雖滿此數，若有交蝕，虧初起在晨初已前者，亦如之。又月行九道遲疾，則三大二小。以日行盈縮，累增損之，則容有四大三小〔三八〕，理數然也。若俯循常儀，當察加時早晚，隨其所近而進退之，使不過三小〔三九〕。其正月朔，若有交加時正見者〔四〇〕，消息前後一兩月，以定大小，令虧在晦二。

推定朔弦望夜半日所在度　各隨定氣次日以所直日度及餘分命焉。若以五星相加減者，以四約度餘。乃列朔弦望小餘，副之，以乘其日盈縮分，如大衍通法而一，盈加縮減其副，以加其日夜半度餘，命如前，各其日加時日躔所次。

推月九道度　凡合朔所交，冬在陰曆，夏在陽曆，月行青道。冬、夏至後，青道半交在春分之宿，殷黃道東〔四一〕。立冬、夏後，青道半交在立春之宿，殷黃道東南。至所衝之宿亦如之也。冬在陽曆，夏在陰曆，月行白道。冬至夏至後，白道半交在秋分之宿〔四二〕，殷黃道西。立北〔四三〕。至所衝之宿亦如之也。春在陽曆，秋在陰曆，月行朱道。春、秋分後，朱道半交在夏至之宿〔四四〕，殷黃道南。立春立秋後，朱道半交在立夏之宿〔四五〕，殷黃道西南〔四六〕。至所衝之宿亦如之也。春在陰曆，秋在陽曆，月行黑道。春、秋分後，黑道半交在冬至之宿，殷黃道北。立春立秋後，黑道半交在立冬之宿，殷黃道東北〔四七〕。至所衝之宿亦如之也。四序離爲八節，至陰陽之始交，皆以黃道相會，故月有九行。各視月交所入七十二候，距交初黃道日每五度爲限。交初交中同。亦初數十二，每限減一，數終於四，乃一度強，依平。更從四起，每限增一，終於十二，而至半交，其去黃道六度。又自十二，每限減一，數終於四，亦一度強，依平。更從四起，每限增一，終於十二，復與日軌相會。各累計其數，以乘限度，二百四十而一，得度。不滿者，二十四除，爲分。若以二十除之，則大分。十二爲母，命以半太及強弱也。爲月行與黃道差數〔四八〕。距半交前後各九限〔四九〕，以差數爲減；距正交前後各九限，以差數爲加。此加減是出入六度，單與黃道相交之數也。若交赤道，則隨氣遷變不恆。計去冬至夏至以來候數，乘黃道所差，十八而一，爲月行與赤道差數〔五〇〕。凡日以赤道內爲陰，赤道外爲陽；月以黃道內爲陰，黃道外爲陽。故月行宿度入春分交後行陰曆，秋分交後行陽曆，皆爲同名；若入春分交後行陽曆，秋分交後行陰曆，皆爲異名。其在同名，以差數爲加者加之，減者減之；若在異名，以差數爲加者減之，減者加之。皆以增損黃道度爲九道定度。

推月九道平交入氣　各以其月恆中氣，去經朔日算及餘秒，加其月經朔加時入交汎日及餘秒，乃以減交終日及餘秒，其餘即各平交入其月恆中氣日算及餘秒也。滿三元之策及餘秒則去之，其餘即平交入後月恆節氣日算及餘秒。因求次交者，以交終日及餘秒加之〔五二〕。滿三元之策及餘秒，去之。不滿者，爲平交入其氣日算及餘秒。各以其氣初先後數先加、後減其入餘。滿若不足，進退日算，即平交入定氣日算及餘秒也。

求平交入氣朓朒定數　置所入定氣日算，倍六爻乘之，三其小餘，辰法除而從之，以乘其氣損益率，如定氣辰數而一，所得以損益其氣朓朒積爲定數也。

求平交入轉朓朒定數　置所入定氣餘，加其日夜半入轉餘，以乘其日損益率，滿大衍通法而一，所得以損益其日朓朒積，乃以交率乘之，交數而一，爲定數。

求正交入氣　置平交入氣及入轉朓朒定數，同名相從，異名相消。乃以朓減、朒加平交入氣餘，滿若不足，進退日算，即爲正交入定氣日算及餘也〔五三〕。

求正交加時黃道宿度　置正交入定氣餘，副之，乘其日盈縮分，滿大衍通法而一，所得以盈加縮減其副，以加其日夜半日度，即正交加時所在黃度及餘也。

求正交加時月離九道宿度　以正交加時度餘，減大衍通法。餘以正交之宿距度所入限數乘之，爲距前分。置距度下月道與黃道差，以大衍通法乘之，減去距前分，餘滿二百四十除，爲定差。不滿者，一退爲秒。以定差及秒加黃道度，餘，仍計去冬至夏至以來候數，乘定差〔五三〕，十八而一，所得依名同異而加減之，滿若不足，進退其度，命如前，卽正交加時月離所在九道宿度及餘也。

推定朔弦望加時月所在度　各置其日加時日躔所在，變從九道，循次相加。凡合朔加時月行潛在日下，與太陽同度，是爲離象。凡置朔弦望加時黃道日度，以正交加時所在黃道宿度減之，餘以加其正交九道宿度，命起正交宿度算外，卽朔弦望加時所當九道宿度也。其合朔加時若非正交，則日在黃道，月在九道，各入宿度，雖多少不同，考其去極，若應準繩，故云月行潛在日下，與太陽同度。

以一象之度九十一、餘九百五十四、秒二十二半爲上弦，兌象。倍之而與日衝，得望，坎象。參之，得下弦，震象。各以加其所當九道宿度，秒盈象統從餘，餘滿大衍通法從度。命如前，各其日加時月所在度及餘秒也。綜五位成數四十，以約度餘，爲分。不盡者，因爲小分也。

推定朔夜半入轉　恆視經朔夜半所入，若定朔大餘有進退者，亦加減轉日〔五四〕，否則因經朔爲定。徑求次定朔夜半入轉，因前定朔夜半所入，大月加轉差日二，小月加日一，轉餘皆一千三百五十四秒分一。數除如前，卽次月定朔夜半所入。

求次日　累加一日，去命如〔五五〕，各其夜半所入轉日及餘秒。

求每日月轉定度　各以夜半入轉餘，乘列衰，如大衍通法而一，所得以進加退減其日轉分，爲月每所轉定分〔五六〕，滿轉法爲度也。

求朔弦望定日前夜半月所在度　各半列衰，減轉分。退者，定餘乘衰，以大衍通法除，并衰而半之；進者，半定餘乘衰，定以大衍通法除，皆加所減。乃以定餘乘之，盈大衍通法得一，以減加時月度及分。因夜半准此求轉分以加之，亦得加時月度。若非朔望有交，直以定小餘乘所入日轉交分（五七），如大衍通法而一，以減其日時月度，亦得所求。

求次日夜半月度　各以其日轉定分加之，分滿轉法從度，命如前，卽次日夜半月所在度及分。

推月晨昏度　各以所入轉定分乘其日夜漏，倍百刻除，爲晨分。以減轉定分，餘爲昏分。分滿轉法，從度。以加夜半度，望前以昏加，望後以晨加。各得其日晨昏月所在度及分。

大衍步軌漏第五

爻統：一千五百二十。

象積（五八）：四百八十。

辰刻：八；刻分，一百六十。

昏明刻：各二；刻分，二百四十。

定氣	陟降率	消息衰	陽城日晷	漏刻	黃道去極度	距中宿度
冬至	降七十八	息空六十四	一丈二尺七寸一分五十	二十七刻二百四十	一百一十七度二十	八十二度二十七
小寒	降七十二	息十一九十一	一丈二尺三寸七十七	二十七刻一百三十五	一百一十四度	八十三度九十一
大寒	降五十三	息二十二四十二	一丈二尺二寸一分八十二	二十六刻三百八十	一百一十一度九十	八十四度七十七
立春	降三十四	息三十二十五	九尺七寸三分五十一	二十五刻四百七十五	一百八度	八十七度七十
雨水	降初限七十八	息三十五七十八	八尺二寸一分六	二十四刻四百八十	一百三度二十	九十一度三十九
驚蟄	降一	息三十九五十	六尺七寸三分八十四	二十三刻三百六十	九十七度三十	九十五度八十八
春分	陟五	息三十九六十五	五尺四寸三分十九	二十二刻二百三十	九十一度三十	一百度四十四五十
清明	陟初限	息三十八八十九	四尺三寸一分十一	二十一刻一百二十	八十五度三十	一百五度
穀雨	陟三十二	息三十三五十六	三尺三寸四十	二十刻十	七十九度四十	一百九度五十
立夏	陟五十二	息二十八三十八	二尺五寸三十	十九刻五	七十四度五十五	一百一十三度十九
小滿	陟六十三	息二十十一	一尺九寸五分七十六	十八刻一百	七十度七十	一百一十一度十二
芒種	陟六十四	息十十二	一尺六寸三	十七刻三百五十四	六十八度二十四	一百一十八度九十
夏至	陟六十四〔五九〕	消空五十一	一尺四寸七分七十九	十七刻二百五十	六十七度四十	一百一十八度六十三
小暑	降六十三	消十七十六	一尺六寸三	十七刻三百五十五	六十八度二十五	一百一十七度九十八

大暑	降五十二	消二十(七十五)	一尺九寸五分	十八刻(一百)	七十八度(七十)	一百一十六度(十二)
立秋	降三十二	消二十八(九十)	二尺五寸三分(三十一)	十九刻(五)	七十四度(五十五)	一百一十三度(十九)
處暑	降(初限九十九)	消二十四(七十六)	三尺三寸(三十七)	二十刻(十)	七十九度(三十)	一百九度(五十)
白露	降五	消三十八(九十)	四尺三寸二分(十一)	二十一刻(一百二十)	八十五度(三十)	一百五度
秋分	陟一	消三十九(六十六)	五尺四寸三分(十九)	二十刻(二百四十)	九十一度	一百度(四十四五十)
寒露	陟(初限一)	消三十九(五十)	六尺七寸三分(八十四)	二十三刻(三百六十)	九十七度(三十)	九十五度(八十八)
霜降	陟三十四	消二十四(九十八)	八尺二寸一分(六)	二十四刻(四百七十一)	一百三度(二十)	九十一度(三十九)
立冬	陟五十三	消二十九(七十二)	九尺七寸三分(五十一)	二十五刻(四百七十五)	一百八度(五)	八十七度
小雪	陟七十二	消二十一(七十)	一丈一尺二寸一分(八十二)	二十六刻(三百八十)	一百一十一度(九十)	八十四度(七十)
大雪	陟七十八	消十一(十三)	一丈三尺二寸二分(七十七)	二十七刻(二百四十五)	一百一十四度	八十二度(九十一)

求每日消息定衰　各置其氣消息衰，依定氣日數，每日以陟降率陟減降加其分，滿百從衰，不滿爲分。各得每日消息定衰及分。其距二分前後各一氣之外，陟降不等，各每以三日爲一限，損益如後。

雨水初日：降七十八。初限每日損十二，次限每日損八，次限每日損三，次限每日損二，末限每日損一。

清明初日：陟一。初限每日益一，次限每日益二，次限每日益三，次限每日益八，末限每日益十九。

處暑初日：降九十九。初限每日損十九，次限每日損八，次限每日損三，次限每日損二，末限每日損一。

寒露初日：陟一。初限每日益一，次限每日益二，次限每日益三，次限每日益八，末限每日益十二。

求前件四氣　置初日陟降率〔六〇〕，每日依限次損益之，各爲每日率。乃遞以陟減降加其氣初日消息衰分，亦得每日定衰及分也。

推戴日之北每度晷數　南方戴日之下，正中無晷。自戴日之北一度，乃初數一千三百七十九。從此起差，每度增一，終於二十五度。又每度增二，終於四十度。又每度增六，終於四十四度，增六十八。每度增二〔六一〕，終於五十五度。又每度增十九，終於六十度，度增一百六十。又每度增三十三，終於六十五度。又每度增三十六，終於七十度。又每度增三十九，終於七十二度，增二百六十。又度增四百四十，又度增一千六十，又度增一千八百六十，又度增二千八百四十，又度增四千，又度增五千三百四十，而各爲每度差。因累其差以遞加初數，滿百爲分，分滿十爲寸，各爲每度晷差。又每度晷差數〔六二〕。

求陽城日晷每日中常數　各置其氣去極度，以極去戴日下度五十六，盈分八十二減半之〔六三〕，各得戴日之北度數及分。各以其消息定衰戴日北所直度分之晷差，滿百爲分，分滿十爲寸，各爲每日晷差。乃遞以息減消加其氣初晷數，得每日中晷常數也。

求每日中晷定數　各置其日所在氣定小餘，以爻統減之，餘爲中後分〔六四〕。置前後分，以其日晷差乘之，如大衍通法而一，爲變差。乃以變差加減其日中晷常數，冬至後，中前以差減，中後以差加。夏至後，中前以差加，中後以差減。冬至一日有減無加，夏至一日有加無減。各得每日中晷定數。

求每日夜半漏定數　置消息定衰，滿象積爲刻，不滿爲分。各遞以息減消加其氣初夜半漏，各得每日夜半漏定數。

求晨初餘數　置夜半定漏全刻，以九千一百二十乘之，十九乘刻分從之，如三百而一，所得爲晨初餘數，不盡爲小分。

求每日晝夜漏及日出入所在辰刻　各倍夜半之漏，爲夜刻。以減百刻，餘爲晝刻。減晝五刻以加夜，即晝爲見刻，夜爲沒刻。半沒刻以半辰刻加之，命起子初刻算外，即日出辰刻。以見刻加之，命如前，即日入辰刻。置夜刻以五除之，得每更差刻，又五除之（六五），得每籌差刻。以昏刻加日入辰刻，得甲夜初刻（六六）。又以更籌差加之，得次更一籌之數。以次累加，滿辰刻去之，命如前，即得五夜更籌所當辰及分也。其夜半定漏，亦名晨初夜刻。

求每日黃道去極定數　置消息定衰，滿百爲度，不滿爲分，各遞以息減消加其氣初去極度，各得每日去極定數。

求每日距中度定數　置消息定衰，以一萬二千三百八十六乘之，如一萬六千二百七十七而一，爲每日度差（六七）。差滿百爲度，不滿爲分。各遞以息加消減其氣初距中度，各得每日距中度定數。倍距中度以減周天度，五而一，所得爲每更度差。

求每日昏明及每更中宿度所臨　置其日所在赤道宿度，以距中度加之，命宿次如前，即得其日昏中所臨宿度。以每更差度加之，命如前，即乙夜初中所臨宿度及分也。

求九服所在每氣初日中晷常數　置氣去極度數相減，各爲每氣消息定數，因測所在冬夏至日晷長短，但測至即得，不必要須冬至。於其戴日之北度及分晷數中，校取長短，同者便爲所在戴日北度數及分。氣各以消定數加減之，因冬至後者每氣以減，因夏至後者每氣以加。各得每氣戴日北度數及分。各因其氣所直度分之晷數長短，即各爲所在每定氣初日中晷常數。其測晷有在表南者，亦據其晷尺寸長短，與戴日北每度晷數同者，因取其所直之度，去戴日北度數，反之，爲去戴日南度，然後以消息定數加減。

求九服所在晝夜漏刻　冬夏至各於所在下水漏，以定當處晝夜刻數。乃相減，爲冬夏至差刻〔六八〕。半之，以加減二至晝夜刻數，加夏至、減冬至。爲春秋分定日晝夜刻數。乃置每氣消息定數，以當處二至差刻數乘之，如二至去極差度四十七分〔六九〕，八十而一，所得依分前後加減二分初日晝夜漏刻〔七〇〕，春分前秋分後，加夜減晝；春分後秋分前，加晝減夜。各得所在定氣初日晝夜漏刻數。求次日者，置每日消息定衰，亦以差刻乘之，差度而一，所得以息減消加其氣初漏刻，各得所求。其求距中度及昏明中宿日出入所在，皆依陽城法求，仍以差度而今有之，即得也〔七一〕。

又術　置所在春秋分定日中晷常數〔七二〕，與陽城每日晷數校取同者，因其日夜半漏，即爲所在定春秋分初日夜半漏。求餘氣定日，每以消息定數，依分前後加減刻分。春分前以加，分後以減；秋分前以減，分後以加。滿象積爲刻，不滿爲分，各爲所在定氣初日夜半定漏。

求次日　以消息定衰依陽城法求之，即得。此術究理，大體合通。但高山平川，視日不等。校其日晷，長短乃同。考其日漏，多少懸别。以茲參課，前術爲審也〔七三〕。

大衍步交會術第六

交終：八億二千七百二十五萬一千三百二十二。

交中：四萬一千三百六十二；秒，五千六百六十一。

終日：二十七；餘，六百四十五；秒，一千三百二十二。

中日：十三；餘，一千八百四十二；秒，五千六百六十一。

朔差日：二；餘，九百六十七；秒，八千六百七十八。

望差日：一；餘，四百八十三；秒，九千三百三十九。

望數日：十四；餘，二千三百二十六；秒，五十。

交限日：十二；餘，一千三百五十八；秒，六千三百二十二。

交率：三百四十三。

交數：四千三百六十九。

辰法：七百六十。

秒分法：一萬。

推天正經朔入交　以交終去朔積分〔吉〕，不盡，以秒分法乘。盈交終，又去之。餘如秒法而一，爲入交分。不盡，爲秒。入交分滿大衍通法，爲日；不滿，爲餘。命日算外，即所求年天正經朔加時入交汎日及餘秒。

求次朔入交　因天正所入，加朔差日及餘秒，盈終日及餘秒者，去之。數除如前，即次月經朔加時所入。

求望　以望數日及餘秒加之〔圭〕，去命如前，卽得所求。若以經朔望小餘減之，各其日夜半所入交汎日及餘秒。

求定朔夜半入交　恆視經朔望夜半所入，定朔望大餘。有進退者，亦加減交日。否則，因經爲定，各得所求。求次定朔夜半入交：因前定朔夜半所入，大月加交差日二，月小加日一，餘皆二千三百九十四、秒八千六百七十八。求次日：累加一日，數除如前，各其夜半所入交汎日及餘秒。

求朔望入交常日　各以其日入氣朓朒定數，朓減朒加其入交汎，餘滿大衍通法從日，即爲入交常日及餘秒。

求朔望入交定日　各置其日入轉朓朒定數，以交率乘之，如交數而一。所得以朓減朒加入交常〔三六〕，餘數如前，即爲入交定日及餘秒。

求月交入陰陽曆　恆視其朔望入交定日及餘秒，如中日及餘秒已下者，爲月入陽曆，已上者，以中日及餘秒去之，餘爲月入陰曆。

陰陽曆	爻目	加減率	陰陽積	月去黃道度
少陽少陰	初	加一百八十七	陽陰初	空
少陽少陰	二	加一百七十一	陽陰一百八十七	一度六十七分
少陽少陰	三	加一百三十七	陽陰三百五十八	二度一百一十八分
少陽少陰	四	加一百一十五	陽陰五百五	四度二十五分
少陽少陰	五	加七十五	陽陰六百二十	五度二十八分
少陽少陰	上	加二十七	陽陰六百九十五	五度九十五分
老陽老陰	初	減二十七	陽陰七百二十二	六度二分

老陽老陰	二	減七十五	陽陰 六百九十五	五度九十五分
老陽老陰	三	減一百一十五	陽陰 六百二十	五度二分
老陽老陰	四	減一百四十七	陽陰 五百五	四度二十五分
老陽老陰	五	減一百七十一	陽陰 三百五十八	三度一百十八分
老陽老陰	上	減一百八十七	陽陰 一百八十七	一度六十七分

求四象六爻每度加減分及月去黃道定數　以其爻加減率與後爻加減率相減，爲前差。又以後爻率與次後爻率相減，爲後差。二差相減，爲中差。置所在爻并後爻加減率，半中差以加而半之，十五而一，爲爻末率，因爲後爻初率。每以本爻初末率相減，爲爻差〔七七〕。十五而一，爲度差。半之，以加減初率，少象減之，老象加之。爲定初率。每次度差累加減之，少象以差減，老象以差加。各得每度加減定分。乃循積其分，滿百二十爲度，各爲每度月去黃道度數及分〔七八〕。其四象，初爻無初率〔七九〕，上爻無末率，皆倍本爻加減率，十五而一。所得各以初末率減之，皆互得其率。餘依術算，各得所求。

求朔望夜半月行入陰陽度數　各置其日夜半入轉日及餘秒，餘以其日夜半入交定日及餘秒減之也〔八〇〕，其秒母不等，當循率相通，然後減之，如不足減，即轉終日及一餘秒〔八一〕，然後減之。餘爲定交初日夜半入轉日及餘秒。乃以定交初日夜半入餘與其日夜半入餘，各乘其日轉定分，如大衍通法而一。所得滿轉法爲度，不滿爲分。各以加其日轉積度及分，乃相減，其餘卽爲其夜半月行入陰陽度數及分也。轉求次日，但以其日轉定分加之〔八二〕，滿轉法爲度，卽得。

求朔望夜半月行入四象度數　置其日夜半入陰陽度數及分，以一象之度九十除之。若以小象除之，則兼除差度一、度分一百六、大分十三、小分十四，訖，然以次象除之。所得以少陽、老陽、少陰、老陰爲次，命起少陽算外，卽其日夜半所入象度數及分也。先以三十乘陰陽度分，十九而一，爲度分〔八三〕。乘又除，爲小分。然以象度及分除之。

求朔望夜半月行入六爻度數　置其日夜半所入象度數及分，以一爻之度一十五除之。所得命起其象初爻算外，卽以其日夜半所入爻度數及分也〔八四〕。其月行入少象初爻之內〔八五〕，皆爲沾近黃道度。當朔望則有虧蝕。求入蝕限　其入交定日及餘秒，如望差已下交限已上者，爲入蝕限。望入蝕限，則月蝕；朔入蝕限〔八六〕，月在陰曆則日蝕。入限，如望差已下，爲交後。交限已上者，以減中日及餘，爲交前。置交前後定日及餘秒通之〔八七〕，爲去交前後定分。置去交定分，以十一乘之，如二千六百四十三除之，爲去交度數。不盡，以大衍通法乘之，復除爲餘。大抵去交十三度以上，雖入蝕限，爲涉交數微，光影相接，或不見蝕。

求月蝕分　其去交定分七百七十九已下者，皆蝕既。已上者，以交定分減望差，餘以一百八十三約之。盡半已下，爲半弱；已上，爲半強。命以十五爲限，得月蝕之大分。

求月蝕所起　月在陰曆，初起東南，甚於正南，復於西南。月在陽曆，初起東北，甚於正北，復於西北。其蝕十二分已上者，皆起於正東，復於正西。此皆據南方正午而論之，若蝕於餘方者，各隨方面所在，准此取正，而定其蝕起復也。

求月蝕用刻　置月蝕之大分。五已下，因增三。十已下，因增四。十已上，因增五。其去交定分五百二十已下，又增半。二百六十已下，又增半。各爲汎用刻率。

定氣	增損差	差積	定氣	增損差	差積
冬至	增十	積初	小寒	增十五	積十
大寒	增二十	積二十五	立春	增二十五	積四十五
雨水	增三十	積七十	驚蟄	增三十五	積一百
春分	增四十	積一百三十五	清明	增四十五	積一百七十五
穀雨	增五十	積二百二十	立夏	增五十五	積二百七十
小滿	增六十	積三百二十五	芒種	增六十五	積三百八十五
夏至	損六十五	積四百五十	小暑	損六十	積三百八十五
大暑	損五十五	積三百二十五	立秋	損五十	積二百七十
處暑	損四十五	積二百二十	白露	損四十	積一百七十五

秋分	損三十五	積一百三十五	寒露	損三十	積一百
霜降	損二十五	積七十	立冬	損二十	積四十五
小雪	損十五	積二十五	大雪	損十	積十

求每日差積定數　以所入氣幷後氣增損差，倍六爻乘之，綜兩氣辰數除之，爲氣末率。又列二氣增損差，皆倍六爻乘之，各如辰數而一。少減多，餘爲氣差。加減末率，冬至後以差減，夏至後以差加。爲初率。倍氣差，亦倍六爻乘之，復綜兩氣辰數以除之，爲日差。半之，以加減初末，各爲定率。以日差累加減氣初定率，冬至後以差加，夏至後以差減。爲每日增損差。乃循積之，隨所入氣日加減氣下差積，各其日定數。其二至之前一氣，皆後無同差，不可相幷，各因前末爲初率。以氣差冬至前減，夏至前加，爲末率。餘依算術，各得所求也。

陰曆：

蝕差：一千二百七十五。

蝕限：二千五百二十四。

或限：三千六百五十九。

陽曆：

蝕限：一百三十五。

或限：九百七十四。

求蝕差及諸限定數　各置其差、限，以蝕朔所入氣日下差積，陰曆減之，陽曆加之，各爲蝕定差及定限。

求陰曆陽曆的蝕或蝕　其陰曆去交定分滿蝕定差已上，爲陰曆蝕。不滿者，雖在陰曆，皆類同陽曆蝕也。其去交定分滿蝕定限已下者，其蝕的見。或限以下者，其蝕或見或不見。

求日蝕分　陰曆蝕者，置去交定分，以蝕定差減之，餘一百四已下者，皆蝕既。已上者，以一百四減之，其餘以一百四十三約之，其入或限者，以一百五十二約之。半已下爲半弱，半已上爲半強，以減十五，餘爲日蝕之大分。其同陽曆蝕者，但去交定分，少於蝕定差六十已下者，皆蝕既。六十已上者，置去交定分，以陽曆蝕定限加之，以九十約之。其陽曆蝕者，直置去交定分，亦以九十約之。其入或限者，以一百四十三約之。半已下爲半弱，半已上爲半強，命以十五爲限，亦得日蝕之大分。

求日蝕所起　月在陰曆，初起西北，甚於正北，復於東北。月在陽曆，初起西南，甚於正南，復於東南。其蝕十二分已上，皆起正西，復於正東。此亦據南方正午而論之。

求日蝕用刻　置所蝕之大分，皆因增二。其陰曆去交定分多於蝕定差七十已上者，又增三十五；已下者，又增半。其同陽曆去交定分少於蝕定差二十已下者，又增半；四十已下者，又增半少。各爲汎月刻半率。

求日月蝕甚所在辰　置去交定分，以交率乘之，二十乘交數除之，所得爲差。其月道與黃道同名者，以差加朔望定小餘；異名，以差減朔望定小餘〔八八〕，置蝕定餘。如求發斂加時術入之，即蝕甚所在辰刻及分也。其望甚辰月當衝蝕〔八九〕。

求虧初復末　置日月蝕汎用刻率，副之，以乘其日入轉損益率，如大衍通法而一。所得應朒者，依其損益；應朓者，損加益減其副〔九〇〕，爲定用刻數。半之，以減蝕甚辰刻，爲虧初；以加蝕甚辰刻〔九一〕，爲復末。其月蝕求入更籌者，置月蝕定用刻數，以其日每更差刻除，爲更數；不盡，以每籌差刻除，爲籌數。綜之爲定用更籌。乃累計日入至蝕甚辰刻置之〔九二〕，以昏刻加日入辰刻減之，餘以更籌差刻除之。所得命以初更籌外，即蝕甚籌。半定用更籌減之，爲虧初；以加之，爲復末。按天竺僧俱摩羅所傳斷日蝕法，其蝕朔日度躔於鬱車宮者，的蝕。諸斷不得其蝕，據日所在之宮，有火星在前三後一之宮并伏在日下，並不蝕。若五星總出，并水見，又水在陰曆，及三星已上同聚一宿，亦不蝕。凡星與日別宮或別宿則易斷，若同宿則難斷。更有諸斷，理多煩碎，略陳梗概，不復具詳者。其天竺所云十二宮，則中國之十二次也。曰鬱車宮者，即中國降婁之次也。十二次宿度，首尾具載曆儀分野卷中也。

求九服所在蝕差　先測所在冬、夏至及春分定日中晷長短，陽城每日中晷常數，校取同者，各因其日蝕差，即爲所在冬、夏至及春秋分定日蝕差〔九三〕。

求九服所在每氣蝕差　以夏至差減春分差，以春分差減冬至差〔九四〕，各爲率。并二率半之，六而一，爲夏率。二率相減，六一爲差〔九五〕。置總差，六而一，爲氣。半氣差，以加夏率，又以總差減之，爲冬率。冬率即是冬至之率也。每以氣差加之各氣，爲每氣定率。乃循其率，以減冬至蝕差，各得每氣初日蝕差。求每日，如陽城求之，若戴日之北〔九六〕，當計其所在，皆反之，即得。

大衍步五星術第七

歲星

終率：一百二十一萬二千三百七十九；秒，十八。
終日：三百九十八；餘，二千六百五十九；秒，六。
變差算〔九七〕：空；餘，三十四；秒，十四。
象算：九十一；餘，二百三十八；秒，五十七十二。
爻算：十五；餘，一百六十六；秒，四十六十二。

鎮星〔九八〕

終率：一百一十四萬九千三百九十九；秒，九十八。

終日：三百七十八；餘，二百七十九；秒，九十八。

變差算：空；餘，二十二；秒，九十二。

象算：九十二；餘，二百三十七；秒，八十七。

爻算：十五；餘，一百六十六；秒，三十一。

太白

終率：一百七十七萬五千三十；秒，十二。

終日：五百八十三；餘，二千七百一十一；秒，十二。

中合日：二百九十一；餘，二千八百七十五；秒，六。

變差算：空；餘，三十；秒，五十三。

象算：九十二；餘，二百三十八；秒，三十四五十四。

爻算：十五；餘，一百六十六；秒，三十九九。

辰星

終率：三十五萬二千二百七十九；秒，七十二。

終日：一百一十五；餘，二千六百七十九；秒，七十二。

中合日：五十七；餘，二千八百五十九；秒，八十六。

變差算：空；餘，一百三十六；秒，七十八六十。
象算：九十一；餘，二百四十四；秒，九十八六十。
爻算：十五；餘，一百六十七；秒，三十九七十四。
辰法：七百六十。
秒法：一百。
徵分法：九十六。

推五星平合　置中積分，以天正冬至小餘減之，各以其星終率去之，不盡者，返以減終率，滿大衍通法爲日，不滿爲餘，卽所求年天正冬至夜半後星平合日算及餘秒也。

求平合入爻象曆　置積年，各以其星變以差乘之，滿乾實去之，不滿者，以大衍通法約之，爲日。不盡爲餘秒。以減其星冬至夜半後平合日算及餘秒，卽平合入曆算數及餘秒也。各四約其餘，同其辰法也。

求平合入四象　置曆算數及秒，以一象之算及餘秒除之，所得，依入爻象次命起少陽算外，卽平合所入象算數及餘秒也。

求平合入六爻　置所入象算數及餘秒，以一爻之算及餘秒除之，所得，命起其象初爻算外，即平合所入爻算數及餘秒也。

星名		爻目	損益率		進退積
歲星	少陽少陰	初	益七百七十三	進退	空
	少陽少陰	二	益七百二十一	進退	七百七十三
	少陽少陰	三	益六百三十	進退	一千四百九十四
	少陽少陰	四	益五百	進退	二千一百二十四
	少陽少陰	五	益三百三十一	進退	二千六百二十四
	少陽少陰	上	益一百二十三	進退	二千九百五十五
	老陽老陰	初	損一百二十三	進退	三千七十八
	老陽老陰	二	損三百三十一	進退	二千九百五十五
	老陽老陰	三	損五百	進退	二千六百二十四
	老陽老陰	四	損六百三十	進退	二千一百二十四
	老陽老陰	五	損七百二十一	進退	一千四百九十四
	老陽老陰	上	損七百七十三	進退	七百七十三
熒惑	少陽少陰	初	益一千二百三十七	進退	空

少陽少陰	二	益一千一百四十三	進退一千二百二十七
少陽少陰	三	益九百九十一	進退二千三百八十
少陽少陰	四	益九百八十一	進退三千三百七十一
少陽少陰	五	益五百一十三	進退四千一百五十二
少陽少陰	上	益一百八十七	進退四千六百六十五
老陽老陰	初	損一百八十七	進退四千八百五十二
老陽老陰	二	損五百一十三	進退四千六百六十五
老陽老陰	三	損七百八十一	進退四千一百五十二
老陽老陰	四	損九百九十一	進退三千三百七十一
老陽老陰	五	損一千一百四十三	進退二千三百八十
老陽老陰	上	損一千二百三十七	進退一千二百三十七

鎮星

少陽少陰	初	益一千六百八十四	進退空
少陽少陰	二	益一千五百四十四	進退一千六百八十四
少陽少陰	三	益一千三百三十	進退三千二百二十八
少陽少陰	四	益一千四十二	進退四千五百五十八

少陽少陰	五	益六百八十	進退五千六百
少陽少陰	上	益二百四十四	進退六千二百八十
老陽老陰	初	損二百四十四	進退六千五百二十四
老陽老陰	二	損六百八十	進退六千二百八十
老陽老陰	三	損一千四百三	進退五千六百
老陽老陰	四	損一千三百三十	進退四千五百五十八
老陽老陰	五	損一千五百四十四	進退三千二百三十八
老陽老陰	上	損一千六百八十四	進退一千六百八十四
太白			
少陽少陰	初	益二百五十五	進退空
少陽少陰	二	益二千三十一	進退二百五十五
少陽少陰	三	益一百九十八	進退四百八十六
少陽少陰	四	益一百五十六	進退六百八十四
少陽少陰	五	益一百五	進退八百四十
少陽少陰	上	益四十五	進退九百四十五
老陽老陰	初	損四十五	進退四百九十

老陽老陰	二	損一百五	進退九百四十五
老陽老陰	三	損一百五十六	進退八百四十
老陽老陰	四	損一百九十八	進退六百八十四
老陽老陰	五	損二百三十一	進退四百八十六
老陽老陰	上	損二百五十五	進退二百五十五

辰星

少陽少陰	初	益六百四十三	進退空
少陽少陰	二	益五百八十五	進退六百四十三
少陽少陰	三	益五百一	進退一千二百二十八
少陽少陰	四	益三百九十	進退一千七百二十九
少陽少陰	五	益三百五十五	進退二千一百二十
少陽少陰	上	益九十三	進退二千三百七十五
老陽老陰	初	損九十三	進退二千四百六十八
老陽老陰	二	損二百五十五	進退二千三百七十五
老陽老陰	三	損三百九十一	進退二千一百二十
老陽老陰	四	損五十一	進退一千七百二十九

老陽老陰	五	損五百八十五	進退	一千二百二十九
老陽老陰	上	損六百四十三	進退	六百四十三

求四象六爻每算損益及進退定數　以所入爻與後爻損益率相減爲前差，又以後爻與次後爻損益率相減爲後差，前後差相減爲中差。置所入爻幷後爻損益率，半中差以加之，九之，二百七十四而一，爲爻末率〔九九〕，因爲後爻初率。皆因前爻末率，以爲後爻初率。初末之率相減，爲爻差。倍爻差，九之，二百七十四而一爲算差。半之，加減初末，各爲定率。以算差累加減爻初定率，少象以差減，老象以差加。爲每損益率〔一〇〇〕。循累其率，隨所入爻，損益其下進退〔一〇一〕，即各得其算定〔一〇二〕。其四象初爻無初率，上爻無末率，皆置本爻損益〔一〇三〕，四而九之，二百七十四而一〔一〇四〕，各以初末率減之，皆互得其率。餘依術算，各得所求。

求平合入進退定數　各置其星平合所入爻之算差，半之，以減其所入算損益率。損者，以所入餘乘限差，辰法除，幷差而半之；益者，半入餘乘差，亦辰法除。加所減之率〔一〇五〕，乃以入餘乘之，辰法而一，所得以損益其算下進退，各爲平合所入進退定數。此法微密，用算稍繁。若從省求之，亦可置其所入算餘，以乘其下損益率，如辰法而一，所得以損益其算下進退，各爲定數。

求常合　置平合所入進退定數，金星則倍置之。各以合下乘數乘之，除數除之，所得滿辰法爲日，不滿爲餘，以進加退減平合日算及餘秒〔一〇六〕，先以四約平合餘，然以進加退減也。即爲多至夜半後常合日算及餘也。

求定合　置常合日先後定數，四而一，所得滿辰法爲日，不滿爲餘。乃以先減後加常合算及餘，即爲冬至夜半後定合日算及餘也。

求定合度　置其日盈縮分，四而一，以定合餘乘之，滿辰法而一，所得以盈加縮減其定餘，以加其日夜半日度餘，先四約夜半日度餘以加之。滿辰法從度。依前命之算外，即爲定合加時度及餘也。

求定合月日　置冬至夜半後定合日算及餘秒，以天正冬至大小餘加之，天正經朔大小餘減之。其至、朔小餘，皆以四約之，然用加減。若至大餘少於經朔大餘者，又以爻數加之，然以經朔大小餘減之。其餘滿四象之策及餘，除之，爲月數〔一〇七〕，不盡者，爲入朔日算及餘。命月數起天正日算起經朔算外，即定所在日月也。其定朔大餘有進退，進減退加一日，爲在其日月定及餘也〔一〇八〕。

求定合入爻　置常合及定合應加減定數，同名相從，異名相消。乃以加減其平合入爻算餘，滿若不足，進退其算，即爲定合入爻算數及餘也。

求變行初日入爻　置定合入爻算數及餘，以合後伏下變行度常率加之，滿爻率去之，命爻次如前，即次變初日入爻算數及餘也。更求次變入爻變入，但以其下行度常加之，去命如上節。

求變行初日入進退定數　各置其變行初日入爻算數及餘，如平合求進退術入之，即得變行初日所入進退定數也。置進退定數，各以其下乘數乘之，除數除之，所得各爲進退變率。

星名	變行目	變行日中率	變行度中率	差行損益率	變行度常率	變行乘數 變行除數
歲星	合後伏	十七日三百三十二	行三度三百三十三	先遲二日 益疾九分	行一度三百五十七	乘數三百五十 除數二百八十
	前順	一百一十日	行一十八度六十五	先疾五日 益遲六分	行九度三百五十七	乘數三百一十 除數二百八十一
	前留	二十七日			行二度二百二十〔一〇九〕	乘數二百六十七 除數一百二十二
	前退	四十三日	退五度三百六十九	先疾六日 益疾十一分〔一一〇〕	行三度四百七十五	乘數四百七十 除數四百三
	後退	四十三日	退五度三百六十九	先疾六日 益遲十一分	行三度四百七十五	乘數五百一十 除數四百六十七
	後留	二十七日			行三度二百一十	乘數二百七十 除數四百六十七
	後順	一百一十二日	行一十八度六十五	先遲五日 益疾六分	行九度三百三十七	乘數二百六十七 除數二百二十七
	合前伏	十七日	行三度三百三十三	先疾二日 益遲九分	行一度三百五十八	乘數三百五十 除數二百八十
熒惑	合後伏	七十一日七百二十五	行五十四度七百三十五	先疾五日 益遲七分	行三十八度二百一	乘數一百二十七 除數三十
	前疾	二百一十四日	行一百三十六度	先疾九日 益遲四分	行一百一十三度五百九十六	乘數一百三十 除數三十一

前遲	六十日	行二十五度	先疾日益遲四分	行三十一日六百八十五	乘數三百三十除數五十四
前留	一十三日			行六度六百九十三	乘數二百三除數五十四
前退	三十一日	退八度四百七十二	先遲六日益疾五分	行一十六度三百六十七	乘數二百三除數四十八
後退	三十一日	退八度四百七十三	先疾六日益遲五分	行一十六度二百六十七	乘數二百三除數四十八
後留	一十三日			行六度六百九十三	乘數二百三除數四十八
後遲	六十日	行二十五度	先遲日益疾四分	行三十一度六百八十五	乘數二百三除數五十四
後疾	二百一十四日	行三十六度	先遲九日益疾四分	行一百一十三度五百九十六〔二二〕	
合前伏	七十一日七百三十六	行五十四度七百三十六	先遲五日二百二〔二三〕益疾七分		乘數一百二十七除數三十

鎮星

合後伏	十八日四百一十五	行一度四百一十五	先遲一日益疾九分	行度空四百八十	乘數十二除數十一
前順	八十三日	行七度二百四十二	先遲二日〔二四〕益遲五分	行二度六百二十三	乘數十三除數十一
前留	三十七日三百八十			行一度二百八	乘數十除數九
前退	五十日	退二度二百三十四	先遲七日益疾一分	行一度五百三十一	乘數二十除數十七

後退	五十日	退二度三百三十四	先疾七日益遲一分	行一度五百三十一	乘數五　除數四
後留	三十七日三百八十			行一度二百八	乘數二十　除數一十七
後順	八十三日	行七度二百三十一	先遲六日益疾五分	行二度六百二十三	乘數十　除數九
合前伏	十八日四百一十五	行一度四百一十五	先疾二日益遲九分	行度空四百八十	乘數十二　除數十一

太白

晨合後伏〔二四〕	四十一日七百一十九	行五十二度七百一十九	先遲三日益疾十六分	行三十一度七百一十九	乘數七百九十七　除數二百九
夕疾行	一百七十一日	行二百六十度	先疾五日益遲九分	行一百七十一度	乘數七百九十一　除數二百九
夕平行	十二日			行一十二度	乘數五百一十五　除數一百三十七
夕遲行	四十二日	行三十一度	先疾日益遲十分	行四十三度	乘數五百一十五　除數一百三十一
夕留	八日			行八度	乘數五百一十五　除數九十二
夕退	十日	退五度	先遲日益疾九分	行十度	乘數五百一十五　除數八十六
夕合前伏	六日	退五度	先遲日益疾八十五	行六度	乘數五百一十五　除數八十四
夕合後伏	六日	退五度	先疾日益遲八十五分	行六度	乘數五百一十五　除數八十三

晨退	十日	退五度	先疾日盈遲九分	行十度	乘數五百一十五 除數八十四
晨留	八日			行八度	乘數五百一十五 除數八十六
晨遲行	四十二日	行四十一度	先遲日盈疾十分	行四十二度	乘數五百一十五 除數九十二
晨平行	十二日			行十二度	乘數五百一十五 除數一百三十七
晨疾行	一百七十一日	行二百六度	先遲五日盈疾九分	行一百七十度	乘數五百一十五 除數一百五十六
晨合前伏	四十一日七百一十九	行五十二度七百一十九	先疾三日盈遲十六分	行四十一度七百一十九	乘數七百一十七 除數二百九

辰星

晨合後伏	十六日七百一十五	行三十二度七百一十五	先遲日盈疾二十二分	行十六度七百一十五	乘數二百八十六 除數二百八十七
夕疾行	十二日	行十七度	先疾日盈遲五十分	行十二度	乘數二百八十六 除數二百八十七
夕平行	九日			行九度	乘數四百九十五 除數一百九十四
夕遲行	六日	行四度	先疾日盈遲七十六分	行六度	乘數四百九十六 除數一百九十五
夕留	三日			行三度	乘數四百九十七 除數一百九十六

夕合前伏	十一日	退六度	先遲日益疾三十一分	行十一度	乘數四百九十八 除數一百九十七
夕合後伏	十一日	退六度	先疾日益遲三十一分	行十一度	乘數五百 除數一百九十八
晨留	三日			行三度	乘數四百九十八 除數一百九十八
晨遲行	六日	行四度	先遲日益疾七十六分	行六度	乘數四百九十七 除數一百九十六
晨平行	九日			行九度	乘數四百九十五 除數一百九十五
晨疾行	十二日	行十七度	先遲日益疾五十分	行十二度	乘數四百九十五 除數一百九十四
晨合前伏	十六日七百一十五	行二十三度七百一十五	先疾日益遲二十二分	行十六度	乘數二百八十六 除數二百八十七

求變行日度率　置其本進退變率與後變率，同名者，相消爲差。在進前少，在退前多，各以差爲加；在進前多，在退前少，各以差爲減。異名者，相從謂并。前退後進，各以并爲加；前進後退〔一五〕，各以并爲減。逆行度率則反之〔一六〕。皆以差及并，加減日度中率，各爲日度變率。其水星疾行，直以差以并加減度之中率，爲變率。其日直因中率爲變率，不煩加減也。

求變行日度定率　以定合日與後變初日先後定數，同名相消爲差，異名者相從爲并。

四而一，所得滿辰法爲度。乃以盈加縮減其合後伏度之變率及合前伏日之變率。金水夕合日度，加減反之。其二留日之變率〔二七〕，若差於中率者，即以所差之數爲度，各加減本遲度之變率〔二八〕。謂以多於中率之數加之，少於中率之數減之。以下加減准此。退行度變率，若差於中率者〔二九〕，即倍所差之數，各加減本疾度之變率〔三〇〕。其木土二星，既無遲疾，即加減前後順行度之變率。其水星疾行度之變率，若差於中率者，即以所差之數爲日，各加減留日變率。其留日變率若少不足減者，即侵減遲日變率也。各加減變率訖，皆爲日度定率。其日定率有分者，前後輩之。輩，配也。以少分配多分，滿全爲日，有餘轉配。其諸變率不加減者，皆依變率爲定率〔三一〕。

求定合後夜半星所在度　置其星定合餘，以減辰法，餘以其星初日行分乘之，辰法而一，以加定合加時度餘，滿辰法爲度。依前命之算外，即定合後夜半星所在宿及餘。自此以後，各依其星，計日行度所至，皆從夜半爲始也。轉求次日夜半星行至：各以其星一日所行度分，順加退減之。其行有小分者，各滿其法從行分一。行分滿辰法，從度一。合之前後，伏不注度，留者因前，退則依減〔三二〕。順行出虛，去六虛之差；退行入虛，先加此差。先置六虛之差，四而一，然用加減。訖，皆以轉法約行分爲度分，各得每日所至。其三星之行日度定率，或加或減，益疾益遲〔三三〕，每日漸差，難爲預定，今且略據日度中率商量置之。其定率既有盈縮，即差數合隨而增損〔三四〕，當先檢括諸變定率與中率相近者，因用其差，求其初末之日行分爲主。自餘變因此消息，加減其差，各求初末行分〔三五〕。循環比校，使際會參合，衰殺相循。其金水皆以平行爲主，前後諸變，亦准此求之。其合前伏雖有日度定率，如至合而與後算計却不叶者，皆從後算爲定。其五星初見伏之度，去日不等，各以日度與星度相校。木去日十四度，金十一度，火土水各十七度，皆見；各減一度皆伏。其木火土三星前順之初，後順之末，又金水疾行、留、退初末，皆是見伏之初日，注曆消息定之。其金水及日月等度，並棄其分也。

求每日差　置所差分爲實，以所差日爲法。實如法而一，所得爲行分，不盡者爲小分。即是也每日差所行分及小分也〔二六〕。其差若全，不用此術。

求平行度及分　置度定率，以辰法乘之，有分者從之，如日定率而一，爲平行分〔二七〕。不盡，爲小分。其行分滿辰法爲度，即是一日所行度及分。

求差行初末日行度及分　置日定率減一，以差分乘之。二而一，爲差率〔二八〕，以加減平行分。益疾者，以差率減平爲初日，加平爲末日。益遲者〔二九〕，以差率加平爲初日，減平爲末日也。加減訖，即是初末日所行度及分。其差不全而與日相合者〔三〇〕，先置日定率減一〔三一〕，以所差分乘之，爲實。倍所差日爲法。實如法而一，爲行分。不盡者，因爲小分，然爲差率。

求差行次日行度及分　置初日行分，益遲者，以每日差減之；益疾者，以每日差加之，即爲次日行度及分也。其每日差、初日行皆有小分，母既不同，當令同之。然用加減，轉求次日，准此各得所求也。

徑求差行餘日行度及分　置所求日減一，以每日差乘之，以加減初日行分，益遲減之，益疾加之。滿辰法爲度，不滿爲行分，卽是所求日行度及分也。

求差行，先定日數，徑求積度及分　置所求日減一，次每日差乘之，二而一，所得，以加減初日行分。益遲減之，益疾加之。以所求日乘之，如辰法而一，爲積度。不盡者，爲行分。卽是從初日至所求日積度及分也。

求差行，先定度數，徑求日數　置所求行度，以辰法乘之，有分者從之。八之，如每日差而一，爲積。倍初日行分，以每日差加減之。益遲者加之，益疾者減之。如每日差而一，爲率。今自乘，以積加減之，益遲者以積減之，益疾者以積加之。開方除之。所得，以率加減之。益遲者以率加之，益疾者以率減之。乃半之，卽所求日數也。其開方除者，置所開之數爲實，借一算於實之下，名曰下法。步之，超一位，置商於上方，副商於下法之上，名曰方法。命上商以除實，畢，倍方法一折，下法再折，乃置後商於下法之上，名曰隅法。副隅并方，命後商以除實〔一二〕，畢，隅從方法折下就除，如前開之。訖除，依上術求之卽得也。

求星行黃道南北　各視其星變行入陰陽爻而定之。其前變入陽爻爲黃道北，入陰爻爲黃道南；後變入陽爻爲黃道南，入陰爻爲黃道北。其金水二星，以爻變爲前變〔一三〕，各計其變行，起初日入爻之算，盡老象上爻末算之數，不滿變行度常率者，因置其數，以變行日定率乘之〔一四〕，如變行度常率而一，爲日。其入變日數，與此日數以下者，星在黃道南北，依本所入陰陽爻爲定。過此日數之外者，黃道南北則返之。

校勘記

〔一〕減法　「減」字各本原作「滅」，據新志及術改。

〔二〕以揲法去中積分　「去」字各本原無，據新志及文義補。

〔三〕綜中朔盈虛分　新志作「綜中盈朔虛分」。

〔四〕命起也　新志作：「命常氣初日算外，得沒日。」校勘記卷一七云：「按起下有脫文，據術補作：不滿爲沒餘，命起恆氣初日算外，卽合朔後沒日也。」

〔五〕凡抽加減而有秒者　「抽」字新志作「相」。

〔六〕此分滿刻法爲刻若令滿象積爲刻者　各本「法爲刻」三字原無，「爲刻者」原作「爲刻爲刻者」，據新志及術補刪。

〔七〕各如辰數而一以少減多　殘宋本無「以」字，其餘各本無「一」字，據新志及術補。

〔八〕亦六爻乘之　新志「六爻」上有「倍」字。

〔九〕各其日定　新志「定」下有「數」字。

〔一〇〕在陰陽變革之際　「陰」字各本原無，據新志及文義補。

〔一一〕下求軌漏　「漏」字各本原作「滿」，據下文及術改。

〔一二〕若注曆　「注」字各本原無，據新志及文義補。

〔一三〕所得以損益朓朒積　「朓」字各本原無，據新志及術補。

〔一四〕所得以損益朓朒積　「朒」字各本原無，據新志及術補。

〔一五〕角十二　「二」字各本原作「三」，據東方七宿七十五度及新志改。

〔一六〕若以十除　「十」字各本原作「下」，據新志及術改。

〔一七〕前後輩之成少半太准爲全度　各本「成」字原無，「全」原作「令」，據新志及術補改。

〔一八〕使得當時宿度及分　「度」字各本原無，據上下文補。新志作「使得當時度分」。

〔一九〕然可步日月五星　「日」字各本原無。新志作「然後可以步三辰矣」，「三辰」即「日月五星」，據補日字。

〔二〇〕求定氣初日夜半日所在度　上「日」字各本原無，據下文及術補。

〔二一〕用減其日時度餘　新志「其日」下有「加」字。

〔二二〕盈加縮減度餘　「加」字各本原無，據新志及文義補。

〔二三〕轉秒法　「法」字各本原無，據新志及術補。

〔二四〕餘如秒法一而入轉分　校勘記卷一七云：「此處有脫文，據術，當作餘如秒法而一爲入轉分。」

〔二五〕若以經朔望小餘減之　新志「若」字作「各」，「朔」下有「弦」字。

〔二六〕終日　新志作「轉日」。

〔二七〕生初益四十八損末六　新志作「初益四十八末損六」。

〔二八〕各朔其所入日損益而半之　新志作「各置朔弦望所入轉日損益率并後率而半之」。

〔二九〕亦以大衍通法除之　各本「以」字原作「如」，「之」字原無，新志作「亦以通法除之」，據改「如」作「以」，補「之」字。

〔三〇〕加於通率　「率」字各本原作「法」，據下文及新志改。

〔三一〕朓減朒加　「減」字各本原無，據新志及術補。

〔三二〕應通率　新志作「應損者卽爲通率」。

〔三三〕其損益入餘　「損」字各本原作「轉」，據新志及術改。

〔三四〕末六百七十七　「六百」各本原作「六千」，據新志及術改。

〔三五〕初二千二十四　句下各本原有「日分」二字，據「七日」「十四日」「二十八日」例，刪「日分」二字。新志無。

〔三六〕進大餘　據文義及術，「進」下當有「退」字。

〔三七〕不盈晨初餘數者　「不」字各本原作「又」，據新志及術改。

〔三八〕則容有四大三小　「容」字各本原作「各」，「各」爲「容」之爛文，據新志及文義改。

〔三九〕使不過三小　「三小」新志作「三大三小」，據術，當作「三大二小」。

〔四〇〕若有交加時正見者　「者」字各本原無，據新志及文義補。

〔四一〕殷黃道東　「黃」字各本原無，據新志及術補。

〔四二〕白道半交在秋分之宿　「交」字各本原作「立」，據新志及術改。

〔四三〕立北　此處有脫誤。新志作「立冬立夏後，白道半交在立秋之宿，當黃道西北。」

〔四四〕朱道半交在夏至之宿　「交」「之」各本原無。據新志補。

〔四五〕朱道半交在立夏之宿　「交」「之」各本原無，據新志補。

〔四六〕殷黃道西南　句下各本原有「立」字，據新志及術刪。

〔四七〕殷黃道東北　「黃」字各本原無，據新志及術補。

〔四八〕爲月行與黃道差數　「爲」字殿本、懼盈齋本、局本、廣本均作「推」，殘宋本「爲月行」作「月爲月」，據新志及術改。

〔四九〕距半交前後各九限　「交」字各本原無，據新志及術補。

〔五〇〕爲月行與赤道差數　「月」字各本原無，據新志及術補。

〔五一〕以交終日及餘秒加之　「秒」字各本原無，據上下文及術補。

〔五二〕即爲正交入定氣日算及餘也　「入」字各本原無，據上下文及新志補。

〔五三〕乘定差　各本原重「定」字，據新志及術刪。

〔五四〕亦加減轉日　「加」字各本原作「如」，形近而誤，據新志及術改。

〔五五〕去命如　據術及文義，「如」下當有「前」字。

〔五六〕爲月每所轉定分　據術及文義，「所」字當作「日」。

〔五七〕直以定小餘乘所入日轉交分　據術，「交」字疑衍。

〔五八〕象積　「積」字各本原作「損」，據新志及術改。

〔五九〕陟六十四　新志作「降六十四」。

〔六〇〕置初日陟降率　「降」字各本原無，據新志及術補。

〔六一〕每度增二　新志作「又每度增二，終於五十度。又每度增七」。

〔六二〕又每度晷差數　新志作「又累其晷差，得戴日之北每度晷數」。

〔六三〕盈分八十二減半之　新志作「及分八十二半減之」。

〔六四〕餘爲中後分　新志句下尚有「不足減，反相減，爲中前分」。

〔六五〕又五除之　以上四字各本原無，據新志及術補。

〔六六〕以昏刻加日入辰刻得甲夜初刻　各本原作「以昏刻加日入即早夜初」，據新志及術補改。

〔六七〕如一萬六千二百七十七而一爲每日度差　「一爲」各本原無，據新志及術補。

〔六八〕爲冬夏至差刻　「爲」字各本原無，據新志及術補。

〔六九〕如二至去極差度　「去」字各本原無，據新志及術補。

〔七〇〕加減二分初日晝夜漏刻　「加」字各本原作「各」，據下注文、新志及術改。

〔七一〕仍以差度而今有之卽得也　新志作「仍以差刻乘之，差度而一，爲今有之數」。

〔七二〕置所在春秋分定日中晷常數　「秋」字各本原無，據下注文、新志及術補。下文「春秋分」同。

〔七三〕以茲參課前術爲審也　「前」字各本原無，據新志及術補。

〔七四〕以交終去朔積分　「交」字各本原無，據下文及術補。新志作「交數」。

〔七五〕以望數日及餘秒加之　「望」字各本原無，據新志及術補。

〔七六〕所得以朓減朒加入交常　「減」字各本原無，據新志補。

〔七七〕爲爻差　「爲」字各本原無，據新志及術補。

〔七八〕各爲每度月去黃道度數及分　「去」字各本原無，據新志及術補。

〔七九〕初爻無初率　下「初」字各本原無，據新志及術補。

〔八〇〕餘以其日夜半入交定日及餘秒減之也　句上「餘」字疑涉上而衍。新志無。

〔八一〕卽轉終日及一餘秒　「卽」字疑當作「加」，「一」字疑衍。

〔八二〕但以其日轉定分加之　「加」字各本原無，據新志及術補。

〔八三〕爲度分　新志句下有「不盡以十五乘十九除爲大分不盡者又」等字。

〔八四〕即以其日夜半所入爻度數及分也　據術及文義，「以」字疑衍。

〔八五〕其月行入少象初爻之內　新志句下有「及老象上爻之中」七字。

〔八六〕望入蝕限則月蝕朔入蝕限　「則月蝕朔入蝕限」各本原無，據新志及術補。

〔八七〕置交前後定日及餘秒通之　各本「置交前」三字原無，「秒」下原有「蝕」字，據新志及術補刪。

〔八八〕以差減朔望　「望」字各本原無，據新志及術補。

〔八九〕其望甚辰月當衝蝕　疑有脫誤。校勘記卷一七謂當作「其望正月當衝辰蝕」。

〔九〇〕應朒者依其損益應朓者損加益減其副　「依其」下「損益應朓者」五字各本原無，據新志及術補。

〔九一〕以加蝕甚辰刻　「蝕」字各本原作「餘」，據新志及術改。

〔九二〕乃累計日入至蝕甚辰刻　「累」下各本原有「日」字，據新志及術刪。

〔九三〕及春秋分定日蝕差　「秋」字各本原無，據新志及文義補。

〔九四〕以春分差減冬至差　各本原作「減冬至」，據新志及術補。

〔九五〕六一爲差　新志作「六而一爲總差」。

〔九六〕若戴日之北　新志作「若戴日之南」。

〔九七〕變差算　「變」上各本原有「終」字，據下文及新志刪。

〔九八〕鎭星　此上各本原脫熒惑一段，新志所載如下：

熒惑

終率：二百三十七萬一千三；秒，八十六。

終日：七百七十九；餘，二千八百四十三；秒，八十六。

變差：三十二；秒，二。

象算：九十一；餘，二百三十八；秒，四十三；微分，八十四。

爻算：十五；餘，百六十六；秒，四十；微分，六十二。

〔九九〕爲爻末率　「爲」字各本原無，據新志及文義補。

〔一〇〇〕爲每損益率　新志作「爲每算損益率」。

〔一〇一〕損益其下進退　新志句下有「積」字。

〔一〇二〕卽各得其算定　新志句下有「數」字。

〔一〇三〕皆置本爻損益　新志「損益」下有「率」字。

〔一〇四〕二百七十四而一　句末各本原有「所」字，據新志及文義刪。

〔一〇五〕加所減之率　新志句上有「皆」字。

〔一〇六〕以進加退減平合日算及餘秒　「加」字各本原無，據新志及文義補。

〔一〇七〕除之爲月數　「除」字各本原作「附」，據新志及術改。

〔一〇八〕爲在其日月定及餘也　據文義及術，「在」字當爲衍文。

〔一〇九〕行二度二百二十　此句原在「變行日中率」欄內，校勘記卷一七云：「既曰留，則無日中率及度中率，此行度乃度常率。」據移在「變行度常率」欄內。下文尚有多處從「變行日中率」移至「變行度常率」，不再出校。

〔一一〇〕先疾六日　新志作「先遲六日」。

〔一一一〕行一百一十三度五百九十六　句下欄內，新志作「乘數二百三，除數五十四」。

〔一一二〕益疾七分二百二　句下欄內，新志作「曆三十八度二百一分」。

〔一一三〕先遲二日　新志作「先疾六日」。

〔一一四〕晨合後伏　各本原作「晨合伏後」，據新志及術改。

〔一一五〕各以并爲加前進後退　以上九字各本原無，據新志及術補。

〔一一六〕逆行度率則反之　以上七字各本原無，據新志及術補。

〔一一七〕其二留日之變率　「二」下各本原有「日」字，據新志及術刪。

〔一一八〕各加減本遲度之變率　「變」字各本原無，據新志及術補。

〔一一九〕若差於中率者　「差」字各本原無，據新志及術補。

〔一二〇〕各加減本疾度之變率　「度」字各本原無，據新志及術補。

〔一二一〕皆依變率爲定率　上「率」字各本原無，據新志及術補。

〔一二二〕退則依減　「減」字各本原無，據新志及術補。

〔一二三〕益疾益遲　下「益」字各本原無，據新志及文義補。

〔一二四〕即差數合隨而增損　「損」字各本原無，據新志及文義補。

〔一二五〕各求初末行分　「行」字各本原無，據新志及術補。

〔一二六〕即是也每日差所行分及小分也　據文義，「是」下「也」字當是衍文。

〔一二七〕爲平行分　「平」字各本原無，據新志及術補。

〔一二八〕爲差率　「率」字各本原無，據新志及術補。

〔一二九〕益遲者　「益」下各本原有「加」字，據新志及術刪。

〔一三〇〕其差不全而與日相合者　「日」下各本原有「月」字，據新志及術刪。

〔一三一〕先置日定率減一　「減」字各本原無，據新志及術補。

〔一三二〕命後商以除實　「以」字各本原作「之」，據新志及術改。

〔一三三〕以爻變爲前變　新志作「以夕爲前變，晨爲後變」。

〔一三四〕以變行日定率乘之　「以」字各本原作「行」，據新志及文義改。

舊唐書卷三十五

志第十五

天文上

易曰：「觀乎天文以察時變。」是故古之哲王，法垂象以施化，考庶徵以致理，以授人時，以考物紀，脩其德以順其度，改其過以慎其災，去危而就安，轉禍而爲福者也。夫其五緯七紀之名數，中官外官之位次，凌歷犯守之所主，飛流彗孛之所應，前史載之備矣。

武德年中，薛頤、庾儉等相次爲太史令，雖各善於占候，而無所發明。貞觀初，將仕郎直太史李淳風始上言靈臺候儀是後魏遺範，法制疏略，難爲占步。太宗因令淳風改造渾儀，鑄銅爲之，至七年造成。淳風因撰法象志七卷，以論前代渾儀得失之差，語在淳風傳。其所造渾儀，太宗令置於凝暉閣以用測候，既在宮中，尋而失其所在。

玄宗開元九年，太史頻奏日蝕不效，詔沙門一行改造新曆。一行奏云，今欲創曆立元，須知黃道進退，請太史令測候星度。有司云：「承前唯依赤道推步，官無黃道游儀，無由測候。」時率府兵曹梁令瓚待制於麗正書院，因造游儀木樣，甚爲精密。一行乃上言曰：「黃道游儀，古有其術而無其器。以黃道隨天運動，難用常儀格之，故昔人潛思皆不能得。今梁令瓚創造此圖，日道月交，莫不自然契合，既於推步尤要，望就書院更以銅鐵爲之，庶得考驗星度，無有差舛。」從之，至十三年造成。又上疏曰：

按舜典云：「在璿樞玉衡，以齊七政。」說者以爲取其轉運者爲樞，持正者爲衡，皆以玉爲之，用齊七政之變，知其盈縮進退，得失政之所在，卽古太史渾天儀也。自周室衰微，疇人喪職，其制度遺象，莫有傳者。漢興，丞相張蒼首創律曆之學。至武帝詔司馬遷等更造漢曆，乃定東西、立晷儀、下漏刻，以追二十八宿相距星度，與古不同。故唐都分天部，洛下閎運算轉曆，今赤道曆星度，則其遺法也。後漢永元中，左中郎將賈逵奏言：「臣前上傅安等用黃道度日月，弦望多近。史官壹以赤道度之，不與天合，至差一日以上。願請太史官日月宿簿及星度課〔一〕，與待詔星官考校。奏可。問典星待詔姚崇等十二人，皆曰：『星圖有規法，日月實從黃道，官無其器，不知施行。』甘露二年，大司農丞耿壽昌奏，以圓儀度日月行，考驗天運。日月行赤道，至牽牛、東井〔二〕，日行一度，月行十五度；至婁、角，日行一度，月行十三度，此前代所共知也。」是歲永元四載也。明年，始詔太史造黃道銅儀。冬至，日在斗十九度四分度之一〔三〕，與赤道定差二度。史官以校日月弦望，雖密近，而不爲望日〔四〕。儀〔五〕，黃道與度運轉，難候，是以少終其事。其後劉洪因黃道渾儀，以考月行出入遲速。而後代理曆者不遵其法，更從赤道命文，以驗賈逵所言，差謬益甚，此理曆者之大惑也。

今靈臺鐵儀，後魏明元時都匠解蘭所造〔六〕，規制朴略，度刻不均，赤道不動，乃如膠柱，不置黃道，進退無準。此據赤道月行以驗入曆遲速，多者或至十七度，少者僅出十度，不足以上稽天象，敬授人時。近祕閣郎中李淳風著法象志，備載黃道渾儀法，以玉衡旋規，別帶日道，傍列二百四十九交，以攜月游，用法頗雜，其術竟寢。

臣伏承恩旨，更造游儀，使黃道運行，以追列舍之變，因二分之中以立黃道，交於軫、奎之間，二至陟降各二十四度。黃道之內，又施白道月環，用究陰陽朓朒之數，動合天運，簡而易從，足以制器垂象，永傳不朽。

於是玄宗親爲製銘，置之於靈臺以考星度。其二十八宿及中外官與古經不同者，凡數十條。又詔一行與梁令瓚及諸術士更造渾天儀，鑄銅爲圓天之象，上具列宿赤道及周天度數。注水激輪，令其自轉，一日一夜，天轉一周。又別置二輪絡在天外，綴以日月，令得運行。每天西轉一帀，日東行一度，月行十三度十九分度之七，凡二十九轉有餘而日月會，三百六十五轉而日行帀。仍置木櫃以爲地平，令儀半在地下，晦明朔望，遲速有準。又立二木人於地平之上，前置鐘鼓以候辰刻，每一刻自然擊鼓，每辰則自然撞鐘。皆於櫃中各施輪軸，鉤鍵交錯，關鎖相持。既與天道合同，當時共稱其妙。鑄成，命之曰水運渾天俯視圖，置於武成殿前以示百僚。無幾而銅鐵漸澀，不能自轉，遂收置於集賢院，不復行用。

今錄游儀制度及所測星度異同，開元十二年分遣使諸州所測日晷長短，李淳風、僧一行所定十二次分野，武德已來交蝕及五星祥變，著于篇。

黃道游儀規尺寸：

旋樞雙環：外一丈四尺六寸一分，竪八分，厚三分，直徑四尺五寸九分，卽古所謂旋儀也。南北斜兩極，上下循規各三十四度，兩面各畫周天度數。一面加釘，並用銀飾，使東西運轉如渾天游儀。中旋樞軸至兩極首內，孔徑大兩度半，長與旋環徑齊，並用古尺四分爲度。

玉衡望筒：長四尺五寸八分，廣一寸二分，厚一寸，孔徑六分，古用玉飾之。玉衡，衡施於軸中，旋運持正，用闚七曜及列星之闊狹，外方內圓，孔徑一度半，周日輪也。

陽經雙環：外一丈七尺三寸，內一丈四尺六寸四分，廣四寸，厚四分，直徑五尺四寸四分，置於子午。左右用八柱相固，兩面畫周天度數，一面加釘，並銀飾之。半出地上，半入地下，雙間挾樞軸及玉衡望筒，旋環於中也。

陰緯單環：外內廣厚周徑，皆準陽經，與陽經相銜各半，內外俱齊。面平上爲天，以下爲地，橫周陽環，謂之陰渾也。面上爲兩界，內外爲周天百刻。平上御製銘序及書，並金爲字。

天頂單環：外一丈七尺三寸，豎廣八分，厚三分，直徑五尺四寸四分。當中國人頂之上，東西當卯酉之中，稍南，使見日出入，令與陽經、陰緯相固，如彀之裏黃。南去赤道三十六度，去黃道十二度，去北極五十五度，去南北平各九十一度強。

赤道單環：外一丈四尺五寸九分〔七〕，橫八分，厚三分，直徑四尺九寸。赤道者，當天之中，二十八宿之列位也。其本，後魏解蘭所造也〔八〕。因著雙規，不能運動。臣今所造者，上列周天星度，使轉運隨天，仍度穿一穴，隨穴退交，不有差謬。即知古者秋分，日在角五度，今在軫十三度；冬至，日在牽牛初，今在斗十度。擬隨差却退，故置穴也。傍在卯酉之南，上去天頂三十六度而橫置之。

黃道單環：外一丈五尺四寸一分，橫八分，厚四分，直徑四尺八寸四分。日之所行，故名黃道。古人知有其事，竟無其器，遂使太陽陟降，積歲有差。月及五星，亦隨日度出入，規制不知準的，斟量爲率，疏闊尤多。臣今創置此環，置於赤道環內，仍開合使隨轉運，出入四十八度，而極晝兩方，東西列周天度數，南北列百刻，使見日知時，不有差謬。上列三百六十策，與用卦相準，度穿一穴，與赤道相交。

白道月環：外一丈五尺一寸五分，橫度八分，厚三分，直徑四尺七寸六分。月行有迂曲遲疾，與日行緩急相反。古無其器，今創置於黃道環內，使就黃道爲交合，出入六十度〔九〕，以測每夜行度。上畫周天度數，穿一穴，擬移交會，並用銅鐵爲之。

李淳風法象志說有此日月兩環，在旋儀環上。既用玉衡，不得遂於玉衡內別安一尺望筒。運用既難，其器已澀。

游儀四柱，龍各高四尺七寸。水槽、山各高一尺七寸五分。槽長六尺九寸，高廣各四寸。水池深一寸，廣一寸五分。龍者能興雲雨，故以飾柱。柱在四維，龍下有山雲，俱在水平槽上，並銅爲之。

游儀初成，太史所測二十八宿等與經同異狀：

角二星，十二度；赤道黃道度與古同。舊經去極九十一度，今則九十三度半。星經云：「角去極九十一度，距星正當赤道，其黃道在赤道南，不經角中。」今測角在赤道南二度半，黃道復經角中，卽與天象符合。

亢四星，九度。舊去極八十九度，今九十一度半。

氐四星，十六度。舊去極九十四度，今九十八度。

房四星，五度。舊去極一百八度，今一百一十度半。

心三星，五度。舊去極一百八度，今一百一十一度。

尾九星，十八度。舊去極一百二十度，一云一百四十一度〔10〕，今一百二十四度。

箕四星，十一度。舊去極一百一十八度，今一百二十度。

南斗六星，二十六度。舊去極一百一十六度，今一百一十九度。

牽牛六星，八度。舊去極一百六度，今一百四度。

須女四星，十二度。舊去極一百度，今一百一度。

虛二星，十度。舊去極一百四度，今一百一度。北星舊圖入虛宿，今測在須女九度。

危三星，十七度。舊去極九十七度，今九十七度。北星舊圖入危宿，今測在虛六度半。

室二星，十六度。舊去極八十五度，今八十三度。

東壁二星，九度。舊去極八十六度，今八十四度。

奎十六星，十六度。舊去極七十六度，一云七十度，今七十三度。東壁九度，奎十六度〔二〕，此錯以奎西大星爲距，卽損壁二度，加奎二度，今取西南大星爲距，卽奎、壁各不失本度。

婁三星，十三度。舊去極八十度，今七十七度。

胃三星，十四度。

昴七星，十一度。舊去極七十四度，今七十二度。

畢八星，十七度。舊去極七十八度，今七十六度。

觜觿三度，舊去極八十四度，今八十二度。畢赤道與黃道度同。觜赤道二度，黃道三度。其二宿俱當黃道斜虛。畢有十六度，尙與赤道度同。觜總二度，黃道損加一度，此卽承前有誤。今測畢有十七度半，觜觿半度，並依天正。

參十星，舊去極九十四度，今九十二度。

東井八星，三十三度。舊去極七十度，今六十八度。

輿鬼五星，舊去極六十八度，今古同也。

柳八星，十五度。舊去極七十七度，一云七十九度，今八十度半。柳，合用西頭第三星爲距，比來錯取第四星，今依第三星爲正。

七星十度，舊去極九十一度，一云九十三度，今九十三度半。

張六星，十八度。舊去極九十七度，今一百度。張六星，中央四星爲朱鳥嗉，外二星爲翼。比來不取膺前爲距，錯取翼星，即張加二度半，七星欠二度半。今依本經爲定。

翼二十二星，十八度。舊去極九十七度，今一百三度。

軫四星，十七度。舊去極九十八度，今一百度。

文昌，舊二星在鬼，四星在井；今四星在柳，一星在鬼，一星在井。

北斗，魁第一星舊在七星一度，今在張十三度。第二星舊在張二度，今在張十二度半。第三星舊在翼二度，今在翼十三度。第四星舊在翼八度，今在翼十七度太。第五星舊在軫八度，今在軫十度半。第六星舊在角七度，今在角四度少。第七星舊在亢四度，今在角十二度少。

天關，舊在黄道南四度，今當黄道。

天江，舊在黄道外，今當黄道。

天囷，舊在赤道外，今當赤道。

三台：上台舊在井，今測在柳；中台舊在七星，今在張。

建星，舊去黄道北半度，今四度半。

天苑，舊在昴、畢，今在胃、昴。

王良，舊五星在壁，今四星在奎，一星在壁外。

屏，舊在觜，今在畢宿。

雲雨，舊在黃道外，今在黃道內七度。

雷電，舊在赤道外五度，今在赤道內二度〔三〕。

霹靂，舊五星並在赤道外四度，今四星在赤道內，一星在外。

土公吏，舊在赤道外，今在赤道內六度。

虛梁，舊在黃道內四度〔三〕。

外屏，舊在黃道外三度，今當黃道。

八魁，舊九星並在室，今五星在壁，四星在室。

長垣，舊當黃道，今在黃道北五度。

軍井，準經在玉井東南二度半〔四〕。

天㯳，舊在黃道北，今當黃道。

天高，舊在黃道外，今當黃道。

狗國，舊在黃道外，今當黃道。

羅堰，舊當黃道，今在黃道北。

黃道，春分之日與赤道交於奎五度太；秋分之日交於軫十四度少；冬至之日於斗十度，去赤道南二十四度；夏至之日於井十三度少，去赤道北二十四度。其赤道帶天之中，用分列宿之度；黃道斜運，以明日月之行。其冬至，洛下閎起於牛初，張衡等遷於斗度，由每歲差分不及舊次也。

日晷：周禮大司徒，常「以土圭之法測土深，正日景，以求地中。日東則景夕多風，日西則景朝多陰。日至之景尺五寸，謂之地中，天地之所合也，四時之所交也，風雨之所會也，陰陽之所合也。然則百物阜安，乃建王國焉」。鄭氏以爲「凡日景於地，千里而差一寸」。「景尺有五寸者，南戴日下萬五千里，地與星辰四游升降於三萬里之中，是以半之，得地之中焉」。鄭司農云：「土圭之長尺有五寸，以夏至之日立八尺之表，其景適與土圭等〔一三〕，謂之地中。今潁川陽城爲然。

謹按南越志：「宋元嘉中，南征林邑，以五月立表望之，日在表北，影居表南。交州日影覺北三寸，林邑覺九寸一分，所謂開北戶以向日也。」交州，大略去洛九千餘里，蓋水陸曲折，非論圭表所度，惟直考實，其五千乎！開元十二年，詔太史交州測景，夏至影表南長三寸三分，與元嘉中所測大同。然則距陽城而南，使直路應弦，至於日下，蓋不盈五千里也。測影使者大相元太云：「交州望極，纔出地二十餘度。以八月自海中南望老人星殊高。老人星下，環星燦然，其明大者甚衆，圖所不載，莫辨其名。大率去南極二十度以上，其星皆見。乃古渾天家以爲常沒地中，伏而不見之所也。」

又按貞觀中，史官所載鐵勒、迴紇部在薛延陁之北，去京師六千九百里。又有骨利幹居迴紇北方瀚海之北，草多百藥，地出名馬，駿者行數百里。北又距大海，晝長而夕短，既日沒後，天色正曛，煮一羊胛纔熟，而東方已曙。蓋近日出入之所云。凡此二事，皆書契所未載也。

開元十二年，太史監南宮說擇河南平地，以水準繩，樹八尺之表而以引度之。始自滑州白馬縣，北至之晷，尺有五寸七分。自滑州臺表南行一百九十八里百七十九步，得汴州浚儀古臺表，夏至影長一尺五寸微強。又自浚儀而南百六十七里二百八十一步，得許州扶溝縣表，夏至影長一尺四寸四分。又自扶溝而南一百六十里百一十步，至豫州上蔡武津表，夏至影長一尺三寸六分半。大率五百二十六里二百七十步，影差二寸有餘。而先儒以爲王畿千里，影移一寸，又乖舛而不同矣。

今以句股圖校之，陽城北至之晷，一尺四寸八分弱；冬至之晷，一丈二尺七寸一分半；春秋分，其長五尺四寸三分。以覆矩斜視，北極出地三十四度四分。凡度分皆以十分爲法。自滑臺表視之，高三十五度三分。差陽城九分。自浚儀表視之，高三十四度八分。差陽城四分。自武津表視之，高三十三度八分。差陽城九分。雖秒分稍有盈縮，難以目校，然大率五百二十六里二百七十步而北極差一度半，三百五十一里八十步而差一度。樞極之遠近不同，則黃道之軌景固隨而遷變矣。

自此爲率，推之比歲朗州測影，夏至長七寸七分，冬至長一丈五寸三分，春秋分四尺三寸七分半。以圖測之，定氣長四尺四寸七分。按圖斜視，北極出地二十九度半。差陽城五度二分。蔚州橫野軍測影，夏至長二尺二寸九分，冬至長一丈五尺八寸九分，春秋分長六尺四寸四分半。以圖測之，定氣六尺六寸三分半。按圖斜視，北極出地四十度。差陽城五度二分。凡南北之差十度半，其徑三千六百八十里九十步。自陽城至朗州，一千八百二十六里百九十六步，自陽城至蔚州橫野軍，一千八百六十一里二百一十四步。北至之晷，差一尺五寸三分，自陽城至朗州，差七寸二分，自陽城至橫野軍，差八寸。南至之晷，差五尺三寸六分。自陽城至朗州，差二尺一寸八分，自陽城至橫野軍，差三尺一寸八分。率夏至與南方差少，冬至與北方差多。又以圖校安南，日在天頂北二度四分，北極高二十度四分，冬至影長七尺九寸四分，定春秋分影長二尺九寸三分。差陽城十四度三分，其徑五千二十三里。至林邑國〔六〕，日在天頂北六度六分強，北極之高十七度四分，周圓三十五度，常見不隱，冬至影長六尺九寸〔七〕，其徑六千一百一十二里。假令距陽城而北，至鐵勒之地亦十七度四分，合與林邑正等，則五月日在天頂南二十七度四分〔八〕，北極之高五十二度，周圓一百四度，常見不隱。北至之晷四尺一寸三分，南至之晷二丈九尺二寸六分。定春秋分影長九尺八寸七分。北方其沒地纔十五度餘，昏伏於亥之正西，晨見於丑之正東，以里數推之，已在迴紇之北，又南距洛陽九千八百一十里，則五月極長之日，其夕常明，然則骨利幹猶在其南矣。

又先儒以南戴日下萬五千里爲句股，邪射陽城爲弦，考周徑之率以揆天度，當一千四百六里二十四步有餘。今測日影，距陽城五千餘里，已居戴日之南，則一度之廣，皆宜三分去二，計南北極相去纔八萬餘里，其徑五萬餘里，宇宙之廣，豈若是乎？然則王蕃所傳，蓋以管窺天，以蠡測海之義也。

古人所以恃句股之術，謂其有徵於近事。顧未知目視不能遠，浸成微分之差，其差不已，遂與術錯。如人游於大湖，廣不盈百里，而覩日月朝夕出入湖中。及其浮于巨海，不知幾千萬里，猶覩日月朝出其中，夕入其中。若於朝夕之際，俱設重差而望之，必將小大同術而不可分矣。

夫横既有之，縱亦宜然。假令設兩表，南北相距十里，其崇皆數十里，若置火炬於南表之端，而植八尺之木於其下，則當無影。試從南表之下，仰望北表之端，必將積微分之差，漸與南表參合。表首參合，則置炬於其上，亦當無影矣。又置火炬於北表之端，而植八尺之木於其下，則當無影。試從北表之下，仰望南表之端，又將積微分之差，漸與北表參合。表首參合，則置炬於其上，亦當無影矣。復於二表之間，相距各五里，更植八尺之木，仰而望之，則表首環屈而相會。若置火炬於兩表之端，皆當無影。夫數十里之高與十里之廣，然則邪射之影與仰望不殊。今欲求其影差以推遠近高下，猶尚不可知也；而況稽周天積里之數於不測之中，又可必乎！假令學者因二十里之高以立句股之術，尚不知其所以然，況八尺之木乎！

原人所以步圭景之意〔二九〕，將欲節宣和氣，輔相物宜，而不在於辰次之周徑；其所以重曆數之意，將欲敬授人時，欽若乾象，而不在於渾、蓋之是非。若乃述無稽之談於視聽之所不及，則君子闕疑而不質，仲尼慎言而不論也。而或者各守所傳之器以述天體，謂渾元可任數而測，大象可運算而闚，終以六家之說，迭爲矛盾。今誠以爲蓋天，則南方之度漸狹；以爲渾天，則北方之極浸高。此二者，又渾、蓋之家未能有以通其說也。由是而觀，則王仲任、葛稚川之徒，區區於異同之辨，何益人倫之化哉！

又凡日晷差，冬夏至不同，南北亦異，而先儒一以里數齊之，喪其事實。沙門一行因脩大衍圖，更爲覆矩圖，自丹穴以暨幽都之地，凡爲圖二十四，以考日蝕之分數，知夜漏之短長。今載諸州測景尺寸如左：

林邑國〔三〇〕，北極高十七度四分。冬至影在表北六尺九寸。定春秋分影在表北二尺八寸五分，夏至影在表南五寸七分。

安南都護府，北極高二十六度六分〔三一〕。冬至影在表北七尺九寸四分。定春秋分影在表北二尺九寸三分，夏至影在表南三寸三分。

朗州武陵縣，北極高二十九度五分。冬至影在表北一丈五寸三分。定春秋分影在表北四尺三寸七分半〔三二〕，夏至影在表北七寸七分。

襄州。恆春分影在表北四尺八寸。

蔡州上蔡縣武津館，北極高三十三度八分。冬至影在表北一丈二尺三寸八分。定春秋分影在表北五尺二寸八分，夏至影在表北一尺三寸六分半。

許州扶溝，北極高三十四度三分。冬至影在表北一丈二尺五寸三分。定春秋分影在表北五尺三寸七分，夏至影在表北一尺四寸四分〔三三〕。

汴州浚儀太岳臺，北極高三十四度八分。冬至影在表北一丈二尺八寸五分。定春秋分影在表北五尺五寸，夏至影在表北一尺五寸三分。

滑州白馬，北極高三十五度三分。冬至影在表北一丈三尺。定春秋分影在表北五尺三寸六分，夏至影在表北一尺五寸七分。

太原府。恆春分影在表北六尺。

蔚州橫野軍，北極高四十度〔三四〕。冬至影在表北一丈五尺八寸九分。定春秋分影在表北六尺六寸三分，夏至影在表北二尺二寸九分。

校勘記

〔一〕顧請太史官日月宿簿及星度課　「宿」字各本原作「星」，據後漢書律曆志中、唐會要卷四二改。

〔二〕至牽牛東井　「至」字各本原無，據後漢書律曆志中、唐會要卷四二補。

〔三〕日在斗十九度四分度之一　下「度」字各本原無，據後漢書律曆志中、唐會要卷四二補。

〔四〕而不爲望日　「望」字後漢書律曆志中作「注」。

〔五〕儀　唐會要卷四二「儀」上有「銅」字。

〔六〕都匠解蘭　「解」字新書卷三一天文志作「斛」。

〔七〕外一丈四尺五寸九分　「外」下各本原有「以」字，據新書卷三一天文志及文義刪。

〔八〕後魏解蘭　殿本、懼盈齋本、局本、廣本同，聞本「解」作「斛」。

〔九〕出入六十度　新書卷三一天文志作「出入六度」。

〔一〇〕一云一百四十一度　校勘記卷一八云：「據術，當作一百二十一度。」

〔一一〕東壁九度奎十六度　校勘記卷一八云：「東上脫舊字，又七度誤作九度，十八度誤作十六度。」

〔一二〕今在赤道內二度　「內」字各本原無，據新書卷三一天文志補。

〔一三〕虛梁舊在黃道內四度　新書卷三一天文志作：「虛梁，舊經在黃道外，今測在黃道內四度。」合鈔卷五〇天文志作：「虛梁，舊在黃道外，今在黃道內四度。」

〔一四〕準經在玉井東南二度半　「度」字各本原作「斗」，據合鈔卷五〇天文志、十七史商榷卷七七改。

〔一五〕立八尺之表其景適與土圭等　「之表」「土圭」四字各本原無，據周禮大司徒鄭氏注原文改。

〔一六〕至林邑國　「國」字各本原作「圖」，據唐會要卷四二及文義改。

〔一七〕冬至影長六尺九寸　「冬至」二字各本原無，據唐會要卷四二、新書卷三一天文志補。

〔一八〕則五月日在天頂南二十七度四分　「南」字各本原無，據新書卷三一天文志補。

〔一九〕原人所以步圭景之意　新書卷三一天文志「人」上有「古」字。

〔二〇〕林邑國　「國」字各本原作「圖」，據唐會要卷四二及十七史商榷卷七七改。

〔二一〕二十六度六分　唐會要卷四二作「二十一度六分」，又本志上文及新書卷三一天文志均謂安南北極高二十度四分，此處數字疑有誤。

〔二二〕四尺三寸七分半　各本原作「四寸七分」，據上文改。唐會要卷四二作「四尺四寸七分」。

〔二三〕一尺四寸四分　「一尺」，各本原作「五尺」，據上文及唐會要卷四二改。

〔二四〕北極高四十度　「四」字各本原作「三」，據上文及唐會要卷四二改。

舊唐書卷三十六

志第十六

天文下

天文之爲十二次，所以辨析天體，紀綱辰象，上以考七曜之宿度，下以配萬方之分野，仰觀變謫，而驗之於郡國也。傳曰：「歲在星紀，而淫于玄枵。」「姜氏、任氏，實守其地。」及七國交爭，善星者有甘德、石申，更配十二分野，故有周、秦、齊、楚、韓、趙、燕、魏、宋、衞、魯、鄭、吳、越等國。張衡、蔡邕，又以漢郡配焉。自此因循，但守其舊文，無所變革。且懸象在上，終天不易，而郡國沿革，名稱屢遷，遂令後學難爲憑準。貞觀中，李淳風撰法象志，始以唐之州縣配焉。至開元初，沙門一行又增損其書，更爲詳密。既事包今古，與舊有異同，頗裨後學，故錄其文著于篇。并配武德以來交蝕淺深及注蝕不虧，以紀日月之變云爾。

須女、虛、危，玄枵之次。子初起女五度，二千三百七十四分，秒四少。中虛九度，終危十二度。其分野：自濟北郡東踰濟水，涉平陰至于山茌〔一〕，漢太山郡山茌縣，屬齊州西南之界。東南及高密，漢高密國，今在密州北界。自此以上，玄枵之分。東盡東萊之地，漢之東萊郡及膠東國，今爲萊州、登州也。又得漢之北海、千乘、淄川、濟南、齊郡，今爲淄、青、齊等州，及濟州東界。及平原、渤海，盡九河故道之南，濱于碣石。今爲德州、棣州，滄州其北界。自九河故道之北，屬析木分也。

營室、東壁，陬訾之次。亥初起危十三度，二千九百二十六分太。中室十二度，五百五十分，秒二十一半。終奎一度。其分野：自王屋、太行而東，盡漢河內之地，今爲懷州、洛、衞州之西境。北負漳、鄴，東及館陶、聊城，漢地自黎陽、內黃及鄴、魏、武安，東至館陶、元城，皆屬魏郡；自頓邱、三城、武陽〔二〕，東至聊城，皆屬東郡。今爲相、魏、衞州。東盡漢東郡之地，漢東郡、清河，西南至白馬、濮陽，東至東河、須昌，濱濟，至于鄆城。今爲滑州、濮州、鄆州。其須昌、濟東之地，屬降婁，非豕韋也。

奎、婁及胃，降婁之次。戌初起奎二度，一千二百一十七分，秒十七少。中婁一度，一千八百八十三。終胃三度。其分野：南屆鉅野，東達梁父，以負東海。又東至于呂梁〔三〕，乃東南抵淮水，而東盡于徐夷之地。東爲降婁之次。得漢東平、魯國〔四〕。漢東平國在任城、平陸，今在兗州。奎爲大澤，在陬訾之下流，濱于淮、泗，東北負山，爲婁、胃之墟。蓋中國膏腴之地，百穀之所阜也。胃星得馬牧之氣，與冀之北土同占。

昴、畢，大梁之次。畢酉初起胃四度〔五〕，二千五百四十九分，秒八太。中昴六度，一百七十四分半。終畢九度。其分野：自魏郡濁漳之北，得漢之趙國、廣平、鉅鹿、常山，東及清河、信都，北據中山、眞定。今爲洺、趙、邢、恆、定、冀、貝、深八州。又分相、魏、博之北界，與瀛州之西，全趙之分。又北盡漢代郡、鴈門、雲中、定襄之地，與北方羣狄之國，皆大梁分也。

觜觿、參伐，實沈之次也。申初起畢十度，八百四十一分，十五太。中參七度，一千五百二十六，終井十一度。其分野：得漢河東郡，今爲蒲、絳、晉州，又得澤州及慈州界也。及上黨、今爲澤、潞、儀、沁也。太原，今爲幷、汾州。盡西河之地。今爲隰州、石州、嵐州，西涉河，得銀州以北也。又西河戎狄之國，皆實沈分也。今河東郡永樂、芮城、河北縣及河曲豐、勝、夏州，皆爲實沈之次，東井之分也。參伐爲戎索，爲武政，故殷河東，盡大夏之墟。上黨次居下流，與趙、魏相接，爲觜觿之分。

東井、輿鬼，鶉首之次也。未初起井十二度，二千一百七十二秒，十五太。中井二十七度，二千八百二十八分，秒一半。終柳六度。其分野：自漢之三輔及北地、上郡、安定，西自隴坻至河西，西南盡巴、蜀、漢中之地，及西南夷犍爲、越嶲、益州郡，極南河之表，東至牂柯，皆鶉首分也。鶉首之分，得禹貢雍、梁二州，其郡縣易知，故不詳載。狼星分野在江、河上源之西，弧矢、犬、雞，皆徼外之象。今之西羌、吐蕃、蕃渾，及西南徼外夷，皆狼星之象。

柳、星、張，鶉火之次。午初起柳七度，四百六十四，秒七少。中七星七度〔六〕，一千一百三。終張十四度。其分野：北自滎澤、滎陽，並京、索，暨山南，得新鄭、密縣，至於方陽〔七〕。方陽之南得漢之潁川郡陽翟〔八〕、崇高、郟城、襄城，南盡鄴縣。今爲鄧、汝、唐、仙四州界。又漢南陽郡，北自宛、葉，南盡漢東申、隨之地，大抵以淮源桐柏、東陽爲限。今之唐州、隨州屬鶉火，申州屬壽星。又自洛邑負河之南〔九〕，西及函谷南紀〔一〇〕，達武當漢水之陰，盡弘農郡。漢弘農盧氏、陝縣，今爲虢、陝二州。上洛、商洛爲商州。丹水爲均州。宜陽、澠池、新安、陸渾，今屬洛州。古成周、虢、鄭、管、鄶、東虢〔一一〕、密、滑、焦、唐、申、鄧，皆鶉火分也，及祝融氏之都。新鄭爲祝融氏之墟，屬鶉火。其東鄙則入壽星。舊說皆在函谷〔一二〕，非也。柳、星、輿鬼之東，又接漢源，故殷商、洛之陽，接南河之上流。七星上係軒轅，得土行之正位，中岳象也，故爲河南之分。張星直河南漢東〔一三〕，與鶉尾同占。

翼、軫，鶉尾之次。巳初起張十五度，一千七百九十五，秒二十二少。中翼十二度，二千四百六十一，秒八半。終軫九度。其分野：自房陵、白帝而東，盡漢之南郡、南郡：巫縣，今在夔州〔一四〕。秭歸在西，夷陵在峽州。襄、夔、郢、申在襄、郢界，餘爲荊州。江夏，江夏：竟陵今爲復州，安、鄂、蘄、沔、黃五州，皆漢江夏界。東達廬江南郡〔一五〕。漢廬江之尋陽，今在江州，於山河之像，宜屬鶉尾也。濱彭蠡之西，得漢長沙、武陵、桂陽、零陵郡。零陵今爲道州、永州。桂陽今爲郴州。大抵自沅、湘上流，西通黔安之左，皆楚之分也。又逾南紀，盡鬱林、合浦之地。鬱林縣今在貴州。定林縣今在廉州。合浦縣今爲桂州。今自富、昭、蒙、龔、繡、容、白、罕八州以西〔一六〕，皆屬鶉尾之墟也。荊、楚、郢、鄀、羅、權、巴、夔與南方蠻貊，殷河南之南〔一七〕。其中一星主長沙國，逾嶺徼而南，皆甌東、青丘之分。今安南諸州，在雲漢上源之東，宜屬鶉火〔一八〕。

角、亢，壽星之次。辰初起軫十度，八十七，秒十四半。中角八度，七百五十，秒三十。終氐一度。其分野：自原武、管城，濱河、濟之南，東至封邱、陳留，盡陳、蔡、汝南之地，逾淮源至于弋陽。漢陳留郡，自封邱、陳留已東，皆入大火之分。漢汝南，今爲豫州。西華、南頓、項城縣今爲陳州。汝陰縣今在潁州。弋陽縣在光州。西涉南陽郡，至于桐柏，又東北抵嵩之東陽。漢南陽郡舂陵、湖陽、蔡陽，後分爲舂陵郡，後魏以爲南荆州，今有舊義陽郡，在中國之東界，今爲申州。按中國地絡，在南北河之間〔一九〕，故申、隨、光三州，皆屬禹貢豫州之分，宜屬鶉火、壽星。非南方負海之地。古陳、蔡、隨、許，皆屬壽星分也。氐星涉壽星之次，故其分野殷雒邑衆山之東，與亳土相接。

氐、房、心，大火之次也。卯初起氐二度，一千四百一十九分，秒五太。中房二度，二千八百五分，秒一半。終尾六度。其分野：得漢之陳留縣，自雍丘、襄邑、小黃而東，循濟陰，界于齊、魯，右泗水，達於呂梁，乃東南抵淮，西南接太昊之墟，盡濟陰、山陽、楚國、豐、沛之地。濟陰郡之定陶〔二〇〕、寃句、乘氏，今在東郡〔二一〕。大抵曹、宋、徐、亳及鄆州西界，皆屬大火分。自商、亳以負北河，陽氣之所升也，爲心分。自豐、沛以負南河，陽氣之所布也，爲房分。故其下流皆與尾星同占，西接陳、鄭，爲氐星之分。

尾、箕，析木之次也。寅初起尾七度，二千七百五十分，秒二十一少。中箕星五度，三百七十分，秒六十七。終斗八度。其分野：自渤海九河之北，盡河間、涿郡、廣陽國，漢渤海郡浮陽，今爲清池縣，屬滄州。涿郡之饒陽，今屬瀛州。涿縣、良鄉與廣陽國薊縣，今在幽州。及上谷、漁陽、右北平、遼東、樂浪、玄菟，漁陽在幽州。右北平在白狼無終縣，隋代爲漁陽郡，古孤竹國，後置北平郡，今爲平州。遼東在無慮縣，即周禮醫無閭山。樂浪在朝鮮縣，玄菟在高句驪縣，今皆在東夷也。古之北燕、孤竹、無終及東方九夷之國，皆析木之分也，尾得雲漢之末流，北紀之所窮也。箕與南斗相近，故其分野在吳、越之東。

南斗、牽牛，星紀之次也。丑初起斗九度，一千四十二十分，秒二太。中斗二十四度，一千一百分，秒八半。終女四度。其分野：自廬江、九江，負淮水之南，盡臨淮、廣陵，至于東海，廬〔二二〕、壽、和、滁、揚，皆屬星紀也。又逾南河，得漢丹陽、會稽、豫章郡，西濱彭蠡，南涉越州，盡蒼梧、南海。又逾嶺表，自韶、廣、封、梧、藤、羅、雷州，南及珠崖自北以東爲星紀〔二三〕，其西皆屬鶉尾之次。古吳、越及東南百越之國，皆星紀分也。南斗在雲漢之下流，當淮、海之間，爲吳分。牽牛去南河寖遠，故其分野自豫章東達會稽，南逾嶺徼，爲越分。島夷蠻貊之人，聲教之所不洎，皆係于狗國。李淳風刊定隋志，郡國頗爲詳悉，所注郡邑多依用。其後州縣又隸管屬不同〔二四〕，但據山河以分耳。

武德元年十月壬申朔，四年八月丙戌朔，六年十二月壬寅朔，九年十月丙辰朔。

貞觀元年閏三月癸丑朔，九月庚戌朔，二年三月戊申朔，三年八月己巳朔，四年閏正月丁卯朔〔二五〕，六年正月乙卯朔，九年閏四月丙寅朔，十一年三月丙戌朔，十二年閏二月庚辰朔，十三年八月辛未朔，十七年六月己卯朔，十八年十月辛丑朔，二十年閏三月癸巳朔，二十二年八月己酉朔。

高宗顯慶五年六月庚午朔。乾封二年八月己酉朔〔二六〕。總章二年六月戊申朔。咸亨元年六月壬寅朔，二年十一月甲午朔，三年十一月戊子朔。上元元年三月辛亥朔，二年九月壬寅朔。調露二年四月乙巳朔，十一月壬寅朔〔二七〕。開耀元年十月丙寅朔。永淳元年四月甲子朔，十一月庚申朔〔二八〕。

則天垂拱二年二月辛未朔，四年六月丁亥朔。天授二年四月壬寅朔。如意元年四月丙申朔。長壽二年九月丁亥朔，三年九月壬午朔〔二九〕。延載元年九月壬午朔。證聖元年二月己酉朔。聖曆三年五月乙酉朔〔三〇〕。久視元年五月己酉朔。長安二年九月乙丑朔，三年三月壬戌朔，九月庚寅朔。

中宗神龍三年六月丁卯朔。景龍元年十二月乙丑朔。

睿宗太極元年二月丁卯朔。

玄宗先天元年九月丁卯朔。開元三年七月庚辰朔，六年五月乙丑朔〔三一〕，九年五月乙巳朔〔三二〕，十二年閏十二月壬辰朔〔三三〕，十七年十月丙午朔〔三四〕，二十年二月癸酉朔〔三五〕，八月辛未朔，二十一年七月乙丑朔，二十二年十二月戊子朔，二十三年閏十一月壬午朔，二十六年九月丙申朔，二十八年三月丁亥朔。天寶元年七月癸卯朔，五載五月壬子朔，十三載六月乙丑朔。

肅宗至德元載十月辛巳朔。上元二年七月癸未朔，蝕既，大星皆見。

代宗大曆三年三月乙巳朔，四年正月十五日甲午蝕〔三六〕。十三年甲戌〔三七〕，有司奏合蝕不蝕。十四年二月丙寅朔〔三八〕。

德宗貞元三年八月辛巳朔〔三九〕，日蝕。有司奏，准禮請伐鼓于社，不許。太常卿董晉諫曰：「伐鼓所以責羣陰，助陽德，宜從經義。」竟不報。六年正月戊戌朔，有司奏合蝕不蝕，百僚稱賀。七年六月庚寅朔，有司奏蝕，是夜陰雲不見，百官表賀。八年十一月壬子朔，先是司天監徐承嗣奏：「據曆，合蝕八分，今退蝕三分。准占，君盛明則陰匿而潛退。請書于史。」從之。十年四月癸卯朔，有司奏太陽合虧，巳正後刻蝕之既〔四〇〕，未正後五刻復滿。太常奏，准禮上不視朝。其日陰雲不見，百官表賀。十七年五月壬戌蝕〔四一〕。

元和三年七月癸巳蝕〔四〕。憲宗謂宰臣曰：「昨司天奏太陽虧蝕，皆如其言，何也？又素服救日，其儀安在？」李吉甫對曰：「日月運行，遲速不齊。日凡周天三百六十五度有餘，日行一度，月行十三度有餘，率二十九日半而與日會。又月行有南北九道之異，或進或退，若晦朔之交，又南北同道，即日爲月之所掩，故名薄蝕。雖自然常數可以推步，然日爲陽精，人君之象，若君行有緩有急，即日爲之遲速。稍踰常度，爲月所掩，即陰浸於陽。亦猶人君行或失中，應感所致。故禮云：『男教不修，陽事不得，謫見于天，日爲之蝕。』古者日蝕，則天子素服而修六官之職，月蝕，則后素服而修六宮之職，皆所以懼天戒而自省惕也。人君在民物之上，易爲驕盈，故聖人制禮，務乾恭兢惕，以奉若天道。苟德大備，天人合應，百福斯臻。陛下恭己向明，日愼一日，又顧憂天譴，則聖德益固，升平何遠。伏望長保睿志，以永無疆之休。」上曰：「天人交感，妖祥應德，蓋如卿言。素服救日，自貶之旨也，朕雖不德，敢忘兢惕。卿等當匡吾不逮也。」十年八月己亥朔，十三年六月癸丑朔。

長慶二年四月辛酉朔，三年九月壬子朔。

大和八年二月壬午朔。開成二年十二月庚寅朔〔四〕，當蝕，陰雲不見。

會昌三年二月庚申朔，四年二月甲寅朔，五年七月丙午朔，六年十二月戊辰朔，皆蝕。

武德九年二月二十三日夜，星孛于胃、昴間，凡二十八日〔四〕，又孛于卷舌。

貞觀八年八月二十三日，星孛于虛、危，歷于玄枵，凡十一日而滅。太宗謂侍臣曰：「是何妖也？」虞世南對曰：「齊景公時，有彗星。晏子對曰：『公穿池畏不深，築臺恐不高，行刑恐不重，是以彗爲誡耳。』景公懼而修德，十六日而星滅。臣聞若德政不修，麟鳳數見，無所補也；苟政教無闕，雖有災慼，何損於時。伏願陛下勿以功高古人而矜大〔五〕，勿以太平日久而驕逸，愼終如始，彗何足憂。」帝深嘉之。十三年三月二十二日夜，星孛于畢、昴。十五年六月十九日，星孛於太微，犯郎位。七月甲戌滅。

總章元年四月，彗見五車，上避正殿，減膳，令內外五品已上上封事，極言得失。許敬宗曰：「星雖孛而光芒小，此非國眚，不足上勞聖慮，請御正殿，復常膳。」不從。敬宗又進曰：「星孛于東北，王師問罪，高麗將滅之徵。」帝曰：「我爲萬國主，豈移過於小蕃哉！」二十二日星滅。上元二年十月，彗見于角、亢南，長五尺。三年七月二十一日，彗見東井，指南河、積薪，長三尺餘，漸向東北，光芒益盛，長三丈，掃中台，指文昌，經五十八日而滅。永隆二年九月一日，萬年縣女子劉凝靜，乘白馬，著白衣，男子從者八九十人，入太史局，升令廳牀坐，勘問比有何災異。太史令姚玄辯執之以聞。是夜彗見西方天市中，長五尺，漸小，向東行，出天市，至河鼓右旗，十七日滅。永淳二年三月十八日，彗見五車之北，凡二十五日而滅。

文明元年七月二十二日，西方有彗，長丈餘，凡四十九日滅。

光宅元年九月二十九日，有星如半月，見西方。

景龍元年十月十八日，彗見西方，凡四十三日而滅。二年二月，天狗墜于西南，有聲如雷，野雉皆雊。七月七日，星孛胃、昴之間。三年八月八日，星孛于紫宮。

太極元年七月四日，彗入太微。

開元十八年六月十一日，彗見五車；三十日，星孛于畢、昴。二十六年三月八日，星孛于紫微垣，歷斗魁，十餘日，陰雲不見。

武德元年六月三日，熒惑犯左執法。八年九月二十二日，熒惑入太微。九年五月，傅奕奏：「太白晝見于秦，秦國當有天下。」高祖以狀授太宗。及太宗即位，召奕謂曰：「汝前奏事幾累我，然而今後但須悉心盡言，無以前事爲慮。」

貞觀十三年五月，熒惑犯右執法。十五年二月十五日，熒惑逆犯太微東藩上相。十七年三月七日，熒惑守心前星，十九日退。其月二十二日，熒惑犯句陳。九月二十九日，熒惑犯太微西藩上將。十九年九月二十四日，太白在太微，犯左執法，光芒相及。

永徽三年六月二日，熒惑犯右執法；三日，太白入太微，犯右執法。顯慶五年二月三日，熒惑入南斗。龍朔元年九月十四日，太白犯太微左執法。乾封二年五月，熒惑入軒轅。咸亨元年十二月，熒惑入太微。上元二年正月九日，熒惑犯房星。儀鳳四年四月九日，熒惑犯羽林。調露二年五月二十四日，太白經天。

長安四年，熒惑入月及鎮星，犯天關。太史令嚴善思奏：法有亂臣伏罪，臣下謀上之變。歲餘，誅二張，五王立中宗。

景龍三年六月八日晷，太白晝見于東井。

景雲二年三月二十七日，太白入羽林。太極元年三月三日，熒惑入東井；四月十二日，熒惑與太白守東井。

先天元年八月十四日夜，月蝕盡，有星入月魄中。十六日，太白襲月。開元十年七月二十九日，熒惑入南斗。天寶十三載五月，熒惑守心五十餘日。

至德元載十一月二十六日，熒惑、太白同犯昴。

武德二年三月二十七日，太白、辰、鎮聚于東井。九年六月十八日，辰、歲會于東井。二十三日，辰、歲、太白又會于東井。

貞觀十八年五月，太白、辰合于東井。

景雲二年七月，太白、鎮同在張宿。

武德三年十月三十日，有流星墜於東都城內，殷殷有聲。高祖謂侍臣曰：「此何祥也？」起居舍人令狐德棻曰：「昔司馬懿伐遼，有流星墜于遼東梁水上，尋而公孫淵敗走，晉軍追之，至其星墜處斬之。此王世充滅亡之兆也。」

貞觀十八年五月，有流星大如斗，五日出東壁，光照地〔四七〕，聲如雷。

咸亨三年二月三日，有流星如雷。

景龍二年二月十九日，大星墜于西南，聲如雷，野雉皆雊。

景雲二年八月十七日，東方有流星出五車，至于上台。

天寶三載閏二月十七日，星墜于東南，有聲。京師訛言官遣棖棖捕人肝以祭天狗，人相恐，畿內尤甚。

景龍元年九月十八日，有赤氣竟天，其光燭地，經三日乃止。九月四日，黃霧昏。

唐隆元年六月八日，虹蜺竟天。

至德後

災異編年

至德元年三月乙酉，歲、太白、熒惑合于東井。十月辛丑朔，日有食之〔四八〕。十一月壬戌五更，有流星大如斗，流于東北，長數丈，蛇行屈曲，有碎光迸空。乾元元年四月，熒惑、鎮、太白合於營室。太史南宮沛奏：所合之處戰不勝，大人惡之，恐有喪禍。明年冬〔四九〕，郭子儀等九節度之師自潰於相州。五月癸未夜一更三籌，月掩心前星，二更四籌方出。六月癸丑〔五〇〕，月入南斗魁。二年二月丙辰，月犯心前大星，相去三寸。三年四月丁巳夜五更，彗出東方，色白，長四尺，在婁、胃間，疾行向東北角，歷昴、畢、觜、參、井、鬼、柳、軒轅，至太微右執法七寸所，凡五十餘日方滅。閏四月辛酉朔，妖星見于南方，長數丈。是時自四月初大霧大雨，至閏四月末方止。是月，逆賊史思明再陷東都，米價踊貴，斗至八百文，人相食，殍尸蔽地。上元元年十二月癸未夜，歲掩房星。二年七月癸未朔，日有蝕之，大星皆見。司天秋官正瞿曇譔奏曰：「癸未太陽虧，辰正後六刻起虧，巳正後一刻既，午前一刻復滿。虧於張四度，周之分野。甘德云，『日從巳至午蝕爲周』，周爲河南，今逆賊史思明據。乙巳占曰，『日蝕之下有破國』。」其年九月，制去上元之號，單稱元年，月首去正、二、三之次，以「建」

冠之。其年建子月癸巳亥時一鼓二籌後，月掩昴，出其北，兼白暈；畢星有白氣從北來貫昴。司天監韓穎奏曰：「按石申占，『月掩昴，胡王死』。又『月行昴北，天下福』。臣伏以三光垂象，月爲刑殺之徵。二石殲夷，史官常占。畢、昴爲天綱，白氣兵喪，掩其星則大破胡王，行其北則天下有福。巳爲周分，癸主幽、燕，當羯胡竊據之郊，是殘寇滅亡之地。」明年，史思明爲其子朝義所殺。十月，雍王收復東都。上元三年正月時去上元之號，今存之以正年。建辰月，肅宗病。是月丙戌，月上有黃白冠連成暈，東井、五諸侯、南北河、輿鬼皆在中。建巳月，以楚州獻定國寶，乃改元寶應，月復以正、二、三爲次。其月，肅宗崩。

代宗即位。其月壬子夜，西北方有赤光見，炎赫亙天，貫紫微，漸流于東，瀰漫北方，照耀數十里，久之乃散。辛未夜，江陵見赤光貫北斗，俄僕固懷恩叛。明年十月，吐蕃陷長安，代宗避狄幸陝州。廣德二年五月丁酉朔，日當蝕不蝕，羣臣賀。十二月三日夜，星流如雨，自亥及曉。永泰元年九月辛卯，太白經天。是月吐蕃逼京畿。二年六月丁未，日重輪，其夜月重輪，是年大水。大曆元年十二月己亥〔五二〕，彗星出匏瓜，長尺餘，犯宦者星。二年七月癸亥，熒惑色赤黃，順行入氐。乙丑夜，鎮星色黃，近辰星，在東井初度。丙寅申時，有青赤氣長四十餘尺，見日旁，久之乃散。己巳夜，歲星順行去司怪七寸。庚午夜，月逼天關。壬申十二月，赤氣長二丈亙日上〔五三〕。甲戌酉時，白氣亙天。八月壬午，月入氐。

戊子，月犯牽牛，相去九寸。己丑夜，月犯畢，相去四寸。九月戊申朔，歲星守東井，凡七日。乙卯，吐蕃入寇，至邠寧。戊午夜，白霧起尾西北，瀰漫亙天。乙丑晝，有流星大如一升器，其色黃明，尾迹長六七十尺，出于午，流于丑。戊辰夜，熒惑去南斗五寸。乙亥，青赤氣亙于日旁。十一月辛酉夜，月去東井一尺。甲子夜，月去軒轅一尺。壬戌，京師地震，有聲如雷，自東北來。十二月丁酉夜，熒惑入壁壘。戊戌，有黑氣如霧，亙北方，久之方散。三年正月壬子夜，月掩畢。丁巳巳時，日有黃冠，青赤珥。三月乙巳朔，日有蝕之，自午虧，至後一刻，凡蝕十分之六分半。癸丑夜，太白去天罇八寸。癸酉夜，太白順行，去歲星二尺。七月壬申夜，五星並列東井〔三三〕。占云：「中國之利。」八月己酉，月入畢。辛酉，月入東井。壬戌，火星去太白四寸。庚午夜，太白犯左執法，相去一尺。九月壬申夜，歲星入輿鬼。乙亥夜，大星如斗，自南流北，其光燭地。丁丑夜，熒惑入太微垣。己卯夜，太白犯左執法〔三四〕，相去六寸。戊子夜，歲星去輿鬼一尺。己丑夜，月犯東井，去五寸。庚戌，熒惑去太微五寸，太白去進賢四寸。癸巳，月去靈臺一尺。四年正月十五日，日有蝕之〔三五〕。二月丙午夜，熒惑有芒角，去房星二尺所。丙辰夜，地震，有聲如雷者三。三月壬午，熒惑有芒角，入氐。癸未，月去氐一尺。戊子夜，鎮星近輿鬼。五月丙戌，京師地震。七月，熒惑犯次相星。九月丁卯，熒惑犯郎位。是歲自四月霖雨，至秋末方息，京師米斗八百文。五年四月乙巳夜，歲星入軒轅。己未夜，彗出五車，蓬孛，光芒長三丈。五月己卯夜(五六)，彗出北方，其色白。癸未夜，彗隨天東行，近八穀。甲申，西北方白氣竟天。六月丙申，月去太微左執法一寸。丁酉，月去哭星二寸。庚子，月去氐七寸。癸卯，彗去三公二尺。庚戌，太白入東井。甲寅，白氣出西北方，竟天。己未，彗星滅。七月，京師米價騰踊，斗千錢。六年七月乙巳夜，月掩畢，入昴畢中。壬子，月去太微二寸。八月庚辰，月入太微。九月壬辰，熒惑犯哭星，去二寸。庚子夜，火去泣星四寸，月掩畢。甲辰夜，西南流星大如一升器，有尾跡，光明照地，珠子散落，長五丈餘；出須女，入天市南垣滅。丁未，月入太微。辛亥，熒惑入壁壘。十月丁卯，月掩畢。甲戌，月入軒轅。十一月壬寅，月入太微。丙午夜，月掩氐。十二月己巳(五七)，月入太微。七年正月乙未夜，月近軒轅。二月戊午，月掩天關。辛酉，月逼輿鬼。己巳，熒惑逼天衢。三月辛卯，月逼靈臺。四月丁巳，熒惑入東井。辛未，歲星入東角。壬申，月入羽林。丙子，鎮星臨太微。五月丙戌，月入太微。六月乙亥，月臨東井。十二月甲子，太白入羽林。丙寅，雨土，是夜，長星出于參。八年五月庚辰，熒惑入羽林。六月戊辰，流星大如一升器，有尾跡，長三丈，流入太微。七月己卯，太白入東井，留七日而出。庚寅酉時，有氣三道竟天。辛卯，熒惑臨月。乙未，月掩畢中。八月戊午夜，熒惑臨月。其月，朱滔自幽州入朝。九月癸未，月入羽林。己丑，月入太微。十月癸卯，太白臨鎮星。丙午夜，太白臨進賢。丁巳夜，月掩畢。壬戌夜，月入鬼中。庚午，月近太白，並入氐中。十一月己卯，月入羽林。壬午，鎮星逼進賢。癸未，太白掩房。癸巳，月入太微垣。閏十一月壬寅夜，太白、辰星會于危。癸丑，月掩天關。甲寅，月入東井。乙丑，月掩天關〔五八〕。丙寅，月入氐。十二月癸酉，月入羽林。九年正月癸丑，熒惑逼諸王星。三月丁未，熒惑入東井。四月乙亥，月臨軒轅。丁丑，月入太微。五月己酉，太白逼熒惑。乙未夜，太白入軒轅。辛酉，辰星逼軒轅。六月戊寅，月逼天綱。己卯，月掩南斗。庚辰，月入太微。戊子，太白臨左執法。七月甲辰，月掩房。辛亥，月入羽林。壬戌，月入輿鬼。八月辛卯，月掩軒轅。九月庚子，朱泚自幽州入朝，是夜，太白入南斗。甲子，熒惑入氐。十月戊子，木入南斗。十二月戊辰，月入羽林。十年正月，昭義軍亂，逐薛崿；田承嗣據河北叛。戊申，月逼軒轅。甲寅夜，熒惑、歲星合于南斗，並順行。二月，河陽軍亂，逐常休明。三月，陝州軍亂，逐李國清。庚戌，熒惑入壁壘。四月甲子，熒惑順行入羽林。庚午，月臨軒轅。六月癸亥，太白臨東井。乙丑夜，熒惑臨天囷。戊辰，月入太微。乙亥，月臨南斗。七月庚子，辰星、太白順行，同在柳。八月乙酉，熒惑順行，臨天高。戊子，月入太微。九月甲午，月臨房。十月辛酉朔，日有蝕之。十二月丙子夜，東方月上有白氣十餘道，如匹帛，貫五車、東井、輿鬼、觜、參、畢、柳、軒轅，三更後方散。十一年閏八月丁酉〔五九〕，太白晝見。其年七月，李靈耀以汴州叛，十月，方誅之。十二年正月乙丑夜〔六〇〕，月掩軒轅。癸酉夜，月掩心前星。丙子，月入南斗魁中。二月乙未，鎮星入氐。辛亥夜，流星大如桃，尾長十丈，出匏瓜，入太微。三月壬戌，月入太微。戊辰，月逼心星。是月，宰臣元載誅，王縉黜。四月庚寅，月臨左執法。乙未夜，月掩心前星。五月丙辰，月入太微。六月戊戌，月入羽林。七月庚戌，月入南斗。癸丑，熒惑逼司怪。己巳，宰相楊綰卒。乙亥，熒惑順行，入東井。是歲，春夏旱，八月大雨，河南大水，平地深五尺。吐蕃入寇，至坊州。十月己丑，月臨歲星。壬辰，月掩昴。乙未，月臨五諸侯。庚子，月臨左執法，遂入太微垣。十一月癸丑，太白臨哭星。乙卯夜，月入羽林。戊辰，月臨左執法。十二月辛巳，鎮星臨關鍵〔六一〕。壬午，月入羽林。十四年五月十一日，代宗崩。

德宗即位。明年改元建中。至四年十月，朱泚亂，車駕幸奉天。貞元四年五月丁卯，月犯歲星。乙亥，熒惑、鎮、歲聚于營室三十餘日。八月辛卯朔，日有蝕之〔六二〕。十年三月乙亥，黃霧四塞，日無光。四月，太白晝見。

元和七年正月辛未，月掩熒惑。六月乙亥，月去南斗魁第四星西北五寸所。八年七月四日夜，月去太微東垣之南首星南一尺所。癸酉夜，月去五諸侯之西第四星南七寸所。十月己丑，熒惑順行，去太微西垣之南首星西北四寸所。九年二月丁酉，月去心大星東北七寸所。四月辛巳，北方有大流星，跡尾長五丈，光芒照地，至右攝提南三尺所。九月己丑，月掩軒轅。十二年正月戊子，彗出畢南，長二尺餘，指西南，凡三日，近參旗沒。十三年正月乙未，歲星退行，近太微西垣之南第一星。八月己未，月近南斗魁。壬戌，太白順行，近太微。十四年正月己丑，月近東井北轅星。癸卯夜，月近南斗魁星。五月庚寅，月犯心前大星西南一尺所。十五年正月二十七日，憲宗崩。

穆宗即位。七月庚申，熒惑退行，入羽林。癸亥夜，大星出勾陳，南流至婁北滅。八月己卯，月掩牽牛。長慶元年正月丙午，月掩鉞星；二更後，月去東井南轅第一星南七寸。丙辰，南方大流星色赤，尾有跡，長三丈，光明燭地，出狼星北二尺所，東北流至七星三尺所滅。己未夜，星孛于翼。丁卯夜，星孛在辰上，去太微西垣南第一星七寸所。二月八日夜，太白犯昴東南五寸所。丁亥夜，月犯歲星南六寸所，在尾十三度。三月庚戌，太白犯五車東南七寸所。七月壬寅，月掩房次相星。乙丑夜，東方大流星，色黃，有尾跡，長六七丈，光明燭地，出參西北，向西流，至羽林東北滅。其月幽州軍亂，囚其帥張弘靖，立朱克融。其月二十八日，鎮州軍亂，殺其帥田弘正王廷湊(六〇)。元和末，河北三鎮皆以疆土歸朝廷；至是，幽、鎮俱失。俄而史憲誠以魏州叛，三鎮復爲盜據，連兵不息。八月辛巳夜，東北有大星自雲中出流，白光照地，前後長丈二尺五寸，西北入蜀滅；太白在軒轅左角西北一尺所。是月壬辰夜，太白去太微垣南第一星一尺所。九月戊戌夜，太白順行，入太微，去左執法星西北一尺所。乙巳夜，去左執法二寸所。辛亥，月去天關西北八寸。二年正月戊申，魏帥田布伏劍死，史憲誠據郡叛。二月甲戌夜，熒惑在歲星南七寸所。四月辛酉朔，日有蝕之，在胃十二度，不盡者四之一，燕、趙見之既。七月丙子夜，東方大星西流，至昴滅，其聲如雷。十月甲子夜，月掩牽牛中星。乙丑夜，太白去南斗魁第四星西一寸所。十一月丁丑，月掩左角。庚辰，月去房一尺所。十二月丁亥，月掩左角。庚戌夜，月近房星。壬子五更後，月近太白，相去一尺所。四年正月二十二日，穆宗崩。

敬宗卽位。二月癸卯，太白犯東井，近北轅。三月甲子，熒惑犯鎮星。壬申，太白犯東井，近北轅。四月十七日，染院作人張韶於柴草車中載兵器，犯銀臺門，共三十七人，入大內，對食於清思殿；其日禁兵誅之。七月乙卯夜，有大星出于天船，流犯斗魁第一星西南滅。八月丁亥，熒惑犯鎮星。癸未，熒惑入東井。己丑，太白犯軒轅右角。十二月戊子夜，月掩東井。甲午夜，西北有流星出閣道，至北極滅。寶曆元年七月乙酉，月犯西咸，去八寸所。甲子夜，月掩畢。閏七月癸巳夜，月去心，距九寸。庚子，流星去北極，至南斗柄滅。八月乙卯，太白犯房，相去九寸。九月癸未，太白犯南斗。丙戌，月犯畢。甲午，月犯太微左執法。十月辛卯，月犯天囷，相去七寸。癸亥，太白臨哭星，相去九寸。十一月庚辰，鎮星犯東井，相去七寸。癸未夜，月去東井六寸。戊戌，西南大流星出羽林，入濁。十二月戊申夜，月犯畢。乙酉夜，西北方有霧起，須臾偏天。霧上有赤氣，其色或深或淺，久而方散。二年正月甲戌夜，北方大流星長五丈餘，出紫微，過軫滅。甲申，月犯右執法，相去五寸。二月丙午夜，月犯畢。三月己巳，流星出河鼓，東過天市，入濁滅。四月甲子夜，西方大流星長三丈，穿天市垣，至房星滅。其月十七日，白虹貫日連環，至午方滅。五月甲戌，月去太微八寸所。癸巳，西北方大流星長三丈，光明照地，入天市垣中滅。甲午五更，熒惑犯昴。六月庚申，太白犯昴。七月壬申，流星長二丈，出斗北，入濁滅。其夜，月初入，巳上有流星向南滅〔六四〕。其夜，辰犯畢。八月丙申夜，北方大流星長四丈餘，出王良，流至北斗柄滅。甲辰夜，太白去太微八寸所。丁未夜，熒惑近鎮星西北。丁丑，熒惑去輿鬼七寸。十二月八日夜，敬宗爲內官劉克明所弒，立絳王。樞密使王守澄等殺絳王，立文宗。

大和元年九月戊寅，月掩東井南轅星。四年四月辛酉夜四更五籌後，月掩南斗第二星。十一月辛未朔，熒惑犯右執法西北五寸，五年二月，宰相宋申錫、漳王被誣得罪。八年二月朔，日有蝕之。六月辛巳五更，有六流星，赤色，有尾跡，光明照地，珠子散落，出河鼓北流，近天棓滅，有聲如雷。七月己巳夜，流星出紫微西北，長二丈，至北斗第一星滅。是夜五更，月犯昴。九月辛亥夜五更，太微宮近郎位有彗星，長丈餘，西指，西北行，凡九夜，越郎位星西北五尺滅。癸丑，月入南斗。庚申，右軍中尉王守澄，宣召鄭注對於浴殿門。是夜，彗星出東方，長三尺，芒耀甚猛。十二月丙戌夜，月掩昴。九年三月乙卯，京師地震。四月辛丑，大風震雷，拔殿前古樹。六月庚寅夜，月掩歲星。丁酉夜一更至四更，流星縱橫旁午，約二十餘處，多近天漢。其年十一月，李訓謀殺內官，事敗，中尉仇士良殺王涯、鄭注、李訓等十七家，朝臣多有貶逐。開成元年正月甲辰，太白掩西建第一星。其月十五日，日有蝕之〔六五〕。二月乙亥夜四更，京師地震。二年二月丙午夜〔六六〕，彗出東方，長七尺餘，在危初度，西指。戊申夜，危之西南，彗長七尺，芒耀愈猛，亦西指。癸丑夜，彗在危八度〔六七〕。庚申夜，在虛三度半。辛酉夜，彗長丈餘，直西行〔六八〕，稍南指，在虛一度半。壬戌夜，彗長二丈，其廣三尺，在女九度。癸亥夜，彗愈長廣，在女四度。三月甲子朔，其夜，彗長五丈，岐分兩尾，其一指氐，其一掩房〔六九〕，在斗十度。丙寅夜，彗長六丈，尾無岐，北指，在亢七度〔七〇〕。文宗召司天監朱子容問星變之由，子容曰：「彗主兵旱，或破四夷，古之占書也。然天道懸遠，唯陛下修政以抗之。」乃敕尚食，今後每日御食料分爲十日。其夜彗長五丈，闊五尺，却西北行，東指。戊辰夜，彗長八丈有餘，西北行，東指，在張十四度。詔天下放繫囚，撤樂減膳，避正殿；先是，羣臣拜章上徽號，宜並停。癸未夜，彗長三尺，出軒轅之右，東指，在張七度。六月，河陽軍亂，逐李詠〔七一〕。是歲，夏蝗大旱。八月丁酉，彗出虛、危之間。

十月，地南北震。三年十月十九日，彗見，長二丈餘；二十日夜，長二丈五尺；二十一日夜，長三丈；二十二日夜，長三丈五尺：並在辰上，西指軫、魁。十一月乙卯朔，是夜彗出東方，東西竟天。五月五日，太白犯輿鬼。六月一日，太白犯熒惑。二十八日，太白犯右執法。十月七日，太白犯南斗〔三〕。四年正月丁巳，熒惑、太白、辰聚于南斗。癸酉，彗出于西方，在室十四度。閏月二十三日，又見于卷舌北，凡三十三日，至二十六日夜滅〔三〕。二月二十六日，自夜四更至五更，四方中央流星大小二百餘，並西流，有尾跡，長二丈。三月乙酉夜，月掩東井第三星。是歲，夏大旱，禱祈無應，文宗憂形于色。宰臣進曰：「星官言天時當爾，乞不過勞聖慮。」帝改容言曰：「朕爲人主，無德庇人，比年災旱，星文譴見。若三日內不雨，朕當退歸南內，卿等自選賢明之君以安天下。」宰相楊嗣復等嗚咽流涕不已。七月辛丑，月犯熒惑，河南大水。八月辛未，流星出羽林，有尾跡，長十丈，有聲如雷。十月辛酉，辰入南斗魁。五年正月，文宗崩。

武宗即位。會昌元年六月二十九日，從一鼓至五鼓，小流星五十餘，交橫流散。七月二日，北方流星光明照地，東北流星有聲如雷。九月癸巳，熒惑犯輿鬼。閏九月丁酉，熒惑貫鬼宿；戊戌，在鬼中。十一月六日，彗見西南，在室初度，凡五十六日而滅。其夜上方大流星光明燭地，東北流星有聲。二年六月乙丑，熒惑犯歲星。丙寅，太白犯東井。其夜，熒惑蒼赤色〔一四〕，動搖於井中，至八月十六日，犯輿鬼。五年二月五日，太白掩昴北側，在昴宿一度。五月辛酉，太白入畢口，距星東南一尺。八月七日，太白犯軒轅大星。

舊儀：太史局隸秘書省，掌視天文曆象。則天朝，術士尙獻輔精於曆算，召拜太史令。獻輔辭曰：「臣山野之人，性靈散率，不能屈事官長。」天后惜其才，久視元年五月十九日，敕太史局不隸秘書省，自爲職局，仍改爲渾天監。至七月六日，又改爲渾儀監。長安二年八月，獻輔卒，復爲太史局，隸秘書省，緣進所置官員並廢〔一五〕。景龍二年六月，改爲太史監，不隸秘書省。景雲元年七月，復爲太史局，隸秘書省。八月，又改爲太史監。十一月，又改爲太史局。二年閏九月，改爲渾儀監。開元二年二月，改爲太史監。十五年正月，改爲太史局，隸秘書省。天寶元年，又改爲太史監。

乾元元年三月，改太史監爲司天臺，於永寧坊張守珪故宅置。敕曰：「建邦設都，必稽玄象；分列曹局，皆應物宜。靈臺三星，主觀察雲物；天文正位，在太微西南。今興慶宮，上帝廷也，考符之所，合置靈臺。宜令所司量事修理。」舊臺在秘書省之南。仍置五官正五人。司天臺內別置一院，曰通玄院。應有術藝之士，徵辟至京，于崇玄院安置。其官員：大監一員，正三品。少監二人，正四品。丞三人，正六品。主簿三人，主事二人，五官正五人，五官副正五人，靈臺郎一人，五官保章正五人，五官挈壺正五人，五官司曆五人，五官司辰十五人，觀生、曆生七百二十六人。凡官員六十六人。寶應元年，司天少監瞿曇譔奏曰：「司天丞請減兩員，主簿減兩員，主事減一員，保章正減三員，挈壺正減三員，監候減兩員，司辰減七員，五陵司辰減五員。」從之。

天寶十三載三月十四日，敕太史監官除朔望朝外，非別有公事，一切不須入朝，及充保識，仍不在點檢之限。

開成五年十二月，敕：「司天臺占候災祥，理宜秘密。如聞近日監司官吏及所由等，多與朝官并雜色人交游，既乖慎守，須明制約。自今已後，監司官吏不得更與朝官及諸色人等交通往來，委御史臺察訪。」

校勘記

〔一〕至于山茌　「茌」字各本原作「荏」，據後漢書郡國志三、新書卷三一天文志改。下注文同改。

〔二〕頓丘三城武陽　十七史商榷卷七七云：「三城當作觀城。」

〔三〕又東至于呂梁　殿本考證云：「當云南至於呂梁，非東也。」

〔四〕得漢東平魯國　殿本考證云：「以新志證之，魯國下當有琅邪、東海、泗水、城陽八字。」

〔五〕畢酉初起胃四度　據上下文例，「畢」字疑爲衍文。

〔六〕中七星七度　上「七」字各本原作「柳」，涉上而誤，據新書卷三一天文志改。

〔七〕至於方陽　「方陽」，新書卷三一天文志作「外方」，校勘記卷一八云：「方陽當作外方。」

〔八〕陽翟　「陽」字各本原無，據漢書卷二八上地理志、後漢書郡國志二補。

〔九〕負河之南　新書卷三一天文志「河」上有「北」字。

〔一〇〕西及函谷南紀　新書卷三一天文志「南紀」上有「逾」字。

〔一一〕東虢　「虢」字各本原無，據新書卷三一天文志補。

〔一二〕舊說皆在函谷　葉校本「函谷」作「角亢」。

〔一三〕張星直河南漢東　新書卷三一天文志「河南」作「南陽」。

〔一四〕巫縣今在夔州　「夔」字聞本、殿本、懼盈齋本、廣本作「蘄」，局本作「歸」，據本書卷三九地理志改。

〔一五〕東達廬江南郡　「郡」字新書卷三一天文志作「部」，疑是。

〔一六〕富昭蒙龔繡容白罕八州　新書卷三一天文志「蒙」作「象」，「罕」作「廉」。十七史商榷卷七七云：「罕當作牢。」

〔一七〕荆楚鄖鄀羅權巴夔與南方蠻貊殷河南之南　此處文字有脱誤。新書卷三一天文志作「古荆楚鄖、鄀、羅、權、巴、夔與南方蠻貊之國，翼與咮張同象，當南河之北」。

〔一八〕宜屬鶉火　新書卷三一天文志此下尚有「而柳、七星、張皆當中州，不得連負海之地，故麗于鶉尾」。

〔一九〕在南北河之間　「在」下各本原有「河」字，據新書卷三一天文志删。

〔二〇〕濟陰郡　「郡」字各本原作「縣」，據本書卷三八地理志改。

〔二一〕今在東郡　「東郡」，本書卷三八地理志作「曹州」。

〔二二〕廬　「廬」上聞本尚有「野」字，殿本、懼盈齋本、局本、廣本無。新書卷三一天文志作「羣舒」，疑「野」爲「舒」字之誤。

〔二三〕自韶廣封梧藤羅雷州南及珠崖自北以東爲星紀　此處文字疑有誤。新書卷三一天文志作「自韶、廣以西，珠崖以東，爲星紀之分也」。

〔二四〕又隸管屬不同　校勘記卷一八謂「又」字當作「分」。

〔二五〕四年閏正月丁卯朔　唐會要卷四二、朱文鑫歷代日食考均無「閏」字，陳垣二十史朔閏表貞觀四年正月不閏，「閏」字衍。

〔二六〕乾封二年八月己酉朔　唐會要卷四二、新書卷三二天文志、二十史朔閏表「己酉」均作「己丑」，此處干支誤。

〔一七〕十一月壬寅朔　新書卷三二天文志、歷代日食考、二十史朔閏表「壬寅」均作「壬申」，此處干支誤。（新書、日食考「調露二年」均作「永隆元年」，是年八月改元。）

〔一八〕十一月庚申朔　新書卷三二天文志、歷代日食考、二十史朔閏表「十一月」均作「十月」，此處月份誤。

〔一九〕（長壽）三年九月壬午朔　長壽三年五月改元延載，此句與下句「延載元年九月壬午朔」實指一事。

〔二〇〕聖曆三年五月乙酉朔　聖曆三年五月癸丑改元久視，此句與下句「久視元年五月己酉朔」實指一事。「乙酉」，據新書卷三二天文志、歷代日食考、二十史朔閏表，當作「己酉」。

〔二一〕六年五月乙丑朔　新書卷三二天文志、歷代日食考、二十史朔閏表均作「七年五月己丑朔」，此處紀年及干支誤。

〔二二〕九年五月乙巳朔　新書卷三二天文志、歷代日食考、二十史朔閏表「五月」均作「九月」，此處月份誤。

〔二三〕十二年閏十二月壬辰朔　新書卷三二天文志、歷代日食考、二十史朔閏表「壬辰」均作「丙辰」，此處干支誤。

〔三四〕十七年十月丙午朔　新書卷三二天文志、歷代日食考、二十史朔閏表「丙午」均作「戊午」，此處干支誤。

〔三五〕二十年二月癸酉朔　新書卷三二天文志、歷代日食考、二十史朔閏表「癸酉」均作「甲戌」，此處干支誤。

〔三六〕四年正月十五日甲午蝕　唐會要卷四二日蝕在「四年正月庚午朔」，日蝕不當在月望日，當從會要。（本書卷一一代宗紀：「四年正月甲申，日有食之。」亦誤在月望日。）

〔三七〕十三年甲戌　據歷代日食考、二十史朔閏表，此年八月甲戌朔。

〔三八〕十四年二月丙寅朔　通鑑卷二二六、新書卷三二天文志、歷代日食考均作「十四年十二月丙寅晦」，與二十史朔閏表合，此處「二」上脫「十」字，「晦」誤作「朔」。

〔三九〕貞元三年八月辛巳朔　「三年」各本原作「二年」，據本書卷一二德宗紀、唐會要卷四二、新書卷三二天文志、二十史朔閏表改。

〔四〇〕已正後刻蝕之既　唐會要卷四二「刻」上有「五」字。

〔四一〕十七年五月壬戌蝕　唐會要卷四二、新書卷三二天文志、歷代日食考「蝕」均作「朔」，與二十史朔閏表合。

〔四二〕元和三年七月癸巳蝕　本書卷一四憲宗紀、新書卷三二天文志、歷代日食考「癸巳蝕」均作

「辛巳朔」，與二十史朔閏表合。此處干支誤。

〔四三〕開成二年十二月庚寅朔　「十二月」各本原無，據本書卷一七下文宗紀、唐會要卷四二、二十史朔閏表補。

〔四四〕凡二十八日　唐會要卷四二無「凡」字。新書卷三二天文志此處作「二月壬午，有星孛于胃、昴間。丁亥，孛于卷舌」。校勘記卷一八云，「計壬午至丁亥凡六日，與二十三至二十八合」，謂此處「凡」字當作「至」。

〔四五〕勿以功高古人而矜大　「矜」字各本原作「務」，據唐會要卷四三、冊府卷一四四改。

〔四六〕景龍三年六月八日　「三年」，各本原作「二年」，據本書卷七中宗紀、唐會要卷四三、新書卷三三天文志改。

〔四七〕光照地　「地」字各本原無，據唐會要卷四三補。

〔四八〕十月辛丑朔日有食之　此條又見前日蝕項，「辛丑」當作「辛巳」。

〔四九〕明年冬　據本書卷一〇肅宗紀、通鑑卷二二一，九節度之師潰於相州，事在乾元二年三月。此處「冬」字當作「春」。

〔五〇〕六月癸丑　「六」字各本原作「正」，據本書卷一〇肅宗紀、新書卷三三天文志改。

〔五一〕十二月己亥　「己亥」各本原無，據本書卷一一代宗紀、新書卷三二天文志補。唐會要卷四三作

「十二月十七日」。

〔五二〕壬申十二月赤氣長二丈亙日上　上文有「七月」，下文有「八月」，中間不得有「十二月」。新書卷三二天文志作「壬申日上有赤氣長二丈」。「十二月」當是衍文。

〔五三〕五星並列東井　「井」字各本原作「方」，據本書卷一一代宗紀、唐會要卷四三改。

〔五四〕太白犯左執法　「太白」，各本原作「太微」，據新書卷三三天文志、通考卷二八九改。

〔五五〕四年正月十五日日有蝕之　此條又見前日蝕項。日蝕不當在月望日，紀時有誤，參前校記。

〔五六〕五月己卯夜　「五月」各本原無，據本書卷一一代宗紀、新書卷三二天文志補。二十史朔閏表，己卯爲五月十七日。

〔五七〕十二月己巳　「二」字各本原作「一」，據新書卷三三天文志、通考卷二八九改。二十史朔閏表，己巳爲十二月十七日。

〔五八〕乙丑月掩天關　校勘記卷一八云：「按上云癸丑月掩天關，下距乙丑僅十二日，似月不得即行一周而復掩天關。似沿上衍。」新書卷三三天文志無此句。

〔五九〕十一年閏八月　「一」字各本原作「二」，據本書卷一一代宗紀、新書卷三三天文志改。

〔六〇〕十二年正月　「二」字各本原作「三」，據本書卷一一代宗紀、新書卷三三天文志改。

〔六一〕鎮星臨關鍵　校勘記卷一八云：「關鍵乃鍵閉之訛。」晉書天文志有鍵閉無關鍵。

〔六二〕八月辛卯朔日有蝕之　事在貞元三年，見上文日蝕項及本書卷一二德宗紀。「辛卯」當作「辛巳」。

〔六三〕殺其帥田弘正王廷湊　此處有脫文。本書卷一六穆宗紀作「節度使田弘正并家屬將佐三百餘口並遇害，軍人推衙將王廷湊爲留後」。

〔六四〕其夜月初入巳上有流星向南滅　文字疑有誤。唐會要卷四三作「丙戌，日初入，有流星向南滅」。新書卷三二天文志同唐會要，惟「有」上有「東南」二字。

〔六五〕其月十五日日有蝕之　新書卷三二天文志、歷代日食考均作「正月辛丑朔」，此處「十五日」誤。本書卷一七下文宗紀作「丙辰望日有食之」，同誤。

〔六六〕二年二月丙午夜　「二月」各本原無，據本書卷一七下文宗紀、唐會要卷四三、新書卷三二天文志補。

〔六七〕癸丑夜彗在危八度　新書卷三二天文志作「癸丑在虛」。

〔六八〕直西行　「西」字各本原無，據本書卷一七下文宗紀補。新書卷三二天文志作「西行」。下「在虛一度半」文宗紀作「在虛九度半」。

〔六九〕其一掩房　「房」字各本原作「月」，據本書卷一七下文宗紀、唐會要卷四三、新書卷三二天文志改。

〔七〇〕在亢七度　「亢」字各本原作「危」，據本書卷一七下文宗紀、新書卷三二天文志改。

〔七一〕逐李詠　本書卷一七下文宗紀、通鑑卷二四五「詠」作「泳」。

〔七二〕五月五日太白犯輿鬼……十月七日太白犯南斗　據紀事先後例，以上文字應在上文「三年」之後，「十月十九日」之前。

〔七三〕至二十六日夜滅　新書卷三二天文志、通考卷二八六作「二月己卯不見」，又據上「凡三十三日」，此處「二十六日」上當脫「二月」二字。

〔七四〕其夜熒惑蒼赤色　「蒼」字各本原作「舍」，據本書卷一八上武宗紀、唐會要卷四三、新書卷三三天文志改。又武宗紀、唐會要、新志此事均在三年七月，此處年月疑誤。

〔七五〕緣進所置官員並廢　唐六典卷一〇作「緣監置官及府史等並廢」，唐會要卷四四作「監官並廢」。校勘記卷一八云：「據唐六典，進當作監。張氏宗泰考證並同。」

舊唐書卷三十七

志第十七

五行

昔禹得河圖、洛書六十五字，治水有功，因而寶之。殷太師箕子入周，武王訪其事，乃陳洪範九疇之法，其一曰五行。漢興，董仲舒、劉向治春秋，論災異，乃引九疇之說，附于二百四十二年行事，一推咎徵天人之變。班固敍漢史，採其說五行志〔一〕。綿代史官，因而纘之。今略舉大端，以明變怪之本。

經曰：「水曰潤下，火曰炎上，木曰曲直，金曰從革，土爰稼穡。」又曰：「建用皇極。」傳曰：「畋獵不時，飲食不享，出入不節，奪民農時，及有姦謀，則木不曲直。棄法律，逐功臣，殺太子，以妾爲妻，則火不炎上。好治宮室，飾臺榭，內淫亂，犯親戚，侮父兄，則稼穡不成。好戰功，輕百姓，飾城郭，侵邊境，則金不從革。簡宗廟，不禱祠，廢祭祀，逆天時，則水不潤下。」經曰「敬用五事」，謂「貌曰恭，言曰從，視曰明，聽曰聰，思曰睿。恭作肅，從作乂，明作哲，聰作謀，睿作聖。」又曰「建用皇極」，「皇建其有極」。傳曰：「貌之不恭，是謂不肅，厥咎狂，厥罰恆雨，厥極凶。時則有服妖，時則有龜孽，時則有雞禍，時則有下體生上之痾，時則有青眚青祥。凡草木之類謂之妖，蟲豸之類謂之孽，六畜謂之禍，及人謂之痾，甚則異物生謂之眚，身外而來謂之祥也。言之不從，是謂不乂，厥咎僭，厥罰恆暘，厥極憂。時則有詩妖，時則有介蟲之孽，時則有犬禍，時則有口舌之痾，時則有白眚白祥。視之不明〔三〕，是謂不哲，厥咎豫，厥罰恆燠，厥極疾。時則有草妖，時則有蠃蟲之孽，時則有羊禍，時則有目痾，時則有赤眚赤祥。聽之不聰，是謂不謀，厥咎急，厥罰恆寒，厥極貧。時則有鼓妖，時則有魚孽，時則有豕禍，時則有耳痾，時則有黑眚黑祥。思之不睿，是謂不聖，厥咎蒙，厥罰恆風，厥極凶短折。時則有脂夜之妖，時則有華孽，時則有牛禍，時則有心腹之痾，時則有黃眚黃祥。皇之不極，是謂不建，厥咎眊，厥罰恆陰，厥極弱。時則有射妖，時則有龍蛇之孽，時則有馬禍，時則有下體代上之痾，時則有日月亂行、星辰逆行。」九疇名數十五，其要五行、皇極之說，前賢所以窮治亂之變，談天人之際，蓋本于斯。故先錄其言，以傳於事。

京房易傳曰：「臣事雖正，專必地震。其震，於水則波，於木則搖，於屋則瓦落，大經在辟而易臣，茲謂陰動。」又曰：「小人剝廬，厥妖山崩，茲謂陰乘陽，弱勝強。」劉向曰：「金木水沴土，地所以震。」春秋災異，先書地震、日蝕，惡陰盈也。

貞觀十二年正月二十二日，松、叢二州地震，壞人廬舍。二十年九月十五日，靈州地震，有聲如雷。二十三年八月一日，晉州地震，壞人廬舍，壓死者五十餘人。三日，又震。十一月五日，又震。

永徽元年四月一日，又震。六月十二日，又震。高宗顧謂侍臣曰：「朕政教不明，使晉州之地，屢有震動。」侍中張行成曰：「天，陽也；地，陰也。陽，君象；陰，臣象。君宜轉動，臣宜安靜。今晉州地震，彌旬不休，臣將恐女謁用事，大臣陰謀。且晉州，陛下本封，今地屢震，尤彰其應。伏願深思遠慮，以杜其萌。」帝深然之。

開元二十二年二月十八日，秦州地震。先是，秦州百姓聞州西北地下殷殷有聲，俄而地震，壞廨宇及居人廬舍數千間，地拆而復合，震經時不定，壓死百餘人。玄宗令右丞相蕭嵩致祭山川，又遣倉部員外郎韋伯陽往宣慰，存恤所損之家。

至德元年十一月辛亥朔，河西地震有聲，地裂陷，壞廬舍，張掖、酒泉尤甚。至二載六月始止。

大曆二年十一月壬申，京師地震，有聲自東北來，如雷者三。四年二月丙辰夜，京師地震，有聲如雷者三。

貞元三年十一月己卯夜，京師地震，是夕者三，巢鳥皆驚，人多去室。東都、蒲、陝亦然。四年正月朔日，德宗御含元殿受朝賀。是日質明〔三〕，殿階及欄檻三十餘間，無故自壞，甲士死者十餘人。其夜，京師地震。二日又震，三日又震，十八日又震，十九日又震，二十日又震。帝謂宰臣曰：「蓋朕寡德，屢致后土震驚，但當修政，以答天譴耳。」二十三日又震，二十四日又震，二十五日又震，時金、房州尤甚，江溢山裂，屋宇多壞，人皆露處。至二月三日壬午，又震，甲申又震，乙酉又震，丙申又震。三月甲寅，又震，己未又震，庚午又震，辛未又震。京師地生毛，或白或黃，有長尺餘者。五月丁卯，又震。八月甲辰，又震，其聲如雷。九年四月辛酉，京師又震，有聲如雷。河中尤甚，壞城壘廬舍，地裂水涌。十年四月戊申，又震。十三年十月乙未日午時，震從東來，須臾而止。

元和七年八月，京師地震。憲宗謂侍臣曰：「昨地震，草樹皆搖，何祥異也？」宰臣李絳曰：「昔周時地震，三川竭，太史伯陽甫謂周君曰：『天地之氣，不過其序。若過其序，人亂也。人政乖錯，則上感陰陽之氣，陽伏而不能出，陰迫而不能升，于是有地震。』又孔子修春秋，所紀災異，先地震、日蝕，蓋地載萬物，日君象，政有感傷，天地見眚，書之示戒，用儆後王。伏願陛下體勵虔恭之誠，動以利萬物、綏萬方爲念，則變異自消，休徵可致。」九年三月丙辰，嶲州地震，晝夜八十震方止，壓死者百餘人。

大和九年三月乙卯，京師地震。

開成元年二月乙亥夜四更，京師地震，屋瓦皆墜，戶牖之間有聲。二年十一月乙丑夜，地南北微震。

大中三年十月，京師地震，振武、天德、靈武、鹽、夏等州皆震，壞軍鎮廬舍。

武德六年七月二十日，嶲州山崩，川水咽流。

貞觀八年七月七日，隴右山崩，大蛇屢見。太宗問祕書監虞世南曰：「是何災異？」對曰：「春秋時梁山崩，晉侯召伯宗而問焉。對曰：『國主山川，故山崩川竭，君爲之不舉，降服出次，祝幣以禮焉。』晉侯從之，卒亦無害。漢文帝九年，齊、楚地二十九山同日崩。文帝出令，郡國無來獻，施惠于天下，遠近歡洽，亦不爲災。後漢靈帝時，青蛇見御座。晉惠帝時，大蛇長三百步，經市入廟。今蛇見山澤，蓋深山大澤，實生龍蛇，亦不足怪也。唯修德可以消變。」上然之。十七年八月四日，涼州昌松縣鴻池谷有石五〔四〕，青質白文，成字曰「高皇海出多子李元王八十年太平天子李世民千年太子李治書燕山人士樂太國主尚汪譚獎文仁邁千古大王五王六王七王十鳳毛才子七佛八菩薩及上果佛田天子文武貞觀昌大聖延四方上下治示孝仙戈入爲善」。涼州奏。其年十一月三日，遣使祭之，曰：「嗣天子某，祚繼鴻業，君臨宇縣，夙興旰食，無忘于政，導德齊禮，愧於前修。天有成命，表瑞貞石，文字昭然，曆數唯永。既旌高廟之業，又錫眇身之祚。迨于皇太子治，亦降貞符，具紀姓氏，列于石言。仰瞻睿漢，空銘大造，甫惟寡薄，彌增寅懼。敢因大禮，重薦玉帛，上謝明靈之貺，以申祗慄之誠。」

永徽四年八月二十日，隕石十八于同州馮翊縣，光曜，有聲如雷。上問于志寧曰：「此何祥也？當由朕政之有闕。」對曰：「按春秋，隕石于宋五，內史過曰：『是陰陽之事，非吉凶所生。』自古災變，杳不可測，但恐物之自爾，未必關于人事。陛下發書誡懼，責躬自省，未必不爲福矣。」

永昌中，華州敷水店西南坡，白晝飛四五里，直抵赤水，其坡上樹木禾黍，宛然無損。則天時，新豐縣東南露臺鄉，因大風雨雹震，有山踊出，高二百尺，有池周三頃，池中有龍鳳之形、禾麥之異。則天以爲休徵，名爲慶山。荆州人俞文俊詣闕上書曰：「臣聞天氣不和而寒暑隔，人氣不和而疣贅生，地氣不和而堆阜出。今陛下以女主居陽位，反易剛柔，故地氣隔塞，山變爲災。陛下以爲慶山，臣以爲非慶也。誠宜側身修德，以答天譴。不然，恐災禍至。」則天怒，流于嶺南。

開元十七年四月五日，大風震電，藍田山開百餘步。

乾元二年六月，虢州閺鄉縣界黃河內女媧墓，天寶十三載因大雨晦冥，失其所在，至今年六月一日夜，河濱人家忽聞風雨聲，曉見其墓踊出，上有雙柳樹，下有巨石二，柳各長丈餘。郡守圖畫以聞，今號風陵堆。

大曆十三年，郴州黃芩山崩震，壓殺數百人。

建中初，魏州魏縣西四十里，忽然土長四五尺數畝，里人駭異之。明年，魏博田悅反，德宗命河東馬燧、潞州李抱眞討之，營于陘山。幽州朱滔、恆州王武俊帥兵救田悅，王師退保魏縣西。朱滔、武俊、田悅引軍與王師對壘。三年十一月，朱滔僭稱冀王，武俊稱趙王，田悅稱魏王。悅時壘正當土長之所，及僭署告天，乃因其長土爲壇以祭。魏州功曹韋稔爲益土頌以媚悅。馬燧聞之，笑曰：「田悅異常賊也。」

貞觀十一年七月一日，黃氣竟天，大雨，穀水溢，入洛陽宮，深四尺，壞左掖門，毀宮寺一十九；洛水暴漲，漂六百餘家。帝引咎，令羣臣直言政之得失。中書侍郎岑文本曰：「伏惟陛下覽古今之事，察安危之機，上以社稷爲重，下以億兆爲念。明選舉，愼賞罰，進賢才，退不肖。聞過卽改，從諫如流。爲善在於不疑，出令期於必信。頤神養性，省畋游之娛；去奢從儉，減工役之費。務靜方內，不求闢土；載櫜弓矢，而無忘武備。凡此數者，願陛下行之不怠，必當轉禍爲福，化咎爲祥。況水之爲患，陰陽常理，豈可謂之天譴而繫聖心哉！」十三日，詔曰：「暴雨爲災，大水泛溢，靜思厥咎，朕甚懼焉。文武百僚，各上封事，極言朕過，無有所諱。諸司供進，悉令減省。凡所力役，量事停廢。遭水之家，賜帛有差。」二十日，詔廢明德宮及飛山宮之玄圃院，分給河南、洛陽遭水戶。九月，黃河泛溢，壞陝州河北縣及太原倉，毀河陽中潬，太宗幸白馬坂以觀之。

永徽五年六月，恆州大雨，自二日至七日。滹沱河水泛溢，損五千三百家。總章二年七月，冀州奏〔五〕：六月十三日夜降雨，至二十日，水深五尺，其夜暴水深一丈已上，壞屋一萬四千三百九十區，害田四千四百九十六頃。九月十八日，括州暴風雨，海水翻上，壞永嘉、安固二縣城百姓廬舍六千八百四十三區，殺人九千七十、牛五百頭，損田苗四千一百五十頃。

咸亨元年五月十四日，連日澍雨，山水溢，溺死五千餘人。

永淳元年六月十二日，連日大雨，至二十三日，洛水大漲，漂損河南立德弘敬、洛陽景行等坊二百餘家，壞天津橋及中橋，斷人行累日。先是，頓降大雨，沃若懸流，至是而泛溢衝突焉。西京平地水深四尺已上，麥一束止得一二升，米一斗二百二十文，布一端止得一百文。國中大饑，蒲、同等州沒徙家口并逐糧，飢餒相仍，加以疾疫，自陝至洛，死者不可勝數。西京米斗三百已下。二年三月，洛州黃河水溺河陽縣城，水面高於城內五六尺。自鹽坎已下至縣十里石灰〔六〕，並平流，津橋南北道無不碎破。

文明元年七月〔七〕，温州大水，漂流四千餘家。

長安三年，寧州大霖雨，山水暴漲，漂流二千餘家，溺死者千餘人，流屍東下。十七日，京師大雨雹，人有凍死者。四年，自九月至十月，晝夜陰晦，大雨雪。都中人畜，有餓凍死者。令開倉賑恤。

神龍元年七月二十七日，洛水漲，壞百姓廬舍二千餘家。詔九品已上直言極諫，右衞騎曹宋務光上疏曰〔八〕：

臣聞自昔后王，樂聞過，罔不興；拒忠諫，罔不亂。何者？樂聞過則下情通，下情通則政無缺，此其所以興也；拒忠諫則羣議壅，羣議壅則主孤立，此其所以亂也。伏見明敕，令文武九品已上直言極諫，大哉德音，其堯、舜之用心，禹、湯之責己也！

臣嘗讀書，觀天人相與之際，考休咎冥符之兆，有感必通，其間甚密。是以政失於此，變生於彼，亦猶影之像形，響之赴聲，動而輒隨，各以類應。故易曰：「天垂象，見吉凶，聖人象之。」竊見自夏已來，水氣悖戾，天下郡國，多罹其災。去月二十七日，洛水暴漲，漂損百姓。謹按五行傳曰：「簡宗廟，廢祭祀，則水不潤下。」夫王者卽位，必郊祀天地，嚴配祖宗，是故鬼神歆饗，多獲福助。自陛下光臨寶極，綿歷炎涼，郊廟遲留，不得殷薦，山川寂寞，未議懷柔。暴水之災，殆因此發。臣又按，水者陰類，臣妾之道。陰氣盛滿，則水泉迸溢。加之虹蜺紛錯，暑雨滯淫，雖丁厥時，而汨恆度，亦陰勝之沴也。臣恐後庭近習，或有離中饋之職，干外朝之政。伏願深思天變，杜絕其萌。又自春及夏，牛多病死，疫氣浸淫，于今未息。謹按五行傳曰：「思之不睿，時則有牛禍。」意者萬機之事，陛下或未躬親乎？昔太戊有異木生于朝，伊陟戒以修德，厥妖用殄；高宗有飛雉雊于鼎，祖己陳以政事，殷道再興。此皆視履考祥，轉禍爲福之明鑑也。晁錯曰：「五帝其臣不及，則自親之。」今朝廷怪異，雖則多矣，然皆仰知陛下天光〔九〕。伏願勤思德容〔一〇〕，少凝大化，以萬方爲念，不以聲色爲娛，以百姓爲憂，不以犬馬爲樂。暫勞宵旰，用緝明良，豈不休哉！天下幸甚！

臣聞三王之朝，不能免淫亢；太平之時，不能無小孽。備禦之道，存乎其人。若細微之災，恬而不怪，及禍變成象，駭而圖之，猶水決而繕防，疾困而求藥，雖復僶俛，亦何救哉！夫災變應天，實繫人事，故日蝕修德，月蝕修刑。若乃雨暘或愆，則貌言爲咎，雩禜之法，在于禮典。今暫逢霖雨，卽閉坊門，弃先聖之明訓，遵後來之淺術，時偶中之，安足神耶？蓋當屏翳收津，豐隆戢響之日也。豈有一坊一市，遂能感召皇靈；暫閉暫開，便欲發揮神道。必不然矣，何其謬哉！至今巷議街言，共呼坊門爲宰相，謂能節宣風雨，燮理陰陽。夫如是，則赫赫師尹，便爲虛設；悠悠蒼生，復何所望？

自數年已來，公私俱竭，戶口減耗。家無接新之儲，國無候荒之蓄。陛下不出都邑，近觀朝市，則以爲率土之人，既康且富〔二〕。及至踐閭陌，視鄉亭，百姓衣牛馬之衣，食犬彘之食，十室而九空，丁壯盡於邊塞，孤孀轉於溝壑，猛吏淫威奮其毒，暴徵急政破其資。馬困斯跌，人窮乃詐，或起爲姦盜，或競爲流亡，從而刑之，良可悲也！臣觀今之甿俗，率多輕佻，人貧而奢不息，法設而僞不止。長吏貪冒，選舉私謁。樂多繁淫，器尚浮巧。稼穡之人少，商旅之人多。誠願坦然更化，以身先之，端本澄源，滌瑕蕩穢。接凋殘之後，宜緩其力役；當久弊之極，宜法訓敦龐。良牧樹風，賢宰垂化，十年之外，生聚方足，三代之美，庶幾可及。

臣聞太子者，君之貳，國之本，易有其卦，天有其星，今古相循，率由茲道。陛下自登皇極，未建元良，非所以守器承祧，養德贊業。離明不可輟曜，震位不可久虛。伏願早擇賢能，以光儲副，上安社稷，下慰黎元。且姻戚之間，謗議所集，假令漢帝無私於廣國，元規切讓於中書，天下之人，安可戶說。稽疑成患〔三〕，馮寵生災，所謂愛之適足以害之。至如武三思等，誠能輟其機務，授以淸閑，厚祿以富其身，蕃錫以獎其意，家國俱泰，豈不優乎？

夫爵賞者，君之重柄。傳曰：「惟名與器，不可假人。」自頃官賞，頗亦乖謬，大勳未滿于人聽，高秩已越于朝倫，貪天之功，以爲己力。祕書監鄭普思、國子祭酒葉靜能，或挾小道以登朱紫，或因淺術以取銀黃，旣虧國經，實悖天道。書曰：「制理於未亂，保邦於未危。」此誠理亂安危之時也。伏願欽祖宗之丕烈，傷王業之艱難，遠佞人，親有德，乳保之愛，妃主之家，以時接見，無令媟瀆。

凡此數者，當今急務，唯陛下留神採納，永保康寧。

疏奏不省。

右僕射唐休璟以霖雨爲害，咎在主司，上表曰：「臣聞天運其工，人代之而爲理；神行其化，爲政資之以和。得其理則陰陽以調，失其和則災沴斯作。故舉才而授，帝唯其難；論道於邦，官不必備。頃自中夏，及乎首秋，郡國水災，屢爲人害。夫水，陰氣也，臣實主之。臣忝職右樞，致此陰沴，不能調理其氣，而乃曠居其官。雖運屬堯年，則無治水之用；位侔殷相，且闕濟川之功。猶負明刑，坐逃皇譴。皇恩不弃，其若天何？昔漢家故事，丞相以天災免職。臣竊遇聖時，豈敢靦顏居位。乞解所任，待罪私門，冀移陰咎之徵，復免夜行之眚〔三〕。」

神龍二年三月壬子，洛陽東十里有水影，月餘乃滅。四月，洛水泛溢，壞天津橋，漂流居人廬舍，溺死者數千人。三年夏，山東、河北二十餘州大旱，饑饉死者二千餘人。

景龍二年正月，滄州雨雹，大如鷄卵。

開元五年六月十四日，鞏縣暴雨連日，山水泛漲，壞郭邑廬舍七百餘家，人死者七十二；汜水同日漂壞近河百姓二百餘戶。八年夏，契丹寇營州，發關中卒援之。軍次澠池縣之闕門，野營穀水上。夜半，山水暴至，二萬餘人皆溺死，唯行綱役夫樗蒲，覺水至，獲免逆旅之家，溺死死人漂入苑中如積。其年六月二十一日夜，暴雨，東都穀、洛溢，入西上陽宮，宮人死者十七八。畿內諸縣，田稼廬舍蕩盡。掌關兵士，凡溺死者一千一百四十八人。京城興道坊一夜陷爲池，一坊五百餘家俱失。其年，鄧州三鴉口大水塞谷，初見二小兒以水相潑，須臾，有大蛇十圍已上，張口向天，人或斫射之，俄而暴雷雨，漂溺數百家。十年二月四日，伊水泛漲，毀都城南龍門天竺、奉先寺，壞羅郭東南角，平地水深六尺已上，入漕河，水次屋舍樹木蕩盡。河南汝、許、仙、豫、唐、鄧等州，各言大水害秋稼，漂沒居人廬舍。十四年六月戊午，大風拔木發屋，端門鴟吻盡落，都城內及寺觀落者約半。七月十四日，瀍水暴漲，流入洛漕，漂沒諸州租船數百艘，溺死者甚衆，漂失楊、壽、光、和、廬、杭、瀛、棣租米一十七萬二千八百九十六石，幷錢絹雜物等。因開斗門決堰，引水南入洛，漕水燥竭，以搜漉官物，十收四五焉。七月甲子，懷、衞、鄭、滑、汴、濮、許等州澍雨，河及支川皆溢，人皆巢舟以居，死者千計，資產苗稼無孑遺。滄州大風，海運船沒者十一二，失平盧軍糧五千餘石，舟人皆死。潤州大風從東北，海濤奔上，沒瓜步洲，損居人。是秋，天下八十五州言旱及霜，五十州水，河南、河北尤甚。十五年七月甲寅，雷震興教門樓兩鴟吻，燒樓柱，良久乃滅[一四]。二十日，鄜州雨，洛水溢入州城，平地丈餘，損居人廬舍，溺死者不知其數。二十一日，同州損郭邑及市，毀馮翊縣。八月八日，澠池縣夜有暴雨[一五]，澗水、穀水漲合，毀郭邑百餘家及普門佛寺。是歲，天下六十三州大水損禾稼、居人廬舍，河北尤甚。十八年六月乙丑，東都瀍水暴漲，漂損揚、楚、淄、德等州租船。壬午，東都洛水泛漲，壞天津、永濟二橋及漕渠斗門，漂損提象門外助鋪及仗舍，又損居人廬舍千餘家。二十七年八月，東京改作明堂，訛言官取小兒埋于明堂下，以爲厭勝。村邑童兒藏于山谷，都城騷然，或言兵至[一六]。玄宗惡之，遣主客郎中王佶往東都及諸州宣慰百姓，久之乃定。二十九年，暴水，伊、洛及支川皆溢，損居人廬舍，秋稼無遺，壞東都天津橋及東西漕；河南北諸州，皆多漂溺。

天寶十載，廣陵郡大風架海潮，淪江口大小船數千艘。十三載秋，京城連月澍雨，損秋稼。九月，遣閉坊市北門，蓋井，禁婦人入街市，祭玄冥大社，禜門。京城坊市牆宇，崩壞向盡。東方瀍、洛水溢隄穴，衝壞一十九坊。

上元二年，京師自七月霖雨，八月盡方止。京城宮寺廬舍多壞，街市溝渠中漉得小魚。

永泰元年，先旱後水。九月，大雨，平地水數尺，溝河漲溢。時吐蕃寇京畿，以水，自潰而去。二年夏，洛陽大雨，水壞二十餘坊及寺觀廨舍。河南數十州大水。

大曆四年秋，大雨。是歲，自四月霖澍，至九月。京師米斗八百文，官出太倉米賤糶以救饑人。京城閉坊市北門，門置土臺，臺上置壇及黃幡以祈晴。秋末方止。五年夏，復大雨，京城饑，出太倉米減價以救人。十二年秋，大雨。是歲，春夏旱，至秋八月雨，河南尤甚，平地深五尺，河決，漂溺田稼。

貞元二年夏，京師通衢水深數尺。吏部侍郎崔縱，自崇義里西門爲水漂浮行數十步，街鋪卒救之獲免；其日，溺死者甚衆。東都、河南、荆南、淮南江河泛溢，壞人廬舍。四年八月，連雨，灞水暴溢，溺殺渡者百餘人。八年秋，大雨，河南、河北、山南、江淮凡四十餘州大水，漂溺死者二萬餘人。時幽州七月大雨，平地水深二丈；鄚、涿、薊、檀、平五州〔七〕，平地水深一丈五尺。又徐州奏：自五月二十五日雨，至七月八日方止，平地水深一丈二尺；郭邑廬里屋宇田稼皆盡，百姓皆登丘塚山原以避之。

元和七年正月，振武界黃河溢，毀東受降城。五月，饒、撫、虔、吉、信五州山水暴漲，壞廬舍，虔州尤甚，水深處四丈餘。八年五月，許州奏：大雨摧大隗山，水流出，溺死者千餘人。六月庚寅，京師大風雨，毀屋揚瓦，人多壓死。水積城南，深處丈餘，入明德門，猶漸車輻。辛卯，渭水暴漲，毀三渭橋，南北絕濟者一月。時所在霖雨，百源皆發，川瀆不由故道。丙申，富平大風，折樹一千二百株。辛丑，出宮人二百車，人得娶納，以水害誠陰盈也。九年秋，淮南、宣州大水。十一年五月，京畿大雨，害田四萬頃，昭應尤甚，漂溺居人。衢州山水涌，深三丈，壞州城，民多溺死。浮梁、樂平溺死者一百七十人，爲水漂流不知所在者四千七百戶。潤、常、湖、陳、許等州各損田萬頃。十二年秋，大雨，河南北水，害稼。其年六月，京師大雨，街市水深三尺，壞廬舍二千家，含元殿一柱陷。十五年九月十一日至十四日，大雨兼雪，街衢禁苑樹無風而摧折、連根而拔者不知其數。仍令閉坊市北門以禳之。滄州大水。

長慶二年十月，好畤山水泛漲，漂損居人三百餘家，河南陳、許二州尤甚。詔賑貸粟五萬石，量人戶家口多少，等第分給。

大和三年四月，同官暴水，漂沒三百餘家。六年，徐州自六月九日大雨至十一日，壞民舍九百家〔一〇〕。四年夏，鄆、曹、濮雨，壞城郭田廬向盡。蘇、湖二州水，壞六堤，水入郡郭，溺廬井。許州自五月大雨，水深八尺，壞郡郭居民大半〔九〕。會昌元年七月，襄州漢水暴溢，壞州郭。均州亦然。

則天時，宗秦客以佞幸爲內史，受命之日，無雲而雷聲震烈，未周歲而誅。延和元年六月，河南偃師縣之李材村，有霹靂閃入人家，地震裂，闊丈餘，長十五里，測之無底。所裂之處，井廁相通，所衝之冢，棺柩出植平地無損，竟不知其故。

儀鳳三年十一月十四日，雨木冰。開元十五年七月四日，雷震興教門兩鴟吻，欄檻及柱災。二十九年十一月二十二日，雨木冰，凝寒凍冽，數日不解。寧王見而歎曰：「諺云『樹稼達官怕』，必有大臣當之。」其月王薨。

乾元三年閏四月，大霧，大雨月餘。是月，史思明再陷東都，京師米斗八百文，人相食，殍骸蔽地。

永泰元年二月甲子夜，雷電震烈。三月，降霜爲木冰。辛亥，大風拔木。大曆二年三月辛亥夜，京師大風發屋。十一月，紛霧如雪，草木冰。十年四月甲申夜，大雨雹，暴風拔樹，飄屋瓦，宮寺鴟吻飄失者十五六，人震死者十二，損京畿田稼七縣。七月己未夜，杭州大風，海水翻潮，飄蕩州郭五千餘家，船千餘隻，全家陷溺者百餘戶，死者四百餘人；蘇、湖、越等州亦然。

貞元二年正月，大雨雪，平地深尺餘。雪上有黃色，狀如浮埃。四年正月，陳留十里許雨木，皆大如指，長寸餘，木有孔通中，所下立者如植。其年，宣州暴雨震電，有物墮地，猪首，手脚各有兩指，執一赤斑蛇食之。逡巡，黑雲合，不見。八年二月，京師雨土。五月己未，暴風破屋拔樹，太廟屋及諸門寺署壞者不可勝計。十年六月辛丑晦，有水鳥集於左藏庫。其夜暴雨，大風拔樹。十七年二月五日，大雨雹。七日，大霜。十六夜，大雨，震雷且電。十九日，大雨雪而電〔10〕。

元和三年四月壬申，大風毀含元殿西闕欄檻二十七間。八年三月丙子，大風拔崇陵上宮衙殿西鴟尾，并上宮西神門六戟竿折，行牆四十間簷壞。

長慶元年九月壬寅，京師震電，大風雨。四年五月庚辰，大風吹壞延喜、景風二門。

大和八年六月癸未，暴風雷雨壞長安縣廨及經行寺塔。同、華大旱。七月辛酉，定陵臺大風雨，震，東廊之下地裂一百三十尺，其深五尺。詔宗正卿李仍叔啓告修之。九年四月二十六日夜，大風，含元殿四鴟吻皆落，拔殿前樹三，壞金吾仗舍，廢樓觀內外城門數處〔11〕，光化門西城牆壞七十七步。是日，廢長生院，起內道場，取李訓言沙汰僧尼故也。

開成元年夏六月，鳳翔麟遊縣暴風雨，飄害九成宮正殿及滋善寺佛舍，壞百姓屋三百間，死者百餘人，牛馬不知其數。

長安四年九月後，霖雨并雪，凡陰一百五十餘日，至神龍元年正月五日，誅二張，孝和反正，方晴霽。

先天二年四月，陰，至六月一百餘日，至七月三日，誅竇懷貞等一十七家，方晴。

景龍中，東都霖雨百餘日，閉坊市北門，駕車者苦甚污，街中言曰：「宰相不能調陰陽，致茲恆雨，令我污行。」會中書令楊再思過，謂之曰：「於理則然，亦卿牛劣耳。」

貞元二十一年，順宗風疾，叔文用事，連月霖雨不霽。乃以憲宗爲皇太子，制出日即晴。傳所謂「皇之不極，厥罰恆陰」，皆此數也。

貞觀二年六月，京畿旱，蝗食稼。太宗在苑中掇蝗，咒之曰：「人以穀爲命，而汝害之，是害吾民也。百姓有過，在予一人，汝若通靈，但當食我，無害吾民。」將吞之，侍臣恐上致疾，遽諫止之。上曰：「所冀移災朕躬，何疾之避？」遂吞之。是歲蝗不爲患。

開元四年五月，山東螟蝗害稼，分遣御史捕而埋之。汴州刺史倪若水拒御史，執奏曰：「蝗是天災，自宜修德。劉聰時，除旣不得，爲害滋深。」宰相姚崇牒報之曰：「劉聰僞主，德不勝妖；今日聖朝，妖不勝德。古之良守，蝗蟲避境，若言修德可免，彼豈無德致然。今坐看食苗〔二二〕，忍而不救，因此饑饉，將何以安？」卒行埋瘞之法，獲蝗一十四萬〔二三〕，乃投之汴河，流者不可勝數〔二四〕。朝議喧然，上復以問崇，崇對曰：「凡事有違經而合道，反道而適權者，彼庸儒不足以知之。縱除之不盡，猶勝養之以成災。」帝曰：「殺蟲太多，有傷和氣，公其思之。」崇曰：「若救人殺蟲致禍，臣所甘心。」八月四日，敕河南、河北檢校捕蝗使狄光嗣、康瓘、敬昭道、高昌、賈彥璿等，宜令待蟲盡而刈禾將畢，即入京奏事。諫議大夫韓思復上言曰：「伏聞河北蝗蟲，頃日益熾，經歷之處，苗稼都盡。臣望陛下省咎責躬，發使宣慰，損不急之務，去至冗之人。上下同心，君臣一德，持此至誠，以答休咎。前後捕蝗使望並停之。」上出符疏付中書姚崇，乃令思復往山東檢視蟲災之所，及還，具以聞。二十五年，貝州蝗食苗，有白鳥數萬，羣飛食蝗，一夕而盡。明年，榆林關有虸蚄食苗，羣雀來食，數日而盡。

天寶三載，貴州紫蟲食苗〔二五〕，時有赤鳥羣飛，自東北來食之。

廣德元年秋，虸蚄食苗，關西尤甚，米斗千錢。

興元元年秋，關輔大蝗，田稼食盡，百姓饑，捕蝗爲食，蒸曝，颺去足翅而食之。明年夏，蝗尤甚，自東海西盡河、隴，羣飛蔽天，旬日不息。經行之處，草木牛畜毛，靡有孑遺。關輔已東，穀大貴，餓饉枕道。京師大亂之後，李懷光據河中，諸軍進討，國用罄竭。衣冠之家，多有殍殕者。旱甚，灞水將竭，井皆無水。有司奏國用裁可支七旬。德宗減膳，不御正殿。百司不急之費，皆減之。

元和元年夏，鎮、冀蝗，害稼。

長慶三年秋，洪州旱，螟蝗害稼八萬頃。

大和元年秋，旱〔二六〕，罷選舉。

開成二年，河南、河北旱，蝗害稼；京師旱尤甚，徙市，閉坊南門。四年六月，天下旱，蝗食田，禱祈無效，上憂形于色。宰臣曰：「星官奏天時當爾，乞不過勞聖慮。」文宗懍然改容曰：「朕爲天下主，無德及人，致此災旱。今又彗星謫見于上，若三日內不雨，當退歸南內，卿等自選賢明之君以安天下。」宰臣嗚咽流涕不能已。是歲，河南府界黑蟲食苗。河南、河北蝗，害稼都盡。鎮、定等州，田稼旣盡，至于野草樹葉細枝亦盡。

會昌元年，山南鄧、唐等州蝗，害稼。

貞觀十三年四月二十九日，雲陽石燃方丈，晝如炭，夜則光見，投草木於其上則焚，歷年方止。

證聖元年正月十六日夜，明堂火，延及天堂，京城光照如晝，至曙並爲灰燼。則天欲避殿徹樂，宰相姚璹以爲火因麻主，人護不謹，非天災也，不宜貶損。乃勸則天御端門觀酺，引建章故事，令薛懷義重造明堂以厭勝之。

則天時，建昌王武攸寧置內庫，長五百步，二百餘間，別貯財物以求媚。一夕爲天災所燔，玩好並盡。

景龍中，東都凌空觀災，火自東北來，其金銅諸像，銷鑠並盡。

開元五年，洪、潭二州災，火延燒郡舍。郡人先見火精赤暾暾飛來，旋卽火發。十五年，衡州災，火延燒三四百家。郡人見物大如瓮，赤如燭籠，此物所至，卽火發。十八年二月十八日，大雨雪，俄又雷震，飛龍廄災。

天寶二年六月七日，東都應天門觀災，延燒左右延福門，經日不滅。九載三月，華嶽廟災。十載正月，大風，陝州運船失火，燒二百一十五隻，損米一百萬石，舟人死者六百人，又燒商人船一百隻。其年八月六日，武庫災，燒二十八間十九架，兵器四十七萬件。

寶應元年十一月，迴紇焚東都宜春院，延及明堂，甲子日而盡。

廣德元年十二月二十五夜，鄂州失火，燒船三千艘，延及岸上居人二千餘家，死者四五千人。

大曆十年二月，莊嚴寺佛圖災。初有疾風，震雷薄擊，俄而火從佛圖中出，寺僧數百人急救之，乃止，棟宇無損。

貞元七年，蘇州火。十九年四月，家令寺火。二十年四月，開業寺火。

元和四年，御史臺舍火。七年，鎭州甲仗庫一十三間災，節度使王承宗殺主守，坐死者百餘人。承宗方拒天軍，而兵仗爲災所焚，天意嫉惡也。十年四月，河陰轉運院火。十一月，獻陵寢宮永巷火。十一年十二月，未央宮及飛龍草場火，皆王承宗、李師道謀撓用兵，陰遣盜縱火也。時李師道於鄆州起宮殿，欲謀僭亂。既成，是歲爲災並盡，俄而族滅。

大和元年十月甲辰，昭德宮火，延燒至宣政東垣及門下省，至晡方息。八年十二月，昭成宮火。九年六月乙亥朔，西市火。

會昌三年六月，萬年縣東市火，燒屋宇貨財不知其數。又西內神龍宮火。

大順二年七月，汴州相國寺佛閣災。是日晚，微雨，震電，寺僧見赤塊在三門樓藤網中，周遶一帀而火作。良久，赤塊北飛，越前殿飛入佛閣網中，如三門周遶轉而火作。如是三日不息，訖爲灰燼。

貞觀初，白鵲巢于殿庭之槐樹，其巢合歡如腰鼓，左右稱賀。太宗曰：「吾常笑隋文帝好言祥瑞。瑞在得賢，白鵲子何益於事？」命掇之，送于野。

高宗文明後，天下頻奏雌雉化爲雄，或半化未化，兼以獻之，則天臨朝之兆。

調露元年，突厥溫傅等未叛時〔三七〕，有鳴鵽羣飛入塞，相繼蔽野，邊人相驚曰：「突厥雀南飛，突厥犯塞之兆也。」至二年正月，還復北飛，至靈夏已北，悉墜地而死，視之，皆無頭。裴行儉問右史苗神客曰：「鳥獸之祥，乃應人事，何也？」對曰：「人雖最靈，而稟性含氣，同於萬類，故吉凶兆於彼，而禍福應於此。聖王受命，龍鳳爲嘉瑞者，和氣同也。故漢祖斬蛇而驗秦之必亡，仲尼感麟而知己之將死。夷羊在牧，殷紂已滅。鸜鴿來巢，魯昭出奔。鼠舞端門，燕刺誅死。大鳥飛集，昌邑以敗。是故君子虔恭寅畏，動必思義，雖在幽獨，如承大事，知神明之照臨，懼患難之及己。雉升鼎耳，殷宗側身以修德；鵩止坐隅，賈生作賦以敍命。卒以無患者，德勝妖也。」

大曆八年四月戊申，乾陵上仙觀天尊殿〔三八〕，有雙鵲銜泥及柴，補殿之隙壞，凡十五處。其年九月，大鳥見于武功縣〔三九〕，羣鳥隨而噪之。神策將軍張日芬射得之，肉翅狐首，四足，足有爪，其廣四尺三寸，其毛色赤，形類蝙蝠。十一年，渭州獲赤烏。十三年五月，左羽林軍鸜鵒乳雀。

貞元三年三月，中書省梧桐樹有鵲以泥爲巢。四年夏，汴、鄭二州羣鳥皆飛入田緒、李納境內〔三〇〕，銜木爲城，高二三尺，方十里。緒、納惡之，命焚之，信宿而復，鳥口皆流血。十年四月，有大鳥飛集宮中，食雜骨數日，獲之，不食而死。六月辛未晦，水鳥集左藏庫。十四年秋，有鳥色青，類鳩鵲，息於宋郊，所止之處，羣鳥翼衞，朝夕嗛稻粱以哺之。睢陽之人適野聚觀者旬日，人不知其名，郡人李翺見之曰：「此鸞也，鳳之次。」

長慶元年六月，濮州雷澤縣人張憲家榆樹烏巢〔三一〕，因風墮二雛，別樹鵲引二烏雛於巢哺之。

開成二年六月，眞興門外野鵲巢於古塚。

永徽中，黑齒常之戍河源軍，有狼三頭，白晝入軍門，射之斃。常之懼，求代。將軍李謹代常之軍，月餘卒。

先天初，洛陽市人牽一羊，左肋下有人手，長尺許，以之乞丐。

開元二年，韶州鼠害稼，千萬爲羣。三年，有熊白晝入廣陵城，月餘，都督李處鑒卒。

永泰二年十一月，乾陵赤兔見。

大曆二年三月，河中獻玄狐。四年九月己卯，虎入京城長壽坊元載私廟，將軍周皓格殺之。六年八月丁丑，太極殿內廊下獲白兔。八年七月，白鼠出內侍〔三二〕。十二年六月，苑內獲白鼠。十三年六月戊戌，隴右汧源縣軍士趙貴家，貓鼠同乳，不相害，節度使朱泚籠之以獻。宰相常衮率百僚拜表賀，中書舍人崔祐甫曰：「此物之失性也。天生萬物，剛柔有性，聖人因之，垂訓作則。禮，迎貓，爲食田鼠也。然貓之食鼠，載在祀典，以其能除害利人，雖微必錄。今此貓對鼠，何異法吏不勤觸邪，疆吏不勤扞敵？據禮部式錄三瑞，無貓不食鼠之目。以此稱慶，理所未詳。以劉向五行傳言之，恐須申命憲司，察聽貪吏，誡諸邊境，無失儆巡，則貓能致功，鼠不爲害。」帝深然之。

建中四年五月，滑洲馬生角。

貞元四年二月，太僕寺郊牛生犢，六足。太僕卿周皓白宰相李泌，請上聞，泌笑而不答。又京師人家豕生子，兩首四足，有司以白御史中丞竇參，請上聞，參寢而不奏。三月癸丑，鹿入京師西市門，衆殺之。

元和七年十一月，龍州武安川畬田中嘉禾生〔三三〕，有麟食之，復生。麟之來，一鹿引之，羣鹿隨之，光華不可正視。使畫工圖麟及嘉禾來獻。八年四月，長安西市門家豕生子，三耳八足，自尾分爲二。

大和九年八月，易定監軍小將家馬，因飲水吐出寶珠一，獻之。

貞觀中，汾州言青龍見，吐物在空中，有光明如火。墮地，地陷，掘之得玄金，廣尺，長七寸。

大足元年，虔州別駕得六眼龜，一夕而失。

神龍中，渭河有蝦蟆，大如一石鼎，里人聚觀，數日而失。是歲，大水漂溺京城數百家，商州水入城門，襄陽水至樹杪。

先天二年六月，西京朝堂磚堦，無故自壞。磚下有大蛇長丈餘，蝦蟆大如盤，面目赤如火，相向鬬。俄而蛇入大樹，蝦蟆入于草。其年七月三日，玄宗誅竇懷貞、岑羲等十七家。

開元四年六月，郴州馬嶺山下，有白蛇長六七尺，黑蛇長丈餘。兩蛇鬬，白蛇吞黑蛇，至麤處，口眼流血，黑蛇頭穿白蛇腹出，俄而俱死。旬日內桂陽大雨，山水暴溢，漂五百家，殺三百餘人。

天寶中，洛陽有巨蛇，高丈餘，長百尺，出於芒山下。胡僧無畏見之，歎曰：「此欲決水注洛城。」即以天竺法咒之，數日蛇死。祿山陷洛之兆也。

李揆作相前一月，有大蝦蟆如牀，見室之中，俄失所在。占者以爲蟆天使也，有福慶之事。

乾元二年九月，通州三岡縣放生池中，日氣下照，水騰波涌上，有黃龍躍出，高丈餘。又於龍旁數處，浮出明珠。

大曆八年，京師金天門外水渠獲毛龜。

貞元三年，李納獻毛龜。

元和七年四月，舒州桐城縣有黃〔三〕、青、白三龍各一，翼風雷自梅天陂起，約高二百尺，凡六里，降于浮塘坡。九年四月，道州二青龍見于江中。

大和二年六月七日，密州卑產山北面有龍見。初，赤龍從西來，續有青龍、黃龍從南來，後有白龍、黑龍從山北來，並形狀分明。自申至戌，方散去。

天寶初，臨川郡人李嘉胤所居柱上生芝草，狀如天尊像，太守張景夫拔柱以獻。

上元二年七月甲辰，延英殿御座生白芝，一莖三花。肅宗製玉靈芝詩三篇，羣臣皆賀。占曰：「白芝主喪。」明年，上皇、肅宗俱崩。二年九月，含輝院生金芝。

永泰二年二月，京城槐樹有蟲食葉，其形類蠶。其年六月，太廟第二室芝草生。

大曆四年三月，潤州上元縣芝草生，一莖四葉，高七寸。八年，廬州廬江縣紫芝生，高一丈五尺。九年九月，晉州神山縣慶唐觀檜樹已枯重榮。十二年五月甲子，成都府人郭遠，因樵獲瑞木一莖，有文曰「天下太平」四字。其年十一月，蔡州汝陽縣芝草生，紫莖黃蓋。

興元元年八月，亳州眞源縣大空寺僧院李樹〔三五〕，種來十四年，纔長一丈八尺，今春枝忽上聳，高六尺，周圍似蓋，九尺餘〔三六〕。又先天太后墓槐樹上有靈泉漏出〔三七〕，今年六月，其上有雲氣五色，又黃龍再見于泉上。

元和十一年十二月雷，桃李俱花。

長慶三年十二月，水不冰，草萌芽，如正二月之候。

神龍二年三月，洛陽東七里有水影，側近樹木車馬之影，歷歷見水影中，月餘方滅。

乾元二年七月，嵐州合河關黃河水，四十里間，清如井水，經四日而後復。

寶應元年九月甲午，華州至陝州二百餘里，黃河清，澄澈見底。

大曆二年，醴泉出櫟陽，愈疾。

貞元四年七月，自陝州至河陰，河水色如墨，流入汴河，止于汴州城下，一宿而復。

寶曆二年，亳州言出聖水愈病。江淮已南，遠來奔湊求水。浙西觀察使李德裕奏論其妖。宰相裴度判汴州所申狀曰：「妖由人興，水不自作。」牒汴州觀察使塡塞訖申。

玄宗初即位，東都白馬寺鐵像頭無故自落於殿門外。後姚崇秉政，以僧惠範附太平亂政，謀汰僧尼，令拜父母，午後不出院，其法頗峻。

大曆十三年二月，太僕寺廨有佛堂，堂內小脫空金剛左臂上忽有黑汗滴下，以紙承之，色即血也。明年五月，代宗崩。

上元三年，楚州刺史崔侁獻定國寶十三：一曰玄黃天符，形如笏，長八寸，有孔，辟人間兵疫；二曰玉雞毛〔三八〕，白玉也，以孝理天下則見；三曰穀璧，白玉也，粟粒，無雕鐫之跡，王者得之，五穀豐熟；四曰西王母白環二，所在處外國歸伏；五曰碧色寶，圓而有光〔三九〕；六曰如意寶珠，大如雞卵；七曰紅靺鞨，大如巨栗；八曰琅玕珠二；九曰玉玦，形如玉環，四分缺一；十曰玉印，大如半手，理如鹿形，陷入印中；十一曰皇后採桑鉤，如箸，屈其末；十二曰雷公石斧，無孔；十三缺。凡十三寶。置之日中，白氣連天。初，楚州有尼曰眞如，忽有人接之升天，天帝謂之曰：「下方有災，令第二寶鎭之。」即以十三寶付眞如。時肅宗方不豫，以爲瑞，乃改元寶應，仍傳位皇太子，此近白祥也。

寶曆二年五月，神策軍修苑內古漢宮，掘得白玉牀，其長六尺，以獻。

大曆十年二月，京兆神策昭應婦人張氏，產一男二女。

貞元八年二月，許州人李狗兒持杖上含元殿，擊欄檻，又擊殺所擒卒，誅之。十年四月，巨人跡見常州。

元和二年，開紅崖冶役夫將化爲虎，衆以水沃之，化而不果。

長慶四年四月十七日，染坊作人張韶與卜者蘇玄明，於柴草車內藏兵仗，入宮作亂，二人對食於清思殿。是日，禁軍誅張韶等三十七人。

寶曆二年十二月，延州人賀文妻產三男。

大和九年，京師訛言鄭注爲主上合金丹，須小兒心肝，密旨捕小兒。或相告云，某處失幾兒。人家扃鎖小兒甚密。上恐，遣中使喻之，乃止。

開成二年十二月二十八日，狂人劉德廣入含元殿，詔付京兆府杖殺之。

隋末有謠云：「桃李子，洪水繞楊山。」煬帝疑李氏有受命之符，故誅李金才。後李密據洛口倉以應其讖。

隋文時，自長安故城東南移於唐興村置新都，今西內承天門正當唐興村門。今有大槐樹，柯枝森鬱，卽村門樹也。有司以行列不正，將去之，文帝曰：「高祖嘗坐此樹下〔四〇〕，不可去也。」

調露中，高宗欲封嵩山，累草儀注，有事不行。有謠曰：「不畏登不得〔四一〕，但恐不得登。三度徵兵馬，傍道打騰騰。」高宗至山下遘疾，還宮而崩。

永徽末，里歌有桑條韋也、女時韋也樂。及神龍中，韋后用事，鄭愔作桑條歌十篇上之〔四二〕。

龍朔中，俗中飲酒令，曰「子母去離，連臺拗倒」。俗謂盃盤爲子母，又名盤爲臺，即中宗廢於房州之應也。時里歌有突厥鹽，及則天遣尙書閻知微送武延秀〔四三〕，立知微爲可汗，挾之入寇。

如意初，里歌云：「黃麞黃麞草裏藏，彎弓射爾傷。」後契丹李萬榮叛，陷營州，則天令總管曹仁師、王孝傑等將兵百萬討之，大敗於黃麞谷，契丹乘勝至趙郡。

垂拱已後，東都有契苾兒歌，皆淫艷之詞。後張易之兄弟有內嬖，易之小字契苾。

元和小兒謠云：「打麥打麥三三三」，乃轉身曰：「舞了也。」及武元衡爲盜所害，是元和十年六月三日。

五行傳所謂詩妖，皆此類也。

上元中爲服令，九品已上佩刀礪等袋，紛帨爲魚形，結帛作之，爲魚像鯉，強之意也。則天時此制遂絕，景雲後又佩之。

張易之爲母阿臧爲七寶帳，有魚龍鸞鳳之形，仍爲象牀、犀簟。則天令鳳閣侍郎李迥秀妻之，迥秀不獲已，然心惡其老，薄之。阿臧怒，出迥秀爲定州刺史。

中宗女安樂公主，有尚方織成毛裙，合百鳥毛，正看爲一色，旁看爲一色，日中爲一色，影中爲一色，百鳥之狀，並見裙中。凡造兩腰，一獻韋氏，計價百萬。又令尚方取百獸毛爲韀面，視之各見本獸形。韋后又集鳥毛爲韀面。安樂初出降武延秀，蜀川獻單絲碧羅籠裙，縷金爲花鳥，細如絲髮，鳥子大如黍米，眼鼻嘴甲俱成，明目者方見之。自安樂公主作毛裙，百官之家多效之。江嶺奇禽異獸毛羽，採之殆盡。開元初，姚、宋執政，屢以奢靡爲諫，玄宗悉命宮中出奇服，焚之於殿廷，不許士庶服錦繡珠翠之服。自是採捕漸息，風教日淳。

韋庶人妹七姨，嫁將軍馮太和，權傾人主，嘗爲豹頭枕以辟邪，白澤枕以辟魅，伏熊枕以宜男。太和死，再嫁嗣虢王。及玄宗誅韋后，虢王斬七姨首以獻。

此總言服妖也。

校勘記

〔一〕採其說五行志　「說」下疑有脫文，葉校本有「爲」字。

〔二〕覩之不明　「明」字各本原作「見」，據本卷上文及漢書卷二七中之下五行志、御覽卷八七四、新書卷三四五行志改。

〔三〕是日質明　「質」字各本原作「資」。本書卷一三德宗紀云：「是日質明，含元殿前階基欄檻，壞損三十餘間，壓死衞士十餘人。」據改。

〔四〕涼州昌松縣　「涼」字各本原作「原」，據本書卷四〇地理志、新書卷三五五行志改。下文「涼州奏」原作「原州奏」，同改。

〔五〕冀州奏　「冀」字各本原作「益」，據本書卷五高宗紀、新書卷三六五行志改。案本書高宗紀，此年七月益州旱，則此處不當作「益州」。

〔六〕石灰　合鈔卷五五五行志作「石灰堰」。

〔七〕文明元年七月　「七」字各本原作「十」，據唐會要卷四三、新書卷三六五行志改。校勘記卷一九云：「按通鑑，是年本爲嗣聖元年，二月戊午廢中宗，己未立豫王，改元文明，至九月又改光宅。是文明無十月，當從會要作七月。」

〔八〕宋務光　「光」字各本原作「先」，據唐會要卷四三、新唐書卷一一八宋務光傳改。

〔九〕今朝廷恠異雖則多矣然皆仰知陛下天光　廿二史考異卷五八云：「此語不可解，當有舛譌。據新史宋務光傳云，『今朝廷賢佐雖多，然莫能仰陛下淸光』，蓋用鼂錯之語也。」按漢書卷四九鼂錯傳原文爲：「今執事之臣，皆天下之選已，然莫能望陛下淸光。」又冊府卷五四四作：「今朝廷英佐雖多，皆莫能仰陛下天光。」

〔一〇〕伏願勤思德容　「伏」字各本原作「大」，據冊府卷五四四、全唐文卷二六八改。又「德容」，冊府卷五四四作「法官」，新書卷一一八宋務光傳作「法宮」。案漢書卷四九鼂錯傳錯對策有「處于法宮之中」語，顏注引如淳曰：「法宮，路寢正殿也。」此處似當從新書作「法宮」。冊府「官」字乃「宮」字形近之誤。

〔一一〕旣康且富　「康」字冊府卷五四四、新書卷一一八宋務光傳作「庶」。案論語子路章：「冉有曰：旣庶矣，又何加焉？曰：富之。」此用論語成語，似應作「庶」。

〔一二〕稽疑成患　「稽」字冊府卷五四四、新書卷一一八宋務光傳作「積」。

〔一三〕復免夜行之眚　「眚」字唐會要卷四三作「責」。

〔一四〕十五年七月甲寅雷震興敎門樓兩鴟吻燒樓柱良久乃滅　校勘記卷一九云：「按此條與上志水溢不類，又重見下雷震條，疑是錯簡。」

〔一五〕澠池縣夜有暴雨　「澠」字各本原作「沔」，據新書卷三六五行志、通考卷二九六改。

〔一六〕二十七年八月東京改作明堂……或言兵至　殿本考證云：「按前文俱志水溢，此條不類也，入訛言類中爲合。」

〔一七〕鄭涿薊檀平　「鄭」字各本原作「鄚」，據唐會要卷四四改。

〔一八〕六年徐州自六月九日大雨至十一日壞民舍九百家　校勘記卷一九云：「按此文錯亂，六年不應在四年上。」

〔一九〕壞郡郭居民大半　張森楷校勘記謂「居民」當作「民居」。

〔二〇〕十六夜大雨震雷且電十九日大雨雪而電　本書卷一三德宗紀作：「戊申夜，雷震雨雹。庚戌，大雨雪兼雹。」通考卷三〇五略同德宗紀。此處兩「電」字似當作「雹」。

〔二一〕廢樓觀內外城門數處　「廢」字新書卷三五五行志、通考卷三〇六作「發」。

〔二二〕今坐看食苗　「看」字各本原作「爲」，據本書卷九六姚崇傳、唐會要卷四四改。

〔二三〕獲蝗一十四萬　本書卷九六姚崇傳、唐會要卷四四「萬」下均有「石」字，是。案下「乃投之汴河」句中「乃」字，姚崇傳、唐會要均無，疑本作「石」，屬上句。

〔二四〕流者不可勝數　本書卷九六姚崇傳、唐會要卷四四「流」下有「下」字。

〔二五〕貴州紫蟲食苗　貴州，新書卷三五五行志、通考卷三一四作「靑州」，疑是。

〔二六〕大和元年秋旱　本書卷一七文宗紀：「大和元年六月甲寅，以旱放繫囚。」又：「八年八月丙申，罷諸色選舉，歲旱故也。」此處「元年」疑爲「八年」之誤。

〔二七〕突厥溫傳　「溫傳」，各本原作「盟傳」，據本書卷五高宗紀、唐會要卷四四改。

〔二八〕天尊殿　「天」字各本原作「之」，據御覽卷九二一、冊府卷三七改。冊府卷二五作「三尊殿」。

〔二九〕武功縣　「縣」字各本原作「殿」，據御覽卷九一四改。

〔三〇〕羣鳥皆飛入田緒李納境內　此句及下文「鳥口皆流血」句中「鳥」字，本書卷一三德宗紀（貞元四年七月）、御覽卷九二〇、新書卷三四五行志作「烏」。似當作「烏」。

〔三一〕楡樹烏巢　「烏」字御覽卷九二〇作「鳥」。似當作「鳥」。下文「二烏雛」御覽作「二雛」。

〔三二〕白鼠出內侍　校勘記卷一九引張宗泰云：「侍下當有省字。」

〔三三〕龍州武安川畬田中　「畬」字各本原作「會」，據冊府卷二五改。

〔三四〕舒州桐城縣　「舒」字各本原作「野」，據本書卷一五憲宗紀、唐會要卷四四改。

〔三五〕亳州眞源縣　「眞源」，各本原作「貞元」，據唐會要卷二八、御覽卷八七三改。

〔三六〕九尺餘　唐會要卷二八、御覽卷八七三作「九十餘尺」。

〔三七〕槐樹上有靈泉漏出　唐會要卷二八「上」作「下」，「漏」作「湧」。

〔三八〕二日玉雞毛　校勘記卷一九云：「本紀（指本書卷一〇肅宗紀）作『玉雞毛文悉備白玉也』。據文義，『玉雞』爲句，『毛文悉備』爲句，志誤破句作『玉雞毛』。」

〔三九〕五曰碧色寶圓而有光　以上九字各本原無，據本書卷一〇肅宗紀補。

〔四〇〕文帝曰高祖嘗坐此樹下　案「文帝」二字疑有誤。葉校本「高祖」作「高頌」。

〔四一〕不畏登不得　新書卷三五五行志、通考卷三〇九此句上尚有「嵩山凡幾層」一句。

〔四二〕鄭愔作桑條歌十篇上之　「愔」字各本原作「恆」，通鑑卷二〇九記中宗景龍中迦葉志忠奏上桑韋歌十二篇，「太常卿鄭愔又引而申之」。據改。

〔四三〕及則天遣尙書閻知微送武延秀　案此文有脫誤，十七史商榷卷七七云：「案送武延秀之下，有『使突厥突厥怒則天廢李氏乃囚延秀』十五字，原本近本並脫。」葉校本有此十五字。